De Kafka à Kafka

布 朗 肖 作 品 集

MAURICE BLANCHOT

（法）莫里斯·布朗肖 著

潘怡帆 译

De Kafka à Kafka

从卡夫卡到卡夫卡

南京大学出版社

目　录

导论:布朗肖"非-真理"之谜——从卡夫卡到复本卡夫卡,从布朗肖到复本布朗肖

潘怡帆

(法国巴黎第十大学哲学博士班)

布朗肖的历史脉络

如同在此书中,布朗肖几次近乎呐喊地、困惑地质疑着"谁是卡夫卡"①一般,这本以卡夫卡作为外部装饰的圈线②之

---

① 《从卡夫卡到卡夫卡》(*De Kafka à Kafka*),p.143。于后文中将此书缩写为 KK。
② 此处所谓"圆圈"的概念乃参考至本书第五章节《满意的死亡》之中的概念:"每次当思考绕圈时,那是因为它触及了出发点,而他只能靠着重返此处才得以超越。……书写以便能够死去——死去以便能够书写,这些字把我们囚禁在它们周而复始的要求,迫使我们从欲寻处离开,迫使我们只能找寻出发点,并把这个出发点变成某种唯有不断远离才能靠近之物,然而,这些字却又同时授权给此希望:在永恒喧闹之处,就是可抓取、使此希望之词呼之欲出之处。"(KK136-137) 此外,类似的概念也可参见于《未来之书》(*Le livre à venir*,于后文中将此书缩写为 LV),布朗肖也曾经指出卡夫卡的作品如同陷入一个只有永恒地远离才有可能靠近之的无尽游戏 (LV212),以说明其所谓圆圈[同时是越与不该越过的概念本身,再次呼应着本书卷首其所曾经发展过的概念:"异常性作为文学行为的本质,同时是书写者该也不该超越之处"(KK14)]的意义。

1

作,或许所真正要探问的是由布朗肖本人所竭力嘶吼——"谁是布朗肖？谁识得布朗肖？"——的彻底无人称之作。然而,谁是布朗肖？这位曾被福柯（M. Foucault）誉为"在文学上使一切成为可能"[1],然而,其自身却拒绝承认"可能性"[2]的书写者,这位与列维纳斯（E. Levinas）、巴塔耶（G. Bataille）、巴特（R. Barthes）等当代思想家齐名,并影响后进年轻哲学家诸如福柯、德勒兹（G. Deleuze）、德里达（J. Derrida）等人,与安泰尔姆（R. Antelme）、莒哈丝（M. Duras）、马斯戈洛（D. Mascolo）、维托里尼（E. Vittorini）[3]、弗黑（Louis-René des Forêts）等诸多文学家交好,却屡屡总是缺席的寂静者[4],其以文学作为出发点而衍生的哲学思考和极端的书写风格使得其地位始终处于未定的摇摆之中。若细而省思其论点,则不禁引发怀疑,是

---

[1]　1967/06/15 福柯在一场与雷蒙贝鲁"论故事书写方法"的访谈节目中如此提及,后来收录于《言论与写作集》（*Dits et écrits*）,Ⅱ,p.412。

[2]　"书写就是书写不可能性的宗旨,就是成为同如天一般的静默,'只为了寂静而回想';而书写即为此寂静命名,是在书写的阻拦中书写。因此,艺术作为难以满足的焦虑与安逸的顺从之境。其既负着一名:自身毁坏,无限崩解,也是另一姓名:幸福与永恒。"（KK93）

[3]　与伊塔诺·卡尔维诺（Italo Calvino）共编左翼政治周刊《理工学院报》（*Il Politecnico*）。

[4]　1997/09/22,布朗肖九十岁生日,由加恩（D. Cahen）与德吉（M. Deguy）为首,在巴黎聚集布朗肖的好友以及读者们为他举办一场"寿星缺席"的生日会。会中分别由弗黑（L. des Forêts）朗诵《友谊》和都品（J. Dupin）朗诵《白昼疯狂》的几个段落,透过声音,书写的特异性实现了布朗肖的在场。可参考克里斯多福·彼东（Christophe Bident）所书写之布朗肖的传记《莫里斯·布朗肖——不可见的对谈者》（*Maurice Blanchot—Partenaire invisible*）, p. 585。于后文中将此书缩写为 PI。

否——与卡夫卡有志一同的[①]——这一切悖论是否正如他所预期?曾是极右派以及维希政府支持者的他,同时也私下参与帮助犹太人的组织,他曾公开抨击恐怖主义如同革新之终结[②],在文章中展露反犹情结[③],又同时与他称为挚友的列维纳斯始终保有联系(在二战期间协助其妻女的逃亡)。至今,使他在1940年的5月[④]放弃其政论记者的职位而转向文学书写的原因仍旧成谜。是否这种书写的转向是因为确认了真理

---

① "菲利克斯·魏尔什自问自答着:'这几乎是困难的,甚至不可能地要从这样一个敞开心扉并且有着乐善好施双眸的人身上看出绝望。'……然而,这是否意味着必须遗忘那另一张脸——'笼罩在过大阴影中之人'——忘却其深沉的忧伤、其孤寂、其世嚣远离、那些蓦然与冷酷时刻、其焦虑、暗自折磨、精神失常所引发的抗争……谁识得卡夫卡?……为何那些卡夫卡的熟识(抱着对一个年轻、敏感、快乐的回忆)会对其作品——从冷酷折磨而成形的一个夜,并非无光而是盲目闪烁的世界,会给出一个用焦虑和绝望所制成阴暗的希望——感到震惊?"(KK144)这段布朗肖藉由书写与魏尔什的问答,正符应着另一段对布朗肖的描述:"并非有两个布朗肖,一个在夜晚书写(其文学思想),一个在白昼书写(其政治思想),两者互不相识。正好相反,它们的衔接、步调各有其地道处于各自的时期之中。它们皆苏醒于白昼,介入于纠缠布朗肖的同类问题并藉此合而为一。"[《莫里斯·布朗肖,介入的实体》(Maurice Blanchot , le Sujet de l'Engagement),菲利浦.默思纳(Philippe Mesnard),p.10。于后文中将此书缩写为 SE]矛盾与吊诡始终是不可避免地展现在卡夫卡说明自己与疾病关系的这句话之中共存着:"要接受治疗的不再是结核病,而是我始终活着的坚持。究竟,此两者无法共生。"(KK242)而这或许使得同样身体不甚健壮的布朗肖更能够理解卡夫卡的濒死经验。
② "神学狂热的激进犹太分子要求立即同意对抗希特勒——前所未见如此险恶之行:这种国家等级的传道会为在奥赛桥墩办事处的那些陌生的可疑分子冠上莫斯科或者以色列之名,只为了挑起法国青年即刻陷入冲突之中……"(《战斗(Combat)》1936/04/04)
③ "苏维埃利益企业,资本主义的犹太分子,所有这些反国家主义者,都将遭反社会分子所利用……"[《战斗》(Combat)1936/07/07]
④ 事实上,从1938年底一直到1953年间,布朗肖近乎没有发表任何一篇关于政治议题的论文。

的不可能性？如若果真如此，何以在离开记者工作以后，他埋首于更彻底的文学书写工作？尤其是从 1941 年开始，布朗肖规律而大量地在论坛报①上发表文章，并且同时出版其叙事著作②。其文学书写一直持续到 1953 年间，才又因为阿尔及利亚战争的爆发开始，逐步重拾政治相关论述③。1958 年，其发表于《七月 14》（*Le 14 Juillet*）杂志（1958/10/25）上的政治论述，口吻转而强硬④。此次化身为极左派使者，甚至不惜以与蒙加拿（Fata Morgana）出版社决裂之胁，迫使其放弃出版博努瓦（A. de Benoist）的右派言论文集；另一方面，出版社亦以将出版布朗肖早期右派书写的文集来对应，再次使他意识到：越是激进的左派书写便越是逃不开右派记者的自身。

---

① 论坛报（Le journal des débats），全名为《政治与文学论坛报》（*Le journal des débats politiques et littéraires*）始于法国大革命时期，在 1940 年 06 月 15 日在维希政府的金援之下复刊，并最终在 1944 年 08 月 18 日停刊，于期间布朗肖针对文学书写的各种题材与书写者发表看法。

② 包含有：《黑暗托马》（*Thomas l'Obscur*），《雅米拿达》（*Aminadab*），《死刑（*L'Arrêt de mort*)》，《至高者》（*Le Très Haut*），《适当时刻》（*Au moment voulu*），《未与我同行者》（*Celui qui ne m'accompagnait pas*）。

③ 布朗肖自 1938 年之后，首次书写与政治议题相关的文章，便是为其好友而书写的《狄奥尼·马斯戈洛：共产主义者》（*Dionys Mascolo：Le Communisme*）。

④ "我澄清是权利（Droit）而非义务（Devoir），就像某些不加思索就要求解说声明的人认为义务的形式比权利更加深远一样。然而，并非如此：一个应当（obligation）意味着一个遮掩、担保并且证明它的前道德〔……〕。而权利正好相反，只意味其自身以及它作为表达的自由练习；权利是一种——每个人都为了自己在面对自身的——自由的权力，是一种责任并且它彻底并且无限地把每个人卷入其中；因而没有什么能更震撼过此，没有什么能更威吓过此。"（1961 年二月奥尔良访问稿）布朗肖这番毫无闪躲的义正严词，经过编辑的几番讨论宣修改掉攻击性的部分，例如首句改为"永恒的权利而非义务"并且删除了"不加思索"，然而，这段区辨之论使得布朗肖在文学中论及"死亡权利"的意图变得更加清楚。

终其一生之中,曾两度毅然投入极端论战又撤往至极孤独①(1980 年以后,他鲜少与朋友联络,与德里达的书信联系也是寓意深远②的寥寥数语)地专注于文学之中:第一次的隐居(1938—1954),首先触发其神秘文学的开端;第二次的隐居(1969—2003),使其思考汇集于文学本身所采取的距离(孤独)问题③。是否藉由这样覆辙的过程中,每每让他益发清楚地意识到在现实世界中,真理的不可能性是一个永恒停滞的不可能性:一个真理的死去(le mourir de la vérité)。反之,在文学之中,它却是得以返回真理的唯一可能性:一个文学空间的可能性[死亡真理(la vérité à la mort)]。更清楚地来说,真理的不可能性可能正是布朗肖作为一个(无论是政治的或者文学的)书写者对书写的领悟,书写若是为了某种目的而服务(置度于现实世界之中,考虑读者的书写),必然只能平凡无奇

---

① 关于布朗肖两次的隐居,默思纳评论道:"在这两段时间的衔接仅是其自身的展显,其如同灾难(此灾难已是刻意地作为一种作品)的显现。这个空白的二十年间的双重(介入/退出-介入/退出)是透过作用于每一个内在时刻的深度分割之间所分歧的因素而共定的。每次早在布朗肖被策略性卷人之前,他早已牵卷在相关于犹太而凸显的关系之中;每次在他决定于公共事件之中采取立场之前,他的思想便已经连结在书写的传统(召唤一个故事的域外)之中,使故事被恐怖的'此刻'所悬置。"(SE 09)

② 在一封致德里达的信中,他仅致之一句尼采的话,以说明一切:"我们不交谈,因为我们是如此彼此理解;我们沉默以对,因为我们对我们的知晓感到可笑。"(PI506)

③ 此即指文学自身,一切的书写最终将导致一个书写运动本身,关于此点我们可以在其于 1968 年间一针对卡夫卡新的书信集出版时——所发表的《最终定论》找到线索。

地死去,因为它无话可说①。从布朗肖对卡夫卡的观察之中,这种"死去"似乎得以寻得蛛丝马迹:"在这些所有的叙事之中,死去的那些人皆只透过简洁且无缀的只字片语死去。"②显然,死去(mourir)是一种无从描述的"消逝",无可追寻的缺席,而其也绝对不同于"死亡"(lamort)的思考。因为,相对于"死去","死亡"是见证他人死去的濒死者③,是在此世之中不再活着也无法消散的"滞留"不散:"死亡,只会更恐怖并且更坚固于一场毫无胜算的对战中。这种带着某种侵蚀我们的死亡超越性,是一个死亡君主再现《万里长城》的功效,是《流放地》中藉由刑具永返在场的已故前少校。"④而倘若真理的不可能性意味着死去的消散,则使布朗肖持续书写的目的恐怕并非为了揭示真理:因为真理死去的同时,也意味着真理同样无法透过书写以揭示。如此一来,何谓在文学之中返回真理?或者,更清楚地来问,若真理无法透过书写以揭示,作为死亡真理的文学如何可能成为返回真理之途?正如布朗肖所以为"书写便是投身于时间缺席的诱惑之中"⑤,文学难道不正是以

① 正如同布朗肖在此书破题之首便提到:"那种意图明显是为了普罗大众而书写的作者,其实什么也没写:是普罗大众在书写,并且因为这个理由,它们也无法再一次作为读者;此阅读仅是一个表面显像,实质上,它毫无意义。"(KK18)

② KK134.

③ "我们的救赎即是死亡,却非眼下的这一场。真相是:我们没死,却再也活不成了,我们是在世的亡者,彻彻底底地成为幸存者。"(KK71)

④ KK70.

⑤ 《文学空间(L'espace littéraire)》,莫里斯.布朗肖,p.25。后将此书缩写为EL。

书写构筑的虚构之境,而其难道不正是真理的更加远离吗?所谓文学,作为无法消散的死亡真理,不正是一再重蹈覆辙着现实之中真理的不可能性的最佳说明吗? 故,当布朗肖以真理的不可能性作为前提的情况下,意图返回真理,难道不正是一种谬误的双重布置? 而这样悖论的前提,正是他于此书中首先拉开的序幕:文学,一个问题缺席的谬误答案的在场。

从内在的书写对象到书写之物以外

书写在现实条件下的非法性:虚拟

如此一来,有一件事情显然是清楚地,试图用布朗肖的政治书写或者文学论述意图定位之,恐怕难以逃离失败的宿命。因为如何可能从一位致力于思考"作品自身"的书写者的作品之中找出"作者本人"? 此外,从作品之中所挖掘出来的作者,究竟是无法给出任何暗示的,寂静的亡者,抑或是永恒游移于失落时间之中的死亡中者? 答案可能不仅只是无从得知,甚而,所蜕变幻形而出的"它",将会是谁的尸体? 这便是布朗肖一开始在此书中便透过"瓦乐希之法"①所给出的思考暗示,重点正在于:"书写者确实想要假借书写任务以便自我证实:然

———————

① KK16.

而书写的单纯操作使其自身从其成果中被独立出来。"①对布朗肖而言，以为书写主体主宰书写之物的顾虑，事实上是把书写视同写真理的荒谬。也即，无视日常用语的功能性（其作为现实世界的工具以再现现实对象）和文学语言的书写自身之间的差距。此两者之异在本书的第一章节"文学及死亡权利"里，透过书写之物被书写的位移逐步清楚刻划："日常用语称猫为猫，就好像这只活着的猫和它的名字被画上等号，就好像在为它命名的这个事实之中，不包含它的缺席处（非他之物）。"②在方便使用的功能性前提之下，日常用语（或者书写）确实被单纯地视为对象转换而成的书写之物。姑且不论其理论上的谬误③，就实际而言，问题确实发生于此转移之际。确实来说，日常用语是依据其对象而确立其定义的，因而所定义的某物与某物之间的落差是不该生存的，或者，是基于方便性的要求所必须隐蔽的。例如，称猫为猫，同时也是否定猫（"称猫"并非猫的本质之一）的隐匿其中。也即，日常用语生存的

---

① KK19.

② KK38.

③ 认知某物必然包含认知其所不是之处，否则无法认知无法建立。例如，知道是猫正意味着能区隔出猫所不是之处，否则无法知道是那只猫而不是这只猫。因此，认知能力必然是差异的认识，差异地认识对象本身，以便得知认知所是本身。换句话说，差异的认识是对差异以外的预示。故而，唯一能与活着的猫画上等号的便是那只活着的猫本身，然而与此同时，等号成为同一个重复之中的徒劳增加，多余的存在。如同将活着的猫与其再现之物（语汇，书写之物）画上等号的结果，便是产生差异于两者的第三者匿名存在（因为此存在是一个非衍生于两者之间的被动存在，而是外于两者之外的原初存在）。

只是思考对象(l'objet de la pensée)而非话语本身(la parole même)。语言并不生存于日常用语之中,其在场如同缺席,可见的不可见。故而,若基于语言的共同性就将书写与日常用语的功能性等而视之(拿来等同对此世真理信奉,例如把所有对猫的描述用实际猫的同一本质来衡量),则是陷入混淆书写之物与书写对象①的危险之中。因为文学语言的书写正是对于其自身(话语)的思考,其相反于日常用语,是透过语言的缺席使之返回在场的不可见的可见。也即,对书写而言,字词是作为"书写之物"的存在。

而当字词被视为对象本身来思考:"对象在必要的时候能够自行转化,也会停止成为它们之所是,它们总是对立的,无用的,无法接近的"②这个"书写之物"出于根源的转移(如同先前其所暗示的:"书写从自身中独立出来"),则无法再仅仅滞留于其书写对象之上,而必然成为界线以外的它者对"书写对象"的差异掩盖(非书写对象针对书写对象的解释)。确切地来说,强调文学语言的差异掩盖,是对书写之物从同书写对象的物本身(la chose même)悄悄地流变为同类物(la même chose)的意察。而这正是文学语言"透过非生存变为此物本质"③之意。也即,在书写之中若"称猫为猫",并非因为称猫等

---

① 书写对象所指的是对于对象的想法:"这些对象的存在和关于它们的想法是并未改变的;想法是决定的、确定的,甚至可说是永恒的。"(KK39)

② KK39.

③ KK38.

于猫(这是日常用语的立场)而得以为真,而是因为称猫得以解释猫之故而得以成立。在此立场(书写)之下,称猫与猫本身的根源性被彻底区分开来了。更清楚地来说,在文学语言中称猫为猫的可能性正源自"称猫并非猫"的缺核。也即,"称猫并非猫"同时意味着"命名"猫将致使猫成为"非猫":命名故成为谋杀的武器。而此两层之意正说明着文学语言作为差异掩盖之由,因为文学语言对自身语言的回返并不呈显语言真理,而是语言不可能性的复数虚构。故而符应于书写对象的书写之物首先必然是造假:"命名这只猫,可说是把它打造成一只非-猫,一只已停止生存,停止作为活生生的猫,然而,这并非等同于把它打造成一只狗或者非-狗。如此就是一般性语言和文学语言的第一个差异。"①意即,命名猫所映射的是被造的非一猫却非猫本身。如此一来,所产生的悖论将是多重的:由于书写之物(被造的非一猫)与书写对象(猫)之间确定的符应关系被根本地取消,致使此两者流变为同一的差异。一方面,书写之物差异于书写对象,而这个差异正是书写之物得以成为等同于书写对象的他物。另一方面,书写对象不再能作为内在于书写之物的本质(也即,书写之物,作为"非一书写对象",必须永恒地逃离"书写对象",导致其无法固定地只能永恒地差异流变),丧失了主体性的在场,致使书写之物的

①　KK38-39.

本质成为缺席的复数的书写对象(书写之物什么也不是)。因而,书写之物与书写对象之间显然并非一致而是差异遮掩的多重否定(既是非现实也是非再现的虚拟)关系。一言以蔽之,书写之物以差异遮掩的在场(既否定书写对象也否定自身)处于永恒的否定关系中(la relation de ni... ni...)。因而,"非-猫"既非猫也非狗,抑或非"非-狗"。

然而,这种否定关系的确立,难道不正在导致书写之物与书写对象之间的彻底断裂吗?难道,这不正一步步地取消书写与现实世界的关系吗?难道布朗肖的目的就在于将书写与现实世界一刀两断吗?一方面,布朗肖并不否认就一个稳定性而言,日常语汇确实在现实世界之中有效地执行①。另一方面,"有效"不等同于"真理"之间的界线厘清,也在说明着意欲将书写之物作用于求证现实世界②的不可能性:"因为文学并非现实,而是保存非现实观点的实现。"③也即,书写之物对现实世界而言确实具备一定的效力,是因为其同样具备实践的可能性,而非它在现实之中。也即,"非-猫"确实透过书写而栩栩如生地被实现,与此同时,它也不是任何一只现实世界之中的猫。然而,这是否意味着文学并非现实?是否这正在暗

---

① "一般性语言正是为了稳定性而设。"(KK39)
② "不考虑对象地相信这些字词,不松开它们,不要认为它们有问题。如此一来,我们才能减少麻烦。"(KK39)
③ KK55.

示着,文学就是一种与现实无关纯粹想象①的写作吗?"就文学定义对象,给它们限定范围的方面而言,它确实是此世中的死亡作品。然而,当文学从对象的生存上否定它们的同时,它也将它们保存于它们的存在之中:它使对象拥有某个意义,而作为工作中死亡的否定性也是一种意义的发生,行动中的理解。"②追根究底,书写之物所指向的既不是现实世界或者非现实世界,而是非现实在现实世界之中的落实③。而此正意味着使不在场之物在场的可能性透过文学落实(书写之物是一种文学语言④)被打开了,我们得以窥探某个不应被看见之物,也即不可能性。也是从这里,布朗肖所谓的"文学作为保存非现实观点的实现"开始具备回返真理的可能性,因为透过此彻底否认的不可能性的在场,其所揭示的正是其无法毁灭的原初存在:根植在书写之中的书写真理必然从中以显。在这个前提下,我们隐约地意识到书写拓扑学与"把书写嵌入历史证据"之间合法性的逐步转移:事实上,透过书写之物去验证作者本人,并不比透过书写之物寻获书写自身具备更多的明

---

① "文学谈纯粹想象确实很冒险。首先,它并非纯粹想象。……它只是在失眠者需要安眠药的层次上貌似想象。"(KK29-30)

② KK54.

③ "卡夫卡没有把这个意旨当成彼世的戏剧性表达,反而试图透过此重新理解我们当前处境的在场。他在文学中体悟到更好的方法,不只是为了描述某个境况,而甚至试图从其自身中找到一条出路。"(KK53-54)因而文学并非一个与现实无关的彼世,而是一个非现实对现实的回旋。

④ 因为"文学语言从猫这个字词上所注意到的不仅是猫的非-生存,还有流变成字词的非-生存,也即,一个客观并且完美限定的现实"。(KK39)

证性。

从"书写什么也不是"到"书写并非什么也不是"①

一旦书写之物作为差异掩盖的这种本质缺乏,便将相应地使得作品自身的原初性得到确立。换句话说,由每一个书写(书写一只猫,或者一只狗)所揭发的都会是某个独特的,非真的却是无可替换的书写之物:因为本质丧失的匿名性无法被任何确定性所填满。在几页之前,布朗肖透过黑格尔以说明这种最终将导致摧毁一切(包含现实性)的本质缺乏的威力,其正如同建立于不可能性之中的无能威力(la puissance de l'impuissance à l'impossibilité):"亚当透过为动物安名的首要动作成为主宰,也即,他在它们(如同生存着)的生存中摧毁它们。"②动物本质的内在存在遭到(字)模仿的渡换,如同缺席猫的"猫"(字)在场("非-猫"),成为可被无限填补的内在褫夺(字)注定沦为差异掩盖的书写。由于丧失使其得以固定之中核的缘故,书写之物同时既无对应对象也是可符应任何对象的书写。也正因如此,使得同时附着于此称名之上的彼此之间,也成为一种非等量的彼此差异:因为任一也无法使同一字词更真理或者更虚构(如同不断坠入虚无之中的无限扩增)。

---

① De《l'écriture n'est rien》à《l'écriture n'est pas rien》(相关概念可参照本书第一章)。

② KK36.

于是,"非一猫"显然不只是"不是猫"的某物而是"猫以外"的总体:缺乏"猫"核心的越界的可能性。也即,严格来说,是一个貌似域外(无核)的越界(缺核):"亚当"。

在作为仿造上帝的概念而安名为亚当①之时,如同《唐·吉诃德》②作为源初的模仿之作,是透过塞满缺乏而在场的本质缺乏。他透过为动物安名的动作(同时是彻底肯定并且也是彻底否定书写之物)预示了从生存到本质缺席以后的威力。确实来说,亚当必须透过实际执行上帝的权力(命名万物使万物生存)而取得自身的生存:他能够"称猫为猫"。只是实际上,"字词把存在交给我,然而,它给我的是存在的褫夺"③。亚当的每一个命名都同时导致动物生存的毁灭,猫只能是"非一非猫",狗只能是"非一狗",与此同时,这个生存的毁灭也迫使亚当作为主宰的权力丧失。因为动物生存的毁灭同时也意味着亚当主宰(安名)权力的崩毁,换句话说,动物流变为非生存

---

① "它是此存在的缺席,是其虚无,是当他在失去存在以后,仍然留在它之中者,也即,它视为它所不是的事实。"(KK36)亚当是唯一上帝所不是的事实。亚当是上帝以外之物,上帝的越界。

② 关于"缺核威力"的精确描述,我们将从1964年的《木桥》一文中找到透过《唐·吉诃德》对这个建立于1947年"亚当"概念思想的精彩应答:"我们也因此(而且,这无疑也是首次)具有一个有意识地,为了模仿的创作作品。把以模仿(能够像其对偶般地达成任务)为核心的角色视做活动人物而呈,是徒劳的,其所为,总已是反射,并且,其唯有成为复本,才能作为自己,然而,行迹自诉的文本并非某本书,而是其余书之参照。"(KK185—186)如此一来,或许能够更使我们明白布朗肖所谓的一种"徒劳"的威力是何以生成的:其作为差异自身(本质欠缺的无书)的缺核威力是一种无法扎根的倍增(众多书)威力:永恒匿名的它者(其匿名的原因并非其缺乏名称而是无法定名,故而是一种过剩的"徒劳"之名)。

③ KK36.

本身使得亚当流变为另一个重新的匿名物"非-亚当",也即亚当的越界。如斯藉由这种否定性持续不断衍生的,事实上是一个透过全面摧毁的匿名威力自身。这便是为何布朗肖将此比喻为一场片甲不留地洪水之意:"话语的意义——如同所有话语的前言——要求一种大量屠杀、一场预言洪水,以潜入创造的汪洋一片。"①因为透过亚当(缺核的威力)瞬间闪闪烁现的正是"无核"域外之貌:亚当以外的总和(非-亚当与非-动物),也即从生存死去以后的重生(匿名的无法消失)。更确切地来说,亚当的命名之所以是摧毁万物生存的从地狱回返,其目的并非在于使存在物变得可见(为存在物服务),而是从存在物的死去之中(包括自己的死去)使原初自身可见(非存在物、非我的原初自身)。

"我自我命名,如同我唱着自己的挽歌:我与自身分离,我不再是我的在场,也非我的现实,而是一个客观的在场,非人称的,我的这种名称超越过我,并且它僵着不动——对我而言——果真造成一个碑石重压在此空洞之上的效果。当我说话时,我正否定着这个我所说的生存,我也同时否定着那个如此说话者的生存:我的话语,如果它揭示存于其非生存之中,那么它便证明了这个——我的话语始于那个使其产生的非生存之中,始于远离自身之权力之中,始于作为非其存在之

---

① KK36.

存在之中 ——显像。"①只有亚当的死去才能越过亚当的生存,命名对象的生存,成为另一个匿名原初(因为亚当的死去使他不再是他本身,而是另一个无从确认的不知名者)。换言之,命名(书写)的目的既不在毁灭谁,也不在创造谁(因为此两者同样皆属于未决的无知②,在书写之前,我们对书写对象一无所知;在书写之后,我们对书写之物同样无从确认),而在于如何造就书写越界的瞬间③:确切的原初之诞。

这也就是为什么布朗肖得以合法地从黑格尔的"直到有效的实现以前,个体既无法知道自身存在,也不知透过操作会被带往何处;这样似乎意味着在操作之前,没有权力决定操作的目的性;却又他必须——如同有意识般——状似事先对行动了如指掌,也即如有目的性一般"。召唤出瓦乐希的思考:"假设在巨作成形之初,境况是最无关紧要的;这种无关紧要是没有任何意义的;而作者藉由此运动使一个无关紧要的境

---

① KK37－38.

② 此两个概念之间的关系,可参考《木桥》一文的核心思考(即,含混性):"同一的差异,同样的非一同一性"(KK198)也即,说明"未明"(l'obscur)。简而言之,这是一种必然为假的生存(如同空缺的生存),使其成为所有生存的尚未生存,因而得以成为未明。亦即,在差异逻辑之下(以彼此的差异作为互相差异的理由,因而差异是一种共时性的差异缺乏,其本身正是一种等待差异的尚未差异:未明的可见)得以无限差异的非同一性个体。因而,此差异成为无法抵消而是不断促使否定运动加剧的非重复的重复差异。

③ "文学语言正是超越追寻此瞬间的追寻。……是迷途的拉撒路,而非被拯救或复活的拉撒路。"(KK41)

况,变成能够融混他的天分和作品两者的确实境地。"①透过书写,书写者在现实世界划开了为了追问文学自身②的无限间距的文学空间,而书写者的书写之物(投身于时间缺席的诱惑之中)并非因为处于现实之中或者描写书写对象而为真,相反的,书写之物作为抵御现实世界的匿名物,在现实世界中使"重回现实"本身产生可能性。而书写是在这个层面上取得一个与现实世界的合法关系:创作。更确实来说,透过书写确实使某种原初的运动持续发生。

从默思纳对布朗肖的评述之中,我们可以更清楚一个被书写运动所并吞的现实世界是如何越界虚构为书写平面所用:"从此处开始,可以假设一种封闭的和'不可能以外的'双重问题性以推测出布朗肖坚持作品尚未生存的思考。这种封闭性正同如其国家认同(他从中扎根其政治诉求),然而,这同时也正好相反地使'成为犹太人的悲惨境遇流变为宿命',被根除的、被纳粹迫害的犹太人'(因为他注定这样)再也逃不了'必然地束缚于其犹太主义的境遇。从这两方面来看(而且包含其各自之背反层面而言,都会是悲剧),布朗肖制造封闭的想象经验,使得存在从中承担他在世间在场的重量。因为

---

① KK14-16.

② 书写者所关心的并非书写对象而是处于书写之中的书写之物:"唯独在文学致力于理解对象的时刻,并在文学致力于辨认字词的语言中,此威力才能是一种如同永恒他样化的可能性,以及永续不可缩减之双重意义,一种(词汇处于同一又相斥互相掩盖的含混性中)轮番性。"(KK60)

这个理由,他不再仅是一个'世代'的代表,而是一种典型,或者更确切来说,是独一无二的。反犹太主义,如同是本体论的裁决为他众多的突兀再添畸角,而即便是具备这样年轻与表像的犹太哲论立场,仍使他得以从中幻化成他种模样。"①透过其政治立场与文学批判的书写,所归纳而出的并非是布朗肖的个人肖像,而是以布朗肖命名的布朗肖式书写。更清楚地来说,政治或者文学事件作为书写者的脚注,就像是徒劳把卡夫卡笔下的主人翁们拿来比拟卡夫卡一样(可参见本书《卡夫卡与布侯》),是一种逻辑上的非法关系。因为书写本身所具备的虚拟性将摧毁整个现实事件本身,也即,书写自身的虚构本质成为重组现实的阻碍(《城堡》里的 K.或者《审判》里的K.,谁才是卡夫卡本人?)使得重返现实成为一个彻底的不可能。相反地,只有透过将书写重新回归到文学自身之中(而非作者本身):所有卡夫卡的书写之物都是卡夫卡式书写的证据而非卡夫卡本人(作为一个历史角色)的证据。此时,所有书写皆得以归并为书写本身的差异证据(文学的,政治的,书信,日记……),我们的思考才得以逐步从书写者内思的书写对象外移往纯粹架构在书写之物之上的书写本身,并进而重新归返于书写本身来思考布朗肖所真正落实于当代思潮的贡献。

---

① SE56-57.布朗肖这样从文学悖论导回哲学思维的书写深远地影响了后世所谓的"法国理论"(盛行于 1970 年间的美国学圈,一种深受 1960—80 年间法国文学家集社会、哲学、文学于书写所影响的学说)。

换言之,使得书写回到一个现实世界的层面并非透过"假设"书写之物为真,而是使书写运动"落实",这便是何以布朗肖的书写脱离世代的"代表"而成为"典型"的深意(其中有普遍性和特异性之别),也是其书写思考的核心:即,创造一个永恒"诞生即死亡"。从此之后,书写作为虚拟之途的开关被重新启动,然而却是为了卷进现实处境所切换的文学空间之境:一个书写前提的重置。

前提的改变

而这正是布朗肖在此书接续的两章《卡夫卡阅读》与《卡夫卡与文学》里,透过卡夫卡的作品所切换的前提。从一开始,布朗肖便指出卡夫卡在日记书写上所言:"我只是文学"①这句耐人寻味之言以动摇日记作为现实架构的坚实性。而进一步的这个询问:"生存是如何整体涉入这个在某种数量的字词中整治秩序的琢磨之中的呢?"②更是追问一个从虚拟向度出发以并吞存在可能性(不是字词如何再现书写对象的生存,而是书写如何再造存在。前者是以存在经验为思考向度,后者是以文学经验作为凝思起点)。透过布朗肖所描述的这个书写与现实的翻转关系,我们或许可以更清楚地理解何谓书写为前提的置换:"我是不幸的,我坐在我的桌前,并且我写

---

① KK75.
② KK76.

着:'我是不幸的。'这怎么可能? 我们很清楚为什么这个可能
性是奇异的,而且甚至就某种程度而言,是引人非议的。我不
幸之状意味着我力量的竭尽;然而,我不幸的表达,却是力量
之长。从受苦的角度来看,一切皆不可能:活着、存在、思考;
从书写的另一角度来看,一切皆为可能:流畅的字眼、精准的
发展、幸福的影像。此外,在表达我受苦的过程时,我正肯定
着受苦所否定之处,然而,在肯定的过程中,我无从将之转化。
出于极度的好运,我刻意成载最惨烈的并且无法稍减的悲惨。
我越是幸运——意即,我越是有才能透过壮大、修饰、影像使
我的不幸变成敏感的——这个不幸所意味的不幸就越是受到
敬畏。这就宛如再现我书写的可能性,因为承载的本质而具
有其不可能性——我的痛苦即书写的不可能性——这不只是
把它置入括号,或者是于其之中毫无破坏地也毫不被它所损
伤地接受其所是,而是成为非真是可能的——除非处于或者
因为其不可能性。若语言(尤其是文学语言)并非预先地且朝
向其死亡地不断向前奔冲,那么它会是不可能的,因为这个朝
向其不可能性的运动正是其条件并且奠定之;这个侵入虚无
的运动正是确认文学语言作为此尚未实现之虚无的可能性。
也就是说,此语言为真,因为它指涉那个它所是却尚未实现的
非-语言。"[1]很显然的是,"书写自身不幸"的书写之物具备一

种本质的不可能性:我的不幸,包括无法书写的不幸。因而书写我的不幸,就现实而言,是不可能的。这便是从存在处境出发的思考。

然而,以书写为根基的思考而言,书写者所实现的是"书写我(主体)的不可能性"。换言之,当我坐在书桌前书写下"我是不幸的"告白时,此书写之物意味着"众人皆是不幸的"。也即任何人都被此书写卷入"(各自)我的不幸",以至于"(个人)我(或主体我)的不幸"成为此书写中最大的不幸:主体性的丧失,即,一个真正"不幸"的确实之境。因而,就书写的前提所衍生的是超越作者本人的探问:从"谁是布朗肖"的追问,脱离其所处的个别时空条件,而进入"何谓布朗肖式的书写?"的一个不断反复回响于任何时瞬的活生生提问(根据书写作品得以永恒翻覆的谜题重构)。这也就是为何布朗肖在相隔十年之后,重新为他所曾书写过关于卡夫卡的《定论》一文,再次书写《最终定论》的意义(本书末两章节)。其用意绝非仅在于评论卡夫卡,或者因为针对新出炉的线索,有感必须重新修正所有过去对卡夫卡著作的评量。理由可以是无穷的,然而远重要于此的是:因为新证据所开启的书写行动,恐怕才使得另一个对卡夫卡式作品的探问①可以永恒地一再开启与提出。

---

① 同时,布朗肖这种永恒探问之法,使得一个真假的界线逐渐模糊(或者,也可说是一个跨越这到真假的分际),也即,新的证据,新的看法并不是用来消弭过去所建立的思想,而是得以共置于同一共时平面的拓扑学思考,此观点我们将再后文继续发展。

现实世界遭受到最大的震撼,问题并非在于作为现实证据的书写,而是由书写运动所引发的可能性之域:原初的再生。故而,卡夫卡最新的信件集并非用来验证其过去某封书信的谬误或者确立其个人的性格特质,而是宛如将开启另一本未来之书一样,其目的在于等待而非终结。也即,"定论"的存在目的,在于自我毁灭以引诱另一(或者新或者最终)定论而非定论之为定论的意见终结(如同此书之末章,其实是回归到首章的提问,而非真正指出任何"定论"。)。也因此,布朗肖才会提到:"这些作品(大写)全集总是缺少最新一册。"①因为书写作品"并非一个直接叙事的被造,而是透过这个叙事与所有同此类型的对照——无论年代,根源,象征意义或者不同风格——皆预先占据叙事也意欲占有之文学领域。换句话说,土地测量员不丈量想象或纯粹之域,而是文学的无限空间,且他不自禁地模仿——并且就地反省——在这空间里所有已经越过他的角色,以至于《城堡》不再只是一个孤独书写者的单一作品,而是如同可被阅读、并置、交缠、尔时清楚的隐形字迹,千年冒险的各种面相。"②更确切地来说,只要书写仍处于由书写自身所构筑而出的文学空间之中,布朗肖(或者是卡夫卡)的书写便是以一种永恒地尚未出生之姿等待属于他们自身的未来之书:以书写等待书写。

---

① KK219.
② KK191.

简言之,这个由书写所奇异连缀而成的,以无穷断裂接续的连续性[1](其至今仍无尽地处于扩张之中,反噬布朗肖以及所有意图对他或者对其著作有所思考者,因而布朗肖指出卡夫卡的传记至今仍有待书写[2]),所造成的后果是惊人且巨大的。因为由书写所主导的共时空间,将导致因果线性思考序列的崩溃。详细地来说,书写的虚拟本质在现实的场域之中如同一种本质的缺席,因为其并不具备可供落实的相应对象。过去位构筑现实假设书写为真(我手写我口)。然而,布朗肖以为这正是缪误之源。因为书写以虚构为本,只能证假而无法证真(从此处看出,布朗肖从承继于黑格尔的思想中差异出去)。如此"恒假"的虚构非暗示"作者说谎",而是书写作为一个永恒间接的传递物,是无法返回真相地真诚之言。当与再现真理无关的书写回到书写本身(即虚拟的文学空间)之中,所有的书写皆为书写本身"此要求之幸与不幸的具现,于中,流亡者不得不把谬误当成真理来对待,把无定限欺骗他的对象当成把握无限的终极可能性"[3]。也即,所有的书写之言都成了书写本身(包括矛盾的、错乱的、连续的、无法衔接的)的肉身化:虚拟的无限倍增而无从取消。

---

[1]　此概念可参考布朗肖另一著作《无尽的对谈》。

[2]　参考《定论》一文(KK202)。

[3]　KK126.

书写的"非真"肉身化:形式的可能性

然而,若书写之言都成了书写本质的肉身化,是否就意味着只要转换到文学场域,所书写之物就得以获得坚实的确定性(在文学中一切为真)? 也即,难道书写之物的本质不就是虚拟吗? 是也不是。更恰当地来说,书写之物所具备的是本质缺乏的虚拟而非虚拟的本质。这便是为何书写始终是不可能的:"文学不仅是非法的,甚至是无意义的,且这个无效性(nullité)——在被隔离于纯粹状态的条件下——可能造构出一种超凡绝伦的力量。这么做是为了使文学发现这种内在空洞,为了打开其整个虚无部分,为了使它兑现它非现实的本性,……如此一来,它才确实能重新掌握其自身中的强大否定运动,然而,这并不能否认其确实具有最大的创造野心,因为就在文学与空无结合的刹那间,它即为所有,一切开始生存:多了不起的奇迹。"①这同时也是为什么在此书之中并置卡夫卡的书写文本以及所有(经证实以及未经证实的)传言并非无转圜余地的悖论。至始至终,文学始终是:"某种宛如(comme si)"②而非现实亦非虚拟物(当文学被视为虚拟时,它便不再是虚拟:文学只能"不是什么"而非"是什么")。在现实之中往

---

① KK12 - 13.

② "为何艺术能在认知失败处取得胜利……所有经过宛如我们处于真理的在场,然而,这个在场不属于真理之列,这就是为何其不阻碍我们往前。一旦认知被视为前往永恒生命者时,则艺术肯定认知,然而,艺术也肯定非一认知,一旦认知凸起成为生命现前之碍。它改变意义和符号。它以持续存活来自毁。"(KK83)

往必须断章取义地①采取立场之处,只有在书写的虚空间之中才能够以一种"非真"的状态被保存。换句话说,在书写之域中,书写之物并不因为其取得真理的地位而被持留住,而是因为透过"书写的可能性"作为一个共同的关联被保留下来。如此一来,书写之中所有矛盾的断片才得以成为非关系的关系(此非关系的关系所意指的正是每一个书写所成就的线索锁链会随着重复对卡夫卡的书写而再次断裂与重组),这也即以上引文所指出的"书写本身的否定运动"。而透过这个作用于文学空间的运动,宛如"虚无工作于虚无之中"②之中,所造就的便是一个全数肯定的巨大书写创造性,并且共存为永恒书写卡夫卡的众多线索之一。

"卡夫卡只想成为一个书写者,这是我们从他的个人《日记》中所得知,然而,让我们得知卡夫卡不仅是一个书写者的,

---

① 可参见本书《定论》一文:"首先,部分的信件已经耳熟能详,因为布侯把它们用在其传记和他其余的书中。此外,它们仍然非常地零碎,以至于这类出版的书信集,总是会有些显得是莫名其妙偶然留下的,或者,疑似被摧毁的勉强拼凑。"(KK203)

② 参见本书第一章《文学及死亡权利》(KK15),布朗肖引用黑格尔之言。其旨要说明:书写作为一个无现实对应(如同布朗肖在同一章节所提到,书写一只猫,其并非现实中的任何一只猫,却是一只独特并且具有死亡特性的猫,正是因为其特性使之成为场域未明的可能存在)的运动作用于非现实的空间(文学空间)之中,因为空缺的缘故(对象的未知),使其笔下的存在物成为可能的,同时不等同于真理的。而因为双重空缺的缘故(现实条件的取消),使得书写之物产生合法性的可能。这也便是为什么卡夫卡的书写之于布朗肖具有如此重大影响力的原因;因为其充满空隙(包含断简残篇的书信以及日记,未竟之作,矛盾的叙事情结)的书写,这种书写的不可能性(因为缺漏以及其他人,例如编辑或者布侯,为其著作的补遗)同时正是促发不断书写运动的可能性。

是他《日记》的全貌（后者意味着一种虚构的重构）：从此之后，我们在他作品中寻觅的，便是它。"①这段写于 1943 年的思索正是日后于 1959 年所书写的《定论》一文之中，翻转现实条件之困境的响应。当布朗肖于后者中写道："直到现在，我们所认知的卡夫卡，其实是马克思·布侯所认识的他的面孔与生活；而这个认识是无法替换的。……然而仔细来说，他和别人在一起的时候，又会是另一个模样了；那么，和他自己在一起的时候，他是什么样的？就是这个——始终对我们保持隐密——不可见的他自己，变成我们唯一好奇的对象，并且也是我们研究中必然会落空的对象。"②也即，在一个现实条件之下重构卡夫卡是不可能的，无论证据如何堆积与发现，都只是建立在核心不稳固的条件上：其自身的"缺席"，使得真理知晓永恒的落空。反言之，将卡夫卡建构于"书写"之中，是返回到一切皆为可能的平面上，使其所有的书写之物不可避免的共时在场，包含缺漏的、增补的、撕毁的以及作者临终的销毁宣言都是使书写倍增节外生枝的可能性。更清楚地来说，书写的可能性使得布朗肖对于卡夫卡书写的思考得以返回现实世界的场域，也即，此书所书写的并非用来辩证卡夫卡生平的真理性或者怪异性，而是透过书写的方式（文字排列、版面编排……）使得书写形式的可能性得以扩充，进而使字词本身得以

---

① KK62 - 63.
② KK203.

越界思考。正是在这个层面上,书写的各种骗局(书写之物如同其所是的显现)无从抵赖地成为书写的真诚形式,形构了本书同为程序(或称为公式)也是之所以可能之成因:"书写,祈祷之式"①(祈祷本身是因也是果)。重点并不在于个人的目的为何,而是一个"未有之有",也即,使我们保有希望的,不是愿望实现,而是愿望实现以前的不可能性②。于是,书写透过被书写的谬误(书写作为祈祷之式而非祈祷内容)以便使"非一被书写之物"透过书写之物的幻象闪现,如此一来,书写始终处于欠缺主体的本质空缺,最终成为无人称的书写自身③。更确切地来说,无人称的书写自身正是致使书写的不可能性:所有书写者笔下的书写之物,随着书写的不断变形致使书写的不可能,然而,这种书写的不可能又同时因为扣住"书写"(一切皆为可能)的这条锁链以至于无法消失,故成为永恒的"不是"之物。

---

① KK83.

② 亦即,使我们不断重复相信的并非希望,而是绝望:"我们的救赎就在死亡之中,然而却一味地希望活着。这于是导致我们永世不得拯救,也从未停止过绝望,而就某个方面来说,正是我们希望致使我们错乱,这个希望正是我们困境的符号,因而如此的困境也同样是解放的意涵而使我们一再盼望"("甚至不要对你并没有绝望的这件事情感到绝望……因为这正好就是所谓的活着")。(KK72)

③ "这些难题循环地相互应答……它们绝望地持存于响应的唯一希望,却又只能不断地给出不可能的回应,更甚,取消质问者的生存本身……事实上,语言在此似乎枯肠思竭且不惜任何代价地只顾着继续。它似乎混淆于最大的空洞与其可能性,而这就是为什么它在我们眼中也像个悲剧的整体,因为这个可能性是遭一切所挫的语言,而且只实践于一个毫无争辩点的争辩运动中。"(KK90-91)

以书写"不是"而展开的《从卡夫卡到卡夫卡》

在书写不可能的前提之下,书写者无法再拥有其所书写之物(沦为书写的载体),而所存留下来的便是被删除实体(因而缺乏现实性)的匿名生存(永恒的尚未现)。这种书写的多重否定(书写的不可能,消失的不可能,实现的不可能性又同时是这些不可能性的背反)正是布朗肖从描述卡夫卡日记里的书写状态(他记载其生活细节的同时,也穿插许多未成形或者成形的叙事本身,并且并非是他的那些著名故事的脚注,而总是全新的发展,可参见《卡夫卡的阅读》与《卡夫卡与文学》两章),所意识到特属于文学空间的省思:"每个保留牵连着另一个可以使之完整的保留,逐个连结,它们共组成一个否定的整体结构,如同一个续行与完成共时的中心结构:从字面上来讲,被肯定同时是彻底地被发展也是彻底地被撤销;很难得知是否确实明白这句话的正反两面,究竟所面向的是堆叠还是堆叠消失之凹。要发现哪种面向的思考偏向我们,确实具有不可能性,它是那么转了又转,就像在曲线之尽,这个不可能性只有——为了对象——以思想再生一个弯曲的运动。卡夫卡的字词——从证据显示其倾向一个真正的无限后退——透露出一种以空洞所成载的眩目之姿而自我超越的深刻印象。使我们相信一个字词的彼端,相信一个失败的彼端,相信会有一个多过于不可能性之不可能性。"①他藉由"多过于不可能性"的徒劳来说明文学空间的建构形式将使得默思纳对布朗肖书写形式所提供的线索更为清楚:"布朗肖的差异路线意味着介入(engagement)和责任(responsabilité)间的探问,透过这种形式:是否有一种文学的责任和政治的责任是只有当其中之一介入另一者的现实之时,才得以发挥其效用? 在文学和政治中验证普同的界线,布朗肖树立了问题化界线——此正是当代思潮之焦点——的重要性,然而,其问题化的方式只有在把有限的词条本身的含混性列入考虑才有其价值,并且问题化的方式由其自行衍生。而这会再次指向透过虚构的界线和如同虚构界线的询问。"②假设果真如此,那么追问布朗肖两次的书写转向,便脱离了单纯地仅是对于布朗肖此生中政治立场或文学意向的自传式质问,而或许是更加单纯地(也同时是更加复杂地)指向取代历史时空条件的故事书写(多重叙事)。

多重叙事:逆转的现实

换句话说,一个由重复书写(卡夫卡的,布侯的,纪德的,侯贝的与布朗肖的《城堡》)所构成的平面使得复数差异(作品、剧本、时空条件与观点想法的各种分歧)之间的不可能性

---

① KK89.
② SE11.

产生凹折迭合的共时可能性(一个现在,过去和未来的三点共立①):书写者的书写,阅读者的阅读,评论者的评论同时使一作品既是去作品化也是作品的在场。类似的案例不断地重复出现在此书之中,卡夫卡的一句"摧毁作品"被卷入其作品的一部分之中(摧毁作品的遗言成为其作品之一),布侯对卡夫卡的脚注,卡夫卡与友人之间的书信,其年少的阅读,布朗肖关注的焦点与所挑捡的事件,全数被此书融卷成卡夫卡的部分,或者更精确来说,卡夫卡书写的特异风格。如此一来,透过书写所形成的复数探问将使得现实事件转生为虚拟的肉身,使得书写永远能够再写。意即,卡夫卡成为《城堡》里的另一个城堡(书写材料)。而这也正是上述在默思纳对布朗肖的思考中,以为现实世界何以透过书写渡换往虚拟之域的方式(虚拟界线的模糊:否定性)。其思考呼应布朗肖对卡夫卡《日记》的评论,"从他的《日记》里我们可以很清楚地指出其关于理论认知的思考。然而,这些思考即便借身普遍形式却仍十分怪异:它们游走于此域,又再次陷入一种同时既不把它们视作单一事件的表达来理解,也不把它们当作普同真理之解释的无确认模糊模式。卡夫卡的思考没有一个依据的统一规

---

① 这也就是为什么布朗肖曾在《翻译》(Traduire)一文中借用华特·班雅明(Walter Benjamin)的概念将翻译者(如同评论者)拉入诗人与小说家的文学之列的原因,如此一来才得以构成布朗肖所谓的三点并成的共立(评论者,诗人,小说家)。[可参见《友谊》(L'amitié),pp.69-73。]

则,也不是仅为了在他的生命中增添一特殊事实的标志。其如同一个往返于两个水域之间的亡命之泳。打从它变成为一连串由实际生产物所接续移转的事件群(例如日记一例),思考便心无旁骛地切入搜寻这些事件群的意义之中,藉此以追捕事件群的方式与之接近。故而,叙事开始与其解释混淆,然则,此解释并非解释,其目的不在于解释它所该解释的,尤其它不是叙事的摘要。而比较像是它作为一个解释的身份遭遇一种特殊性所引诱,以至于它必须抛弃解释本身的完善结构:此解释产生的意义环绕着事实促使解释游移,而此意义只有在摆脱解释之余才能成为解释,又它只能在与解释不分离的状况下才能为之解释。此反思的无限褶曲肇因于某影像的碎裂,而后产生的周而复始性,致使理性的精密性沦为无用之物,转而导致其余模式的思考,这些思考仍旧作用于一个普同世界中,却只是在一个世界厚度里被简化为一种占位的统称"①。因而解释叙事的说明,遭到叙事本身的并吞而成为另一个叙事,以此类推的不断以变形的叙事追捕着下一个说明,同时使之变成一再重演地无法说明。因为"书写正是一条'我'到'他'的穿越……必须在书写回应这个无特征的'他'的索求时,知晓什么被锁定了"②,这条为构筑叙事而紧紧攀附事件的书写之线,成为由事件构筑的陷阱,永恒地把事件拆解到

① KK64.
② KK173.

31

书写的空间中。

而就此书而言,"仗着对否定的挖掘,而得到一个转为肯定的机会,仅是一个机会,一个从未彻底实现的机会,并且藉由它,其对立面不断隐现"①。使得不在场又同时是不可避免之在场的(作品本身)卡夫卡对话,正因如此,共时得以为真②。每一层对卡夫卡的重复包覆或者差异拆解都在加深布朗肖本身谜题的复杂度③,也即,书写成为现实的内壳,使得所有事件得以共置于同一时空来谈。然而,这种布置的逆转使得原本应为答案之物成为了谜题(因为书写从未还原历史而是重构事件),原本应该被隐藏地却遭到揭示,就像布朗肖对于卡夫卡的困惑一般,"这个隐晦把谜题还诸与众,这个秘密使它耀眼。此刻,此谜题四处卖弄,它成了重要之日,它即其本身的粉墨登场。该如何是好呢?"④

---

① KK69.

② 这种作品与诠释的关系可参见本书之《卡夫卡及布侯》一文。

③ "并非有两个布朗肖,一个在夜晚书写(其文学思想),一个在白昼书写(其政治思想)两者互不相识。正好相反,他们的衔接、步调个有其地道处于他们各自的时期之中。它们皆苏醒于白昼,介于纠缠布朗肖的同类问题藉以合而为一。……此外,却有两个'布朗肖'(我们在此处加注引号),它们每一个注定藏匿另一个,而它们的分裂正是他们的'不变性'(这促使布朗肖从其隐匿并且后天的统一体——如同介于这种政治部分和文学部分的约束——变成一个极致虚无产物)布朗肖的秘密如同'秘密的布朗肖'皆为一个以布朗肖本人为首位牺牲品的曝光效果。"(SE10)

④ KK62.

为何卡夫卡?

　　而这样的谜题,或许正是布朗肖将此书指向卡夫卡的可能成因之一,何以为然? 何以他并未出版(或者集结)对他而言同等重要的马拉美(S. Mallarmé)、托马斯·曼(T. Mann)、普鲁斯特(M. Proust)等文学专论之书,而却钟情于卡夫卡? 而又为什么将此书定名为《从卡夫卡到卡夫卡》,一个周而复返的循环,或者说,布朗肖真的单纯地意味着同语反复的卡夫卡吗? 也即,从卡夫卡到卡夫卡,始终是同一个卡夫卡吗? 如果是的话,卡夫卡只能是空无(唯一加倍却不使内容增加的);如果是的话,"从"与"到"的字义将无法动弹地彼此抵消,失效地陷入全然内在,导致被此两者所连接的"卡夫卡"彻底瘫痪。反之,如果不是的话,两个卡夫卡本身的意义则产生变异的必然相斥,矛盾地潜入双重无法重复的差异匿名;如果不是的话,"从"与"到"的字义成为彼此穿接的迷宫而永恒地处于外部之中,失去潜入内在解说名词的可能性,这使得辨识卡夫卡同样是不可能的。这样一个进退维谷又无从撤退,宛如绝望迷宫的标题,究竟是谜题还是答案? 是"从"还是"到"? 是文学的狡狯还是真诚,哪一个卡夫卡是其肉身或海市蜃楼,或者说,皆是也皆非? 我们试图从此书的几个书写段落中寻找线索(分别是状似提出本书结论的第九章、第一章以及末章)。

首先,在《木桥》一文中,布朗肖如何透过描述《城堡》K.的行动,来总结一种倍增奇异:"因为他难以理解地决定切断与自身的亲密,如同被这些领域所牵引而前进却不被任何需求所吸引,这导致他无法自圆其说。顺此前提而下,几乎不得不说,此书所有意义早被第一段——通往小镇主要道路的木桥——所夹带,而在木桥上'K.逗留了许久,仰视着苍茫之境'。"①,藉由卡夫卡书写 K.的矛盾与怪异,使得原本木桥之上的苍茫(空白)逐步扩增成难以理解的神秘小镇与丰富世界,而透过布朗肖对木桥所下的批注,K.的每一个前进便宛如踩在倒退的空白之中,使得 K.陷入"始终停滞于同一步"的困境(卡夫卡的城堡不在,布朗肖的书写不在),绝望的痛苦被深耨了,情况从小镇往城堡的距离被逐步删减成一步之间的扼喉之危。再者,K.无视众人的执意往前之姿,正如同布朗肖在此书《文学与死亡权利》一文中,所提到书写者的往前是走在空里的原地踏步②,使得此两者之间的"徒劳"相互辉映着。而在本书末章节的《最终定论》,他再次透过卡夫卡的信件指出,他前后书写了 400 页的小说,都只是为了重复第一章节的 56 页:"所有剩余的章节只是借用对第一章的一个巨大却彻底缺席之感的回忆而书写,所以必须放弃它,也即,在超过四百页

① KK197.
② KK12.

之中,只有五十六页有权留下"①的书写"徒劳",并且在同一段落里清楚指出:"我们的任务只是重复卡夫卡而已"②,使得其在此书中所有书写解释再次桎梏于"徒劳"。然而,所谓"徒劳"并不只在于重复卡夫卡,而是藉由重复的动作的落空使得"重复"本身的不可能性被意识,进而由生"徒劳"之感。解释卡夫卡既非重复卡夫卡,也非无关于卡夫卡,而总是差异的书写卡夫卡。差异因而也同时必然是"徒劳"书写。(也即,书写就是无法成字的威力之累,故而只能写了又写,终毋宁日。)

此时,让我们再回过头来思考此书的标题,"如何透过书写就地倍增威力"恐怕才是布朗肖透过书名所意欲提出的探问:重复且增加必然是差异的重复,而非同一物的单纯反覆。也即,《从卡夫卡到卡夫卡》并非卡夫卡而必然是倍增"卡夫卡"(即,一个非卡夫卡的卡夫卡)。然而,如果书名意味着一种重复滞留的倍增,那么此书的内容难道不都是书写的徒劳,并且冒着必将差异于重复卡夫卡,流变为谬误③的风险。这或许正是布朗肖在此书中层出不穷地并置矛盾的目的所在,布朗肖一边肯定布侯对于卡夫卡书写④,一边同时指出其作为卡

---

① KK224 - 225.

② KK224.

③ "阅读卡夫卡者必然成为说谎者,又不完全是说谎者。"(KK66)

④ "然而,谁是卡夫卡? 基于他开始以他的方式(他友人的手稿,以和以'他的误解及假冒'之名,来揭开卡夫卡的神秘面纱)受人瞩目,布侯决定写一本能够更清楚阐述的传记,这也同时是诠释和评论之书,于其中,布侯尝试把作品带到正确的——以他希望我们看到的方式——光处。一本很有帮助的书……"(KK143)

夫卡死后的代言人与后者之间隔阂的书写证据①,如此制造悖论的意图十分值得深究。

　　然而,布朗肖难道不是早已预见如斯了吗? 或者,让我们更进一步追问,是否这些布置的矛盾,暗示着布朗肖的意图从来就并非作为一个卡夫卡的传讯者,而是关注在各种不同的可能性条件底下,书写卡夫卡是如何流变为另一个的原初作品②? 倘若如此,那么这句写在"徒劳"内容里的"重复卡夫卡而已"显然十分可疑。一方面,假设重复卡夫卡正是布朗肖书写此书的任务,那么这必然使得书写内容的"徒劳"不再作为一个空洞的徒劳;另一方面,假设重复卡夫卡只是徒劳的,那么,此书标题的意义就也同陷入空茫的"徒劳"之中。然而,若要同使此两者从矛盾的背反中脱离,就必须回到由书写所构成的书写本身的并呈之上。换句话说,如果我们的任务是重复卡夫卡,那么徒劳便必须同等程度地生存。也即,没有 K.漫游的小镇,无法回到木桥的这个未离开的意旨;没有书写不会意识到徒劳书写;没有 400 页的书写,不会使第一章里 56 页

---

① "魏菲尔说:'除了帝席翁布德巴斯之外,无人理解卡夫卡。'"(KK140),此外,关于卡夫卡青年时期与布侯合作的作品,"卡夫卡不自在地提到——合作就是要忍耐从他的内层底部出让每个句子与布侯嵌合。此合作几乎是立即中止的"。(KK141)

② "作者看得出来其他人对其作品深感兴趣,然而他们所点出的是另外一种非作者本身对作品纯粹翻译的精髓,而这改变了作品,把它变成作者无法辨识其原貌的他物。对作者而言,作品已经消失,它流变成其他人的作品,一个其他人所是(却非他的)作品;一本用别本书来论断它的书,一本异于其他本书的原初之书,一本透过作为其他本书的映射而被理解之书。"(KK4)

的必要生存,更甚,没有这封致菲莉丝的信(书写"徒劳"),则阅读此章节的断裂感,不会一再倍增。如此一来,这便符合了我们在一开始的时候所提到的,没有重返原点,则无法意识到重复,而,意识重复则导致虚构化原点之域,故而,所有先前为了返回原点的努力就又尽成为多余的"徒劳",而迫使重复重新展开。此外,也因为必须同时包含此两个条件,重复卡夫卡的书写便不再是使某物再现的书写,而是透过书写再现某物流变为永恒他物。换句话说,由布朗肖所策划的卡夫卡路径(从……到)在制造了一个双重的不可能性的情况下(因为目标即终点,因而是路径的不可能性;因为加入一个方向性的书写,因而产生卡夫卡的不可能性),贴近了卡夫卡的书写意志(书写作品/摧毁作品)。

这也就是为什么布朗肖对卡夫卡的分析在面对他陆续现世的书写证据面前,并不会陷入解读卡夫卡失效的危机,相反的,这种分析的书写方式,得以从卡夫卡书写的外壳流变为荷尔德林式的,马拉美式的,普鲁斯特式的不停以一种同等原初的方式勾连他者。这个意志在《木桥》一文中可见一斑。正因为如此,讨论布侯与纪德分别改编卡夫卡作品的剧本,侯贝对于塞万堤斯与卡夫卡的比较研究,马格尼夫人对于卡夫卡迂回的思考如何标明自己的特异化,等等,才合理地具有拓宽卡夫卡作品的意义。透过布朗肖,不仅使得文学评论不再停留于一个二手资料参考的研究,而是如同创造者的一手书写,也同时这个去作品化的手法(作品不是作者所拥有的那个作品,而是朝向任何人开放的作品本身)扩大了作品的可能空间。也即,藉由重复卡夫卡的这个探问,有一种异于(或者多余)此探问的原初之物在这个重复的程序中被倍增了。换句话说,重复倍增了不属于重复之物。其中不属于重复之物,因为无从辨认的不停转换而始终处于虚无的匿名状态(这也是布朗肖对"文学"的看法),"这个有限的意义也制造出一个发现复数模式的翻转。语言移动了情境。我所发声的句子意图从内在本身的生命引诱那只标志外部的界限。生命是有限之言。此界限不会消失,然而其从语言中接收可能为无限之意义,并从中企求界定:肯定界限之意义,便与意义之限制背道而驰或者至少是更动了限制;而这样一来将冒着丢失已知界限之知晓的风险如同意义的限制"①。而即便重复造就了他物的不可能性将注定一再地沦为谬误的永恒质疑(因为它是未定的),然而,这个变幻的匿名物促使重复继续倍增的纯粹运动存在,却是确立无疑了。

如此一来,或许我们可以从中稍微领略,打从一开始布朗肖的这本始终循环着卡夫卡轴线的断片之作(收录布朗肖从1943—1968年间对卡夫卡的相关研究论文)就不曾或者也无

---

① KK171.

法阻止谬误①的一再重生。然而,如果阅读成为每一个重读的错误版本(因为再现作品本身——总是以另一种方式逼近原初——显然是不可能的),难道这不也同时致使此书的不可阅读性吗(永远只能以错误的方式来读)? 那么,究竟我们事实上正在阅读着什么? 于是,这显然使我们被拖入一系列由阅读谬误所引发的连锁谬误梦魇之中:如果谬误是不该阅读的唯一可阅读之物,那么阅读谬误的我们便是陷入把谬误错置成真理以待的双重谬误之中。或者说,是出于何种必要性,致使阅读谬误必须状似作品? 而这探问,或者正是布朗肖对作品的描述(永恒的疑问式):"素朴地信赖着发言的单一运动,他深陷'荒谬'之中并瞬间(或许还要更短的时间里)他由自身验证(宣告)着"②作品对作品自身的复数询问," 此'情感'与'纯然'单调地反复,也许这些作品不再是远离的,而是更接近于文学之谜,不再是反思的,而是更内在于思考运动的,而因此不倍增文学却以一种更原初的倍增——那种先于并且质疑

---

① 此书之中的各个章节收录并非按照时间的连续性排列,而是以颠倒的日期以及始终错乱在历史与故事之间的标题迷宫以标志。而这个始于又同时止于某个改变的断片之作,莫名之余竟符应于布朗肖对卡夫卡的评者之一:"卡夫卡的主要叙事多是片断的,而且作品的整体本身便是一个片断。"(KK68)而他所给出的这个线索,颠覆了整个作品的意图而合法地就地形构出一个作品的彼处,亦即,使得卡夫卡的故事之所以成为一个完整或者可阅读的,可理解的故事,正是谬误而非真理之不可避免的在场。再思考其所提出的几个事件来看,卡夫卡弃毁其作品的意图,致布劳许小姐的信件,布侯的剧本,皆是以书写重构影像。

② KK185.

'文学'和'生命'之预设统一体者——来实现?"①也即,作品的谬误并不使作品陷落或者损坏作品(因为作品尚未诞生),因而,当布朗肖将书写之言尽纳文学空间的可能性思考之域时,事实上,其所扩展的并非文学的种类,也并非透过书写运动的归类,为自己的文学评论取得如同创作者般的崇高光环(除了小说以外,他同时书写大量的文学评论)。而是透过使差异内化成书写的肉身,书写得以永恒地书写,也即众多差异的书写其实都是重复书写运动的复本"其所做的总是已是一个反射,并且其唯有成为复本才能作为自己"②而唯有成为作品本身所必要的"徒劳",书写才得以续行。就这个条件而言,此书作为卡夫卡作品的复本,究竟是如何逼近卡夫卡,也即一个后于复本的原本如何可能?

布朗肖的卡夫卡复本

除了布朗肖本身所推崇的众多文学家以外,处于大哲学家分呈时代的他,也毫不讳言地透显其作品中潜藏的哲学渊

---

① KK187.
② KK186.

源:巴塔耶的《内在经验》对其小说书写①的影响;海德格的《存在与时间》启蒙了其对"死亡"②的书写;列维纳斯《从生存到生存者》触发其对'责任'③的书写……。然而,每一次的思考冲击却总是不可避免地使布朗肖更贴近福兰茨·卡夫卡,更倾向一种破碎地、断裂地不可复返的不可能性之在此世之中之彼④。难道布朗肖未曾意识到他与卡夫卡笔下人物的比邻性?

---

① 尤其是《黑暗托马》(*Thomas l'obscur*)和《雅米拿达》(*Aminadab*),后者可说是托马的续篇,在结识巴塔耶未满一年内便出版。而在巴塔耶的《内在经验》(*L'expérience intérieure*)(1942 年夏天完稿,出版于 1943 年的春天)一书中,也多次引用《雅米拿达》。[可参考克里斯多福·彼东(Christophe Bident)所书写之布朗肖的传记《莫里斯·布朗肖－不可见的对谈者》(*Maurice Blanchot—Partenaire invisible*),pp. 204 – 211.]

② "这全都得感谢艾曼纽尔·列维纳斯,若没有他的介绍,我不会在约莫 1927 或者 1928 年间开始理解《存在与时间》,阅读此书对我的影响绝对是一种知识上的冲击。一个伟大的初始事件刚刚诞生:即便直到今天,即便在我的回忆里,那种巨大丝毫不减。"[PI44, cf. 布朗肖致凯瑟琳·戴维(Catherine David)一信,《末日思维》(penser l'apocalypes),1987/11/10,出版于《新观察家》(*Le nouvel observateur*)杂志,1988/01/22,p.79.]

③ "从我认识艾曼纽尔·列维纳斯那刻起,我便在他——满溢却保持理性,不停翻新或者骤间便会因为一个灵光乍现而焕新并且神秘的思维——的热情中,自然而然地接纳哲学就是生命本身,年轻时期本身。"[PI44, cf. 莫里斯·布朗肖,《我们的私密伴侣》,《论艾曼纽尔·列维纳斯》(*Textes pour Emmanuel Levinas*),让-米歇尔·普拉斯(Jean-Muchel Place),1980. p.80]

④ "卡夫卡没有把这个死亡主题当成是彼世的戏剧性表达,反而试图借此重新理解我们当前处境的在场。他在文学中体悟到更好的方法,不只是为了描述某个境况,而甚至试图从其自身中找到一条出路。这固然好听,然而是否行之有效? 在文学中确实有一种高超的圆滑,神秘的坏信念(它用失败同为成功的非理性冀望,使文学永远得以游牙于双重意义之上)。首先,文学同时作用也在作用中;它既是开化也是后植的。就这个条件下,文学便已经结合了两个矛盾运动。"(KK53 – 54)而布朗肖藉由文学思考所切出卡夫卡空间的复本夹层,正比说明着自身思想所必然前往之背反处:他从巴塔耶的内在经验前往外边思维,从海德格的向死存在前往死亡的不可能性,从列维纳斯的责任前往无责书写,他在就地折返彼处,在此世发生地狱。

如同他在《未来之书》中的论述:"卡夫卡的主人翁们是争议且自相矛盾的。可以说他们任何一个'都是无法自圆其说的'。这个逻辑一方面是一种信誓旦旦地认为生活不可能更糟下去(求生的拗直)。然而另一方面,这种确信正是在他们之中的敌方力量(总是有理)。"[①]布朗肖所构筑的文学空间难道不也是既非滞留于内在经验,死亡或者责任,也并非与之无关:一种与意义断裂的字词勾连。而当布朗肖巧妙地透过"字词本身"[②]的连结来指出卡夫卡与荷尔德林的相似之处时——透过一种死亡的连结——,他是否也预见了重提卡夫卡的"出版《日记》"必将冒着暴露自己(专栏记者)的危险?又抑或,这正是布朗肖为何着迷于描述卡夫卡日记的深层内在,一种为了永恒再生的——他的,也是卡夫卡的——必要缺漏,一个透过字词本身不断附生在日记上关于"我是谁?"[③]的永恒质问。究竟布朗肖与世界的关系是彻守缄默或是差异以书写应之?"我们无法与某个——只拥有我们认为不属于他的部分(他的缺席而非他的在场)——的人彻底地沟通,而这对——为了超

---

① LV212.

② "太过相似于荷尔德林,甚至在抱怨自己时,两者皆采用了相同的字词;荷尔德林说:'我是麻痹的,我是石头',而卡夫卡则说:'我对思考、观察、回想、说话、参与他者生活的无能与日俱增;我变成石头……如果我没有躲进工作里,我就完了。'"(KK101)

③ "透过'我是谁'这些字所展开的响应是一个——我们可能在某日遇见的,在某条我们所识得的道路上——活生生的形象。"(LV253)

越并且构成这个缺席的再生的——无限运动来说,反而更好。"①这于一封布朗肖致丹尼丝·霍兰(Denise Rollin)②信中的段落,似乎使得布朗肖藉由卡夫卡所植入的差异游戏找到得以追踪的线索。正如同布朗肖曾在《文学空间》所提到的:"书写③,便是投身于时间缺席的诱惑之中。"④其首先分歧于一个书写的位移,从报纸到日记(le Journal et le Journal),这种不断转化的同类差异。报纸与日记作为同一个字词(法文)的差异定义并非毫无关连的,然而这个关连同时又是彼此之

①　PI275.

②　布朗肖与丹尼丝的通信一直持续到后者逝世。在丹尼丝亡故后,布朗肖随即将《米莲娜的失败》一文(其少数论及情感的文章)收录于《从卡夫卡到卡夫卡》一并出版,其中数段提及卡夫卡与米莲娜之间默契的情谊,让人联想到他曾在一封致丹尼丝的信中提到的一首诗:"阳光照向我,至极孤独。而你前来。我们的友谊仿佛在世纪以前:我们既是心有灵犀的,抑郁的,受惊的,理性-非理性的;即便是阳光也与我们相通。我们不需要交换语言,因为我们已明白的太多;我们静默,微笑而明白我们之间的默契……那使我们相通的,是无止无尽地赞同(大写)。"(PI278)正如同克里斯多福·彼东对此所下的脚注:"布朗肖在卡夫卡的爱情之中找到一种——相同于他所活着的——悲剧的,不确定的,掠夺的方式。"(PI278)这种因为孤独所造就的大量书信关系,再次反映在布朗肖对卡夫卡与女性关系的描述——"他与此年轻女孩的关系,首先并且主要建立于文字书写的层面,故而导致触于字词掌控之域,以及字词必然引发的幻觉真理底层。"(KK229)故,就——为书写而孤独的"书写"的——任务而言,布朗肖与卡夫卡——"我只为文学而活,我无法,也不愿为任何其他理由。"(KK75)——显然是有志一同的。

③　"书写,便是进入威胁诱惑的孤独的肯定之中。"(EL30)永无止境的差异分歧。

④　EL25.

欠缺,两者皆依赖日期①作为其真理之所,又同以公众与私人之别而彼此相斥②,旨在致使阅读过程所自然增生之背反③,也即布朗肖的每一个书写总在呼唤着其所未书写,以致使其所未书写与书写之物共时在场,甚而遮蔽在场,促使去作品化的作品构筑成为可能④。如此一来,我们便可稍微理解何以曾

---

① "日记扎根于时间、记载日常琐碎并且受它的日期所保护的书写活动之中。也许被写下的尽是非真理之言,也许所言属实,然而这些言说受到事件的保护是属于事务的,意外的,世间交往的,积极在场的一个也许毫无意义和指涉的时段,然而,其所超越的工作至少是毫无转圜地朝向明日确然而行。"(EL25)

② "此欠缺也许能够解释——在丝毫不改变其方向、形式以及其阅读内容的情形下——重返不稳固的非确定性。然而,此欠缺并非偶然的。它被混入那些它歪曲的相同意义;它重合于某个既不相容也不相斥的缺席再现。"(KK68)

③ "这是一条尚可通行之途,以一种弧形的方式延伸着并且戒慎着,偶尔并于它道,这条以流放为其无止尽目标之途。"(KK25) 而布朗肖这段对于日记的描述正巧在一封卡夫卡致克洛斯道格的书信之中找到呼应的看法:"如果我们寻着对的路径,放弃会是无限的绝望,因为我们所寻的是一条只会将我们导引到第二条路的路径,而且此路会是第三条,如此接续下去;因为真理之道已经良久未显,而且可能是从未出现,从那时我们便被彻底地掷入非确实之中,而又同时是在一个难以置信的美丽分裂、那些希冀的实现中……徒剩总是意外的奇迹,而又补偿总是可能的。"(KK205)

④ "我们如今明白为何书写者只能够掌握非其所书写的作品日记,也明白为何这个日记只有在想象和陷入到虚构的非现实之中才有可能——如同其书写者书写般的——被书写。而这个虚构不必然地相关于虚构本身所制造的作品。卡夫卡的私人日记不仅是一本由与他生活相关的按日记事所成之书,不仅是他所见闻的或者与人相遇的描述,而是有很大一部分是叙事的草稿(其中有些接连着几页,大部分的只有几行,即便故事经常已经成形,然而都没有完成),而叫人最吃惊的是,近乎没有任何一个是彼此相关的:既不是任何已成作品之主题的补缀,也跟日常事件丝毫扯不上关系。然而,我们确实感觉到这些断简残篇'连接着'[如同玛特·侯贝(Marthe Robert)所说:'过去事实与艺术之间']活着的卡夫卡和书写的卡夫卡之间。而我们也同时预察到这些断简残篇构成此书中之匿名的、未明的痕迹,并且始终处于一种试图实现,却只能处于与这些未明痕迹之根源的不相容生存,也无法近似于其作品的亲缘关系中。如此一来,我们同时既对什么是作为创造经验的日记有一个预感,也同时确知这个日记,比起一个完整的作品,必然同等封闭甚至是更加分裂。因为可见的秘密比秘密更加神秘。"(LV258)

为记者的布朗肖多次谈及何谓私人日记(却鲜少提及公众报纸),这也是为何卡夫卡断断续续的日记对他而言格外重要,藉这些断片①事件所覆返迭层的并非只有卡夫卡(这并非一本关于卡夫卡的二手资料收集书②,或者布朗肖的自白③)更凹折入他政治书写的——布朗肖复本的——日记④(报纸),而此同时也暗示着他何以在此书中并置卡夫卡的作品、卡夫卡书信集与日记并且藉此发展出——有别于心理分析⑤的——纯粹作品的可能性⑥。"此刻,我们重返布朗肖的文学空间这一主题之中。这是一个文本制造的空间,一种等待的空间:在这之中卡夫卡所等待的正是如同布朗肖对卡夫卡的期待,一个

---

① 他在各章节之中贯穿着"断片"的思想,包括:编辑的不明就里地编撰部分日记,道德作祟地挑选手稿,幻想的流言,背后的耳语,撕毁又重获的信札……然而,这些细节的琐碎并非在说明布朗肖书写中的神秘性,而是更确实地指向一个真理自身:断片的连续性。

② 关于此点,可参照《卡夫卡及布侯》一文中的说明。

③ "书写并不在意因为其缺乏,使他无法坦然地回到世间,叫他慎而以思的是:比质疑(而且,质疑只是把我们推开,而非留住我们)更加强烈的所有根源的吸引,理解那总是一再转向之物的需求,不计代价研究的顾忌。"(LV259)

④ 参见《后遗症》(Après coup),第92页:在毁灭的探寻中发现远离存在(在场)的不可能性。

⑤ "日记欠缺——因为活动的惯常坚实性,因为工作与工艺的共同体,因为私密话语和非反思力量的单纯性而无法再属于时间的——书写日记之人。日记不再是历史性的,然而它也不愿抛弃时间,而因为它已不再清楚如何书写,它便只能按照其惯常作息来书写,并且配合日子的先见。以至于持续写日记的书写者总是比其他书写者更加修饰的,然而这也许是因为他们必须藉由如此来避免文学的极端化(如果这个文学所指的正是时间缺席的诱惑之域的话)。"(EL25)

⑥ "为何那个从作品中的叙事客观性横度往《日记》内部者会沉入一个比夜更深之处,并在那里听见一个迷失者的嚎叫?为何越是靠近它的心脏,似乎便越是靠近一个无杇轴心,在那之中偶尔迸发雷驰电闪,痛苦与欢愉的过剩?如果不理解这个同时由哑谜的复杂性和单纯性所共诉的哑谜,谁有权利谈论卡夫卡?"(KK145)

没有设定任何专述的等待空间。"①因而,这样纯粹作品的可能性同时也删除了主体性(作者)的专权,当任何一种评论、阅读、书写一再地藉由卡夫卡、布侯、米莲娜、菲莉丝、书信、日记、叙事、神话回返到作品自身的同时,也正在暗示着所有书写的永恒回归,或者说,书写总是无限反覆在所有书写运动之中,可能更为恰当。去作品化的概念正如同纯粹作品的信念,这个思考正符应于布朗肖在〈文学与死亡的权利〉之中所提到的"被书写下来的,非善恶分别的写作,亦非重要或者非空洞的写作,不是难以忘怀也不是该被遗忘的写作:这是一个只现身于域外巨大现实的完满运动——于其中不曾有内里——,就像某种必然为真之物,一个绝对忠实的译本,因为它所翻译的这个运动,只因为它也只在它之中生存"②。如是,我们看见一种彻底的文字拓扑学,一种将文词留驻在文词表面的无深度,而使得文词(没有内里同时也意味着一切皆为外显的内里)只得无止境的向外流淌。一个无深度的目的正在于必须根除主体性的控制,使文学产生得以返回文学自身③的空间,

①　《莫里斯·布朗肖,荷内·夏的读者?》,亚兰·米龙,收录于《逐步布朗肖》(*Maurice Blanchot proche à proche*),艾希克·欧普诺(Eric Hoppenot)编,联合出版社(Editions de la complicité),p.210。

②　KK17.

③　根据卡夫卡的日记于 1912 年 09 月 23 日的记载,当他彻夜挥毫未止地一口气完成其著作《审判》之时,不经意地望向指着子夜两点的时间,因而记录下这超凡的一夜。深受歌德与福楼拜——他们重视艺术更甚一切——影响的卡夫卡,正是在这个时刻真正确定其注定书写的天命;而反复提及此事,并誉卡夫卡为伟大书写者的布朗肖,正恰巧是在五年前的同一时刻诞生,其意志或许如此铭刻于文字之中。

如同在《活跃的审慎》(Une discrétion active)(1981)一文中所提到的:"也许有一种后天的权力(然而,它始终是含混并且有风险的),为了另种征服它的权力而卖命,因而丧失了这种含混性。书写——至极地来说——是其所不能者,因而总是在抵抗秩序(首先是建立秩序)控制中寻求非一权力,在绝对真理的话语中选择寂静,以便在争议中无限异议。"①由此可见,这种文词无深度的无性繁殖显然并非等同于文词的无反思,相反地,是一种反思的过剩以造成的无限异议②,也即透过一种字词的藉尸还魂③。布朗肖在《文学空间》的附录之中,曾经精彩地论及一个"尸体"④的概念,而这个概念将一再反复地回荡在每一个此书之中所提及的人物,事件本身不断重述:卡夫卡⑤、布侯与叙事人物、米莲娜、菲莉丝……⑥这也正是布朗肖透过前几章的铺陈而落实在《卡夫卡与布侯》一文之中。或

---

① EP222.

② "……文学——借其运动——最终是要否认其所再现实体的重要性。此即文学的律则和真理。"(KK22)

③ 文学既非外于世界,却也并非在这世上:它是物件的在场,早在世界存在以前;文学是物件的延续,在世界消逝以后;它是在一切自我毁灭之时,所存活下来的拗直,并且是在什么也没有之时所显现的资质驽顿。"(KK42)

④ "尸体是它自身的影像。它与这个它尚处其中的人世间只剩下某种影像的关系,一种未明的可能性,在任何时候都在场于活生生形式背后的阴影——其无法脱离这个形式而持存着,并且把这个形式整个地改造成阴影。"(EL347)

⑤ "卡夫卡自己也确实,偶尔会率先批判他所写的寓言,并企图阐明己意。然而,除了他向我们解释最初的几个细节以外,他并没有为了使我们能更理解他的故事而更动故事脉络的意图:故而,他的评论之言,变成真伪难辨的杜撰 。"(KK63)布朗肖难道并非暗指着自己作为评论者的身份吗?

⑥ "事实是:我们没死,却再也活不成了,我们是在世的亡者,彻彻底底地成为幸存者。"(KK71)

者,更精确来说,此文正是前几章节角度各异的说明。由此推测,这种复生似乎并非从属于诗歌之类的譬喻关系,而是一种宛如《变形记》的流变为可能性(他者①)。也即,葛黑瓜尔并非像甲虫一样的活着,而是甲虫两字的意义受到葛黑瓜的入侵,因而甲虫同时具备葛黑瓜的意义,其不再是原本的甲虫,也非葛黑瓜本人。生命不断地被不可能死去而流转为其他形式的死亡延续:以甲虫、惯常的遗忘、母亲的惊恐、父亲的暴力、妹妹的肉体……。每一个描述都是对生存的否认。因为主人翁在一开始便已经死亡了,故而所有的步骤都成为一种彻底的多余②书写:死亡步骤对死去痕迹的遮掩。于是,不该生存的以一种多余的身分已然生存。其占据其所未属之处,硬是将不可能性的一角凹折成可能的③。

---

① "尸体是占据并且吸收映像生命的映像,并且在实体上——透过使生命藉由其适用判准和真理变成某种难以置信之物(不可使用的和中性的)——与生命化为一体。假设尸体是如此相似,那是因为,就某个时刻而言,他是格外相似,完全相似,而且除此之外再不是别的什么。它是类似,绝对程度上地类似,震撼且绝佳地。然而它与什么相似? 什么也没有。"(EL347)

② "变成一只硬壳虫,他持续活在这个失效的世界,他陷入兽化的孤寂,他越是靠近自身就越靠近活着的荒谬和不可能性。"(KK73)

③ 如同布朗肖在《卡夫卡的阅读》(1943)一文里对《变形记》的详尽分析,透过甲虫使得葛黑瓜尔在死亡中流亡,透过死去使得年轻妹妹的生命光芒乍现,而这种不断地活着使得故事从必然中不断逃离,而这也正呼应着布朗肖在《最终定论》(1968)里所提到卡夫卡在一封致菲莉丝的信件中所谈到关于此书的看法:"多么令人反感的故事(我得用想念你来忘却它,并得以喘息):它超过一半又多一点,而就整体而言,我并非不满意它,只是反感,它作为一个无限的故事,而你看,这般的诸多之事竟是出于同一颗——你在,却又抱持等量怀疑的——心。"(KK221)适时,卡夫卡热衷于致信与初识菲莉丝。

书写的想象运动

布朗肖的这个从不可能中衍生可能性,便是肇因于其使得字词的变异成为可能的,此处所意指的正是布朗肖式的字词运动。举例来说:"枯竭的疲惫,是这种疲惫的无法停止,是这种甚至无法朝向死亡安息的疲惫,因为在这个安息中,即便超支了却仍继续作用,就好像 K.欠缺那种为了结束必然需要的力量之微。"①每一个字词无法固着或者终结在其定义之中(亦即字词与定义的脱勾),而变成一连串的,无止尽的,无固定关系的永恒变化关系,即非关系的连结:因为字与字之间既没有必然的指向关系,又同时不断地向他处勾连。所有的叙事内容成为字词本身的形容,所重复的并非叙事的故事本身,而是朝向字词所可能开启的可能性汇集。于是,疲惫本身被无限度的扩大,然而又被无限封闭于 K.的独特性之中。因而,可以说这样的非关系连结却是建立在一个必然地名符其实的思考之上:也即字词不再意味其所指之对象的意义,而是裂解为字词本身与意义本身。如此一来,文词单体的特异性的产生,其同时也造就了文本的阅读难题。如同"从此刻起,有一个名副其实的疯狂循环在这桥上发生。"②这个卡夫卡的句子

---

① KK153.
② KK74.

需要透过整个《判决》的叙事来说明,然而,如果倾注整个叙事以用来说明此一句子,那么,此句所指向的便成为一个无目标的流亡:因为其无法指向叙事本身。这个情形并非单指此句而已,而恐怕是每一个叙事之中的句子本身都不断地汇集其他的句子以便对自身形成更近一步的说明,倘若如此,其必然为了形构自身而排斥其余可能性,也即使得其他句子成为不可能,又因其仰赖其他句子的说明性,故其自身必然成为最终的否定性,作为其他句子的不是而生存。也即,布朗肖透过句法的未完成性得以使作品成为一个不断重回尚未完成的未来投射,而如此使得所有的评论、阅读、信息能够共时共存于一个文学拓扑平面之上。于是,布侯的剧本、卡夫卡书信的重获、友人的描述、布劳许小姐的幻想、侯贝的外挂式《唐·吉诃德》、巴侯勒-纪德的改编以及所有关于卡夫卡与父亲的问题,卡夫卡与女性世界的,与宗教信仰的甚至与书写信念的关系,不再是一种无的放矢的非法关系[1],而是即将指向一本未来之书的已在作品本身。"因为这些影像都是作为目的同样影像,因为它们具有其光照的特性而且它们无法辨认,这就是对着本质闭上眼睛。……不,因为所有这些都只是影像、空洞、想象的不幸情状、矛盾的幻影,从自我和所有真切现实的丧失之

---

① 也即,各种关于注疏,诠释皆如同"虚无工作于虚无之中"(KK15)究竟而言,只是此世的非-真理,一个不可能的生存,命定的谬误。

中而衍生者。"①这也正是此书的最后两章节(书写时间相隔十年),布朗肖的反省。也即,卡夫卡的著作仍处于出生前的踌躇之中:《城堡》尚未诞生。确实而言,透过文字将作品摊展于时间之中并且嵌入空间之内,并不增添任何有效的现实而是滋养了文学自身,或者是说,通过布朗肖,以文学检视文学自身确有可能性:所有的说明成为未来作品拼贴的现实必然性。"倘若否定被视为已具备一切理性,则现实与逐一侵占的对象会全数返回到一个它们共同建立的非现实之中返回到它们意义状似聚集的世界,而这就是文学对其世界所坚守的观点,用一切仍处于——只要否定能够达成,对象便实际构成的——想象的角度来看待对象。"②这也许得以说明何以在布朗肖的文学论述当中,其甚少为其引文标明出处,一种企图返回中性的可能性所开启的并非判定真假的标的,并非铭刻成功与否的文学胜利,而是得以书写的能力,一种无法取消的文学空间。而是在此处,文学才具备自身的真理而非仅止于貌似为真的假设或者取乐。此也即是在《木桥》一文中思考重复作品的意义本身。然而,难道是大量的狂颠构筑出布朗肖所谓的想象运动(imagination)吗?

---

① KK44.
② KK44 - 45.

文学空间的"不可能性"之域

我们更近一步精确我们的问题：是否布朗肖的目的并非拔除作品的历史性根源——不只是如同罗兰巴特般地重申作者已死①——而是更冷酷并且更彻底地拔除字词的根源本身以去作品化的方式将作品掷入未来②。而想象（imaginaire）作为想象运动的谬误③，故也唯有藉之，想象运动才得以成为一个不可避免的在场，想象运动是想象的根除运动，然而，每一次的根除都将导引更庞杂的想象。令人困惑的是，此除根的动作何以并不致使字词的枯竭或者无法阅读的弃守，而反而壮大了字词自身？因为他所连根拔除的并非字词的根源，而

---

① "因为当卡夫卡写下《判决》或者《审判》又或者是《变形记》的所有这些证据时候，他就是其书写叙事之时，那些唯一占有故事的存在者的难题，然而，这又同时仅是属于卡夫卡的，或者其本人故事的难题。一切仿佛就像是：他越是躲开自己，他就越是在场。虚构的叙事在执笔者的内部置入距离、间隔（虚构自身），以致它无法在没有他的情况下表达。而一旦书写者越牵涉于其叙事之中，便会更加深捩此距离。他在两个模棱的辞义之间成为嫌疑者；因为他，才成为难题，而且他是唯一应该被怀疑者——针对界线的、被删除的。"（KK86-87）

② "因为无法修改支撑一切的政体（其根部herald处盘根错节），只能删除，只能推倒，（……）因为要汲取力量和热情本身而前往革新，并非从我们这样委靡不振的民族的退却之策，而是要透过血腥震撼，透过为了最终醒觉的变革风暴。这并非毫不安憩，而正是绝不能有安憩。这就是为何恐怖主义，事实上对我们而言，如同家喻户晓的方法一般。"[《起义者》（L'insurgé），1937/01/07]

③ "任何一种《城堡》的主人翁所处空间（只能游荡的）的方向，都远非任何一种真理附着的处境。……他是谜样的自己。"（KK153）

是固苗在其上的——也即布朗肖所谓的偶像崇拜①——主体性(subjectivité)②,转而成为一种多方向的营养汲取,也即,一种共时多根化的繁殖,致使非字词自身之物的彻底死去③。更精确来说,想象运动透过想象内部的所有谬误矛盾使之朝向非人称的运动自身(le mouvement même)而行,正是"同一的差异,同一种的非-同一性"④所共谋而成的一个无关系运动本身⑤。因而,"永恒已然开展:死后地狱,讽刺的荣耀,惊奇的或者矫饰的注释,文化的宏伟隐匿,而甚至于此,此定论重演只为了模仿并且掩饰对最终的等待"⑥。因而,必然从此书之末卷重返第一章节,重返文学从此世死去的死亡开场⑦:"因为

————————

① 误把想象当做真理的危机:"所有的一切事如此包含吸引力,魅惑力并且真理的,然而,真理的有如能够使其为真的影像,虚假的有如它是一个影像,就像我们用不生存的信念逮住它,却导致更大的堕落。"(KK152)以为汇集数的想象的内容便等同于想象运动的流变,如同透过真理以验证影像(影像不属于真理之列),是一个永恒谬误的坠落(将影像等同于物质之谬误)。

② "如果每个结局,每个影像,每个叙述都能够意味其所矛盾者(同时包含此矛盾亦然),那么就必须为这件事情,在这个死亡的超越性中,寻找使它充满诱惑力,非现实以及不可能的原因,如此一来,这个死亡的超越性,才能为我们摘除真正绝对的唯一结局(在不取走我们身上之幻象的情况下)。"(KK72)

③ "只要文学试图编组严肃的政治或者社会行为已蒙蔽其天命,这种卷入仍旧会透过一种抽离的方式才得以完成。而此即流变为文学的行为。"(KK92)

④ KK198.

⑤ "藉由这本书所能发展的各种假设,只要在众假设保存并且延续书的无限特性的条件上,必然呈现出各种假设所形构之内部既是合宜也是无效之貌。而就某种角度,反而言之,经此之后,众书并行经此书。"(KK192)

⑥ KK244.

⑦ 以下是布朗肖针对死亡与死去的差异说明:"'死的'(est mort)是自由造就世界的积极面:存在在此彰显如同绝对。相反地,'死去'(mourir)是纯粹的无意义、无具体现实的事件,其丧失个人和内在的所有纠葛判断,因为此处无任何内部。"(KK33-34)

死去的我们正好与我们以及世界和死亡分离。如此便形成死亡时刻的悖论。死亡与我们一同在世界中工作；是使自然被理解的能力，把生存变成存在的能力，死亡就在我们之中，如同我们最人性的部分；它唯独在此世上才是死亡，只有人能够认识死亡，而当人作为流变的死亡时，就不再是人了。然而，死去即摧毁世界；即舍弃人，灭绝存在；因而，这同时也是丧失死亡，丧失——在死亡自身的以及对我的，并从死处而来的——招致死亡之物。只要我活着，我就是必死者，然而，当我死去，停止作为一个人，这也同时停止会死，我不再具备一个死去的资格，而死亡的张扬使我恐惧，因为我已明白何谓死亡：再无死亡，而是死去的不可能性。"①因为文学仅是作为一个永恒未定的肯定运动，而成为一种永恒死亡的游荡却无法真正死去。而这正是布朗肖所意指的卡夫卡，无法真正死去的永恒游荡出入于死亡之间。故而此出版于 1981 年之作品必然再次重新覆辙，盘旋于布朗肖透过整个书写生命以筑的文学空间，以一种全然"去作品化"的卡夫卡之姿。正如同他在《白昼的疯狂》之书末所提到的" 一段叙事？没有，没有叙事，从来没有。"②作品？没有，没有作品，从来没有。这便是布朗肖对作品最深沉的永恒渴望：一个无人称的话语本身，得以辟开《从卡夫卡到卡夫卡》的地狱漫游空间。此刻，开始说话。

① KK52.
② FJ38.

"卡夫卡赋予了我们与生的缺憾,那是一场以文论文之战:其同时既是根本的逃离,也是巨异于望文生义者的惯常,甚而巨异于即便以未知称之,也无能让我们对其有所理解,因其之于吾等既熟悉也陌然……"《灾难书写》

文学及死亡权利 (1947)

　　书写确实可以毫无理由。当书写者凝视毫端墨迹时,他是否就具备犹豫之权以自忖:停下! 你对自己懂些什么? 你为何而前进? 为何不见你的墨水毫不留痕;为何不见当你自在领衔时,却是走在空洞之中;为何不见你的未受阻拦,只因从未离开原点? 然而,你书写着:你丝毫无顿地书写,让我意察到我对你的支配,并且向我显示我所知的;而其他人在阅读时,用他们所认为你的方式来丰盈你,并让你知道你给他们带来了些什么。此时,你还未做的,已经做了;你未曾写的,被写了:你注定无法消抹。

　　假设文学始于文学流变为难题之时。这个难题切不可与书写者的疑虑和踌躇混为一谈。因为那是他在书写过程中的自忖,只与他自己有关;他或许专注于他的书写中,因而从未想过书写可能性的问题,甚至,他什么都没在想,因为他有权如此,也好运如斯。然而,事后留下的是:每写完的一页都在凸显著关于这页的问题,也许是不知不觉却是刻不容缓地质疑着书写中的书写者；而此刻，于作品之核，等待着一个读者的靠近（无论是哪种读者，钻研的或肤浅的）寂静地停歇在同一个询问里：用一个书写与阅读者的身分向语言提问，因为语言已成文学。

针对文学自省的质疑多半显得正义凛然。这种疑虑对在文学之中谈论其虚无，欠缺严肃性和坏信念①毫无帮助；因为这正是其被攻讦为滥觞之处。其伪装重要性是为了质疑客体。其以折损而正身。其对自己的要求：多过所应有的。因为文学可能正是那种该被找到而非所追寻之物。

文学也许无权被视为非法。而确切说来，它作茧自缚的症结与其价值或权利无关。之所以要察觉此症结的意义会如此困难，那是因为文学意欲蜕变成一种艺术、其力量以及其目的之审判。文学形塑于其崩毁上：这悖论是老生常谈。然而，还须深究的是：这是否是在挑衅艺术（意指近三十年来最卓越之艺术），在那些作品的秘密里面，难道毫无可能从工作②——有别于所有文学对象（大写）或者行为所贬抑的原初力量——中衍生出力量的潜移默化（其厌恶有见天日的一朝）。

我们得小心：文学，就像对自身的否定，它从未如同艺术家或者艺术所简单宣称的那样，是个骗局或者诈欺。文学当

---

① Mauvaise foi，此概念原出自强保罗·萨特(Jean-paul Sartre)著作《生存与虚无》(L'être et le néant)，意指对自己有所欺瞒的自以为是，故于此沿用其作品中之翻译"坏信念"。——译注

② Le travail，本文中此字多半指书写之作。——译注

然会是非法的，只要它身上有假象的影子，这显然是毋庸置疑的。只是，令人意外地是，它不仅如此：文学不仅是非法的，甚至是无意义的，且这个无效性（nullité）——就纯粹状态的条件而言——可能造构出一种超凡绝伦的力量。只有透过把文学置于如此，才得以发现这种内在空洞，得以打开其整个虚无部分，得以使它兑现它非现实的本性，而这就是超现实主义之所以对此紧咬不放的目的之一，如此一来，它才确实能重新掌握其自身中的强大否定运动，然而，这并不能否认其确实具有最大的创造野心，因为就在文学与空无结合的刹那间，它即为所有，一切开始生存：多了不起的奇迹。

　　这不是在挖苦文学，而是试图理解与领会文学：何以唯独透过耗损文学才能有所明白。令人不解的是关于"何谓文学？"的这个疑问，只能从无意义的响应中才有所斩获。而更加奇怪的是：在同样形式的问题中，某种状似它之物却会导致其严肃性尽失。即可能会追问也确实已问：何谓诗歌？何谓艺术？甚至，何谓小说？然而，作为小说或者诗的文学，就好像在所有大事件里的那在场、空洞的元素，而应这些元素本身意义而生的反省，不可能在不损及其严谨性的情况下产生。倘若此种庞大反思亲近于文学，那么，文学便会是足以摧毁自身，并且，在反思中任人宰割的苛究力量。而倘若文学与此反思无关，那么文学确实又会回复到某种重要的，本质的，更胜哲学，宗教，以及其所谓之世的地位。然而，鉴于反思万霆之威,其必顺其势而返,并且向文学质问其所是,同时由于破坏与不稳定因子的离间,其只会错把物件①(大写)视同无知、模糊、混杂,并且在这种误认和虚浮中空转直至力竭,最贴切的证例便如《帖司特先生》②的故事。

把这种貌似属于文学的乌有与不稳固等同为当代强大否定运动,恐怕是搞错了。约莫在 150 年前,有一位将艺术当作最高观念之人(透过领略到艺术是如何流变为宗教和宗教艺术),他[名叫黑格尔(Hegel)]以"精神物性"(règne animal de l'esprit)的方式描述所有运动而成为文学家。套用黑格尔③的说法,从一开始,想要书写之人便已遭矛盾图圈:为了能够书写,他必须具备书写的天分。然而,此才能并非作为它们之间的联系。因为只要书写者尚未坐在书桌前,作品便无法被写下,书写者就仍非书写者,同时也不知道他是否具备成为书写者的能耐。因为只有在书写者开始书写之后,他才会具备天分,然而同时他又必须先具备天分以便能够书写。

这个首要难题显而易见:异常性作为文学行为的本质,同

---

① 此处,对象(大写),译者以为指文学所写之物,而布朗肖稍后于本文中亦加以说明。——译注

② *Monsieur Teste*,保罗·瓦乐希(Paul Valéry)的作品。——译注

③ 整体来说,黑格尔此发展中考虑到人文作品。他被等同为其对后世影响深远的论文《现象学》(*La Phénoménologie*)中所提出的意见来理解,并且也无企图彰显自己。可透过让·希波莱特(Jean Hyppolite)所出版之《现象学》译本来理解他,并在其重要著作《黑格尔精神现象学的产生及其结构》(*Genèse et structure de la Phénoménologie de l'esprit de Hegel*)对他有所领略。

时是书写者该也不该超越之处。书写者不是理想主义的梦想家，他并非私地里对他的高贵灵魂顾盼自怜，也不是打从心底地笃定其天分。他把其天分倾注于作品中，意即，他需要自己生产作品，以便能够感受到其才能与自身。书写者只有透过其作品，才能意识自身并且实现自我；在他的作品之前，他不仅对自己一无所知，甚至他根本不存在。只有从作品发生的那刻起，他才生存，然而若为如此，作品如何生存呢？黑格尔提到："直到有效的实现以前，个体既无法知道自身存在，也不知透过操作①会被带往何处；这样似乎意味着在操作之前，没有权力决定操作的目的性；却又他必须状似（如同有意识般）事先对行动了如指掌，也即如有目的性一般。"而在每一个新作上，他都会重历此过程，因为一切复始于空无。甚至当书写者逐步实现作品时，相同情况也会一再重演：倘若他不事先对其著作有一个抵定的通盘规划（projet），他如何有意识地朝往其所策订的目标产出著作？然而，如果作品早已整个在场于其精神之中，而且此在场即作品本质（那些字词在此被视为非本质的持存），为何他还需要多此一举地实现作品？还是说如同内在规划，作品便是其所将是的那个整体，而书写者从那瞬刻间起明白：作品就是一切他能从中汲取之物，因而他把作品保留于灵光乍现处，不翻译成字词或者书写它－然而，如果他没

---

① 此处，布朗肖所指称的是书写运动。——译注

书写，他就不会是书写者。又或者说，发现到作品只能被实现却不能被规划，而且除非透过文字将作品摊展于时间之中并嵌入空间之内，否则作品既无判准也非真理或者现实，因而他开始（却是从空无开始）书写，并且漫无目的地书写——依据黑格尔的表达方式，这正同如虚无工作于虚无之中。

事实是，如果写作的人期待一个证明他有权利开始书写的解释，则这个问题永远不可能被超越。黑格尔注明道："正是如此，问题就是必须即刻开始，并以行动（l'acte）即刻通行，罔顾境况也无须琢磨于起头、中途还是目的。"他便是这般切入此循环之中，因为从他开始书写的那刻起，通过其双眼所呈现的周遭如同其天份，而他被赋予的才能便是能够顺此运动而前进，他开始以他的方式解读境况，并从中领悟其本真之目的。瓦雷里①经常提醒我们其最好的作品总是诞生于偶然与非关个人要求之中。然而他在这之中的领悟是什么？让他开始书写《埃夫帕里诺斯》②的理由为何？为了展现所学吗？或者，只因为埃夫帕里诺斯的名字在他某天翻开《大百科全书》③时突然跃入眼帘？还是，因为他桌上刚好摆了一张对话格式的纸张，让他兴起以这种形式书写的念头？假设境况在巨作

① Paul Valéry，1871-1945，法国作家。——译注

② Eupalinos，公元前六世纪之古希腊建筑师，以建筑埃夫帕里诺斯隧道闻名。——译注

③ La Grande Encyclopédie，法国大百科全书，此处按其字义译为"大百科全书"。——译注

成形之初是最无足轻重的（这种无足轻重意味着没有任何意义）：而作者藉由黑格尔所说的运动使一个无足轻重的境况，变成足以含括其天分和作品的确实境地。就这层意义来看，《建筑学刊》（促使他选择埃夫帕里诺斯）确实是瓦雷里具备书写天分的原初形式：这个决策既曾是这个天份的开始，也是这个天份本身，然而必须另外注明的是，此决策并不具有任何现实形式，而且其唯独透过生存（也即瓦勒希的天份，入世的对话以及如此的主题所已经展现的特质），才可能流变为现实的规划。所有作品皆是境况之作：简单来说，此作品已然启动于时间之中，而且这个时间的瞬刻占据作品的一部分，因为若没有时间，作品便是一个徒有书写不可能性而无从超越的既定问题。

假设是因为有书写作品才衍生书写者。在此之前无人书写作品；而打从有书开始，便生存与他的书融合的一个作者。当卡夫卡偶然写下这个句子时："他从窗口眺望"，他说，霎时他福临心至地意识到这个句子已经完满无缺。这就是一个作者所有的一或者更精确来说，因为这个句子，作者得以成为作者：是从这个句子中，作者汲取其生存，他完备了句子而句子造就了他，句子就是他本身，而他即是这个句子存在的整体。因而，他的欢愉是无杂质、无缺憾之欢愉。无论他还能否书写，"此句已经完满无缺"。而艺术正是发生于如此深刻又奇怪的确定性之中。被书写下来的，非善恶分别的写作，亦非重要或者空洞的写作,不是难以忘怀也不是该被遗忘的写作:这是一个只呈显于域外巨大而现实的完满运动(其不曾具备内里),就像某种必然为真之物,一个必然忠实的译本,因为它所翻译的这个运动,只肇因于它并且也只生存它之中。如此一来,这种确定性就好比是书写者的私密天堂,而自动书写就是流金岁月成真的不二法门,此即黑格尔所谓在白昼之中备有夜晚可能性的纯粹幸福;甚至是:在光中绽放如同唯一在夜里沉睡的确定性。而后呢? 对于把自己全心投入并且监禁于此句"他从窗口眺望"的书写者而言,这个作为其唯一生存证明的句子,表面上看来完美无缺。而,他最少是生的;倘若这个句子真的是为了使某个书写者得以将之写下而生存,那是因为它不仅是他的句子,同时也是其他人的句子,一个可被阅读的普遍句子。

从此就启动一个叫人丈二金刚不着头绪的试练。作者看得出来其他人对其作品深感兴趣,然而他们所点出的是另外一种非作者本身对作品纯粹翻译的精髓,而这改变了作品,把它变成作者无法辨识其原貌的他物。对作者而言,作品已经消失,它流变成其他人的作品,一个其他人所是(却非他的)作品;一本用别本书来论断它的书,一本异于其他本书的原初之书,一本透过作为其他本书的映射而被理解之书。不过,书写者无法坐视这个崭新进程。我们很清楚:书写者只能生存于其作品中,然而作品只有当它藉由实际的坚守冲突而蜕变成公众的、陌生的、已成的以及失败的实现之际才能生存。于是，当书写者处于作品之中，则作品自身便消失了。这个验证时刻尤其关键。为了跨越作者，各种诠释模式纷纷集中火力。举例来说，书写者为了维持物件（la Chose）的全整性，尽可能地让它与外部世界脱节。书写者所书写的作品并非那本被普罗所买，所读，所钻研，所疯狂，所痛恨之书。然而倘若如此，究竟作品从何处开始又从哪里结尾？它是从哪一个瞬间开始生存？又为何把它交付公众？如果说必须要在作品之中保存纯粹属于我的光彩，为何又要让它出现于外界，为何又要用他们的字词来实现作品？为何就不能藏匿于秘密且紧闭的内心深处，除了空洞的客体和无趣的回音以外，什么也不写？此外还有别种解决方式，书写者同意抹除自身：在作品中唯一重要的是阅读它的人。读者造就作品；透过阅读而使作品诞生；他是作品真正的作者，他是物件（大写）鲜活的意识和实体；如此一来，作者也徒剩一个目的：为这个读者而书写，并且与此读者合为一体。无望的觊觎。因为读者不想要一个为他而写的作品，他想要的仅是一个陌生的作品，好让他可以从中挖掘到一些未知物，差异于现实，以及一个能够转变读者的并且让读者能够产生内在变化的分离精神。那种明摆着是为了普罗大众而书写的作者，其实什么也没写：是普罗大众在书写，并因而导致他们也无法再重回读者身份；此阅读沦为表面，实质上却毫无意义。故而为了被阅读而书写的作品索然无味，没有人会去阅读它们。也即,意图为了其他人的,为了引发其他人话题的,为了使他人意识自身的意图,正是书写的危机;因为其他人想聆听的并非他们本身之声,而是一个他者之声,一个真理的、深沉的、同如真理般刺耳之声。

除非放弃书写,否则书写者无法隐匿于自身之中。在书写的过程里,他无法为了本身的可能性牺牲掉单纯的一夜,因为作品除了活动于这类的夜晚①,除了流变为书写者最富特异性的以及最远离已被揭示之生存物的白昼,除了自显于日常生存之中以外,别无他法。书写者确实想要藉由书写任务以便自我实现:然而,书写的单纯操作却使其自身从其结果中被独立出来。正是这样使人联想到瓦雷里。假设:假定书写者把艺术视作纯学问来钻研,这个技巧就像是众多方法中的独门研究管道,即在众多方法中唯一至今还未被写下之物,现在被写下了。然而,倘若想要实践这个学问,则现实上检证无法过滤它的这些尚未定论、漫天横生并且笼罩在不可掌握之未来的无限多样与牵连之中的结果的操作。而想要只关心于作品如何成形的书写者,只能眼睁睁地任其才能消失于世界中,任其才能纠缠在历史整体中;因为作品同时也在他以外之处产生,而随即所有的严谨性(他刻意审慎操作、修饰词藻)也会跟着瞬间被吸入那偶然性活动(写作者既无法控制也无处观

---

① 关于夜晚与白昼的观点,出自夜晚对卡夫卡的意义。这两个概念将于后文逐步清晰。另可参见布郎肖其他作品:《文学空间》《白昼的疯狂》。——译注

察的)的把戏里。然则,他的验证并非毫无意义:在书写的过程中,他已经亲身体验到自己如同著作(travail)中的虚无,而在写作完成之后,他察觉其作品同如某消逝之物。作品消逝,然而,消逝的此事实以持续消失(状似一种本质与一种对历史洪流的卷入)来使作品自我实现的运动维持着。在此检证中,书写者本身的目的不再是昙花一现的作品,而是创造性的否定威力(状似汇集了尝试书写的个体的此作品和这个作品的真理以外),以及运动中的作品,并且因此得以肯定这个否定和超越的威力之作。

这个崭新的词条[也即黑格尔所谓的此物件本身]在文学结构里扮演一个主要的角色。重点不在于其是否包含最多样化的象征意涵:而是在作品之上的艺术、作品试图再现的观念、观念于此模拟的这般世界(大写)、汇集于创造力的价值、这个奋力的真理性;是这些全体(其皆早已潜藏于对象之中,以便降临于作品之中)维持了使书写者意欲显露作品并且能够从其作品中辨认作品自由的形态,本质和心灵真理①。此目的并非书写者所定夺的,然而却是其所成就的真理。因为此缘故,书写者得以被视为公正,真诚的意识:真诚者。然而,当心哪:一旦使诚信介入文学,假象便已根植。在此情况下,坏信念得成真理,并且越是用道德或严肃的意图强化它,便越确

① La vérité spirituelle, 由社群人文结构所引导之内在精神。——译注

实把它带往骗局与诈欺。文学确实是一种判准评断,它藉由各种庸作前仆后继地出版,而俨然成为它们的真理与它们所欠缺之处一样,以便使它不断地攀升其地位。而后呢?无论书写者做或者没做什么,他都必然会深陷一种永恒的诱惑与捉迷藏的刺激之中:包含书写者刻意所为底下的,以及称奇作品并非昙花一现之物,而是包含作品以及所有作品之精神的这种借口中,而他的真诚意愿便是从这二者之中幻化成训诫与光环。受这个真诚意识驱使,认定有它守护着我们,便无所谓著作的溃败:对真诚的意识而言,这样成形的著作是彻底完善的,因为失败乃著作的根本,它的消逝促使著作实现,因而真诚的意识在著作中欢愉着,因为失败正是极致。然而,若因此著述甚至无法诞生,而仅是滞留于纯虚无中又该如何呢?倘若如此,自然更好:寂静、虚无正是这样作为文学的根本,"此物件(大写)本身"。书写者确实一厢情愿地认定:其作品当中最珍贵的意义是保留给他个人的。因而作品的优劣与流传千古与否并不重要。假使境况埋葬他的作品,则书写者为此感到庆幸,因为他只了否定境况而写。然而,假使在某个身心俱疲的放弃之际,某本毫无价值也毫无意义的书偶然诞生了,并因为这些事件突然共同造就了一个杰作,在此情况下,有哪个作者会不打从心底依赖此光环,会不从此光环中领悟其才能,会不从此注定的天赋中看见其著作本身,会无所领悟其灵魂之作(travail)此刻正逢其时的契合了?

书写者就是自己的头号受骗者，并且就在他愚弄他人的同时也使自己遭受蒙蔽。再试想：此刻他以为其目的在于为他人而书写，并且在书写的过程中只考虑读者利益。他确实如此信誓旦旦。然而并不尽然。因为倘若他并非从一开始便有所规划，倘若他并没有如同作用本身般地专注于文学之中，则他甚至无法书写：这将不是他在书写，而是没有人在书写。这也就是为什么坚持观念的严谨，强调固定的判准会是枉然的，这种严谨并不等同于书写者之严谨，而且他实际上无法固守于他所以为的存在。举例来说：如果他所书写的那些小说状似暗喻某些政治，他似乎就因而与这种成因（大写）相扣。而其他那些直接表明与此成因（大写）相牵连者，就会受作品引导地认定书写者与他们同属一列，进而从作品中读出此成因（大写）的证据，这自然也不无道理，然而当他们复辟此理，想要盗用此理，他们便会意识到书写者与此毫无牵连，因为这部分仅能与书写者共生，而让书写者专注于此成因的（大写）的唯一原因是其本身的操作，一也因此，混淆了他们。质疑牵涉于其中人物的来源是可理解的，书写者自己也抱持这样的想法；因为后者同时在思考文学，而文学透过书写运动，最终是要否认其所再现实体的重要性的。此即文学的律则和真理。如果此刻它弃守外在真理以便最终回返于其中，那么它就不再是文学，而仍然企图使之存在的书写者，则跨入坏信念的另一层。那么，是否书写者应该放弃其所有感兴趣之外，然后面壁苦思？然而即便如此，左右他的混乱也不会稍减。首先，瞪着墙看，仍是朝向世界，因为此墙是世界的造作品。当书写者深入其唯一感兴趣的作品的纯内部时，他仿佛位于他者之处（在其他的书写者、从事于别种行为者中），如此一来，他至少在他们的对象（大写）和他们自身的工作中能获得平静。然而并非全然如此。因为被监禁于孤独之中并且由孤独所创造的作品本身，具备与世界相关的看法以及具备对其他作品、时间问题的前见，并与其所疏忽处共谋，与其所抛弃者为敌，并且，其无异（indifférence）虚晃地混淆着众人的激情。

叫人诧异的是，在文学中的诈欺和骗局不仅是不可避免的，同时此两者也是成就书写者的真诚，处在他身上的真理和绝望之域。经常在某些特定时刻，字词的错误百出，或是斟酌用词的烦躁，质疑损毁字词的目的，皆是为了能够使用它们。不无可能。无趣，因为这种病与字词的健全无异。那么，模棱两可摧毁字吗？对话偏偏正是出自巧妙的模棱两可。那么，误解扭曲字吗？然而，这个误解正是我们理解的可能性。空洞填满字吗？这个空洞也是其意义本身。当然，书写者始终能够处于貌似称猫为猫①的理想状态。然而，他永远无法确认自己是否在真诚与校正之途上 。相反地，他变身为史无前例的大说谎家，因为此猫非猫，而他所唯一确认的是造假的暴

---

① Appeler un chat un chat，意指忠实地描述书写对象：名副其实。——译注

力：赫雷是个骗子①。

假象有很多成因。我们首先看见的是：文学形成于彼此区辨、相斥的差异时刻。而基于分析的真诚性，为了清楚理解便需要将这些时刻区别开来。在其眼前逐一过滤作者、作品、读者；逐一过滤书写艺术，书写物，此物的真理，或者此物件（大写）本身；再继续过滤匿名书写者，其纯粹缺席，纯粹闲散，以及随之而来的是工作的书写者，非异于其所实现之实现运动，进而是这个工作成果的书写者，以这个成果（而非这个工作）论之的书写者，与已造之物同真之现实，再推及到由此成果以否定（非肯定）之书写者，并且透过从昙花一现之作中拯救其观念，作品真理得以拯救此作品的书写者，以此类推。书写者其实既非是排除他者的那些时刻之一，甚至也不是以无关的系列而显露的整体，而是把它们集合起来，统一起来的运动。因而，当真诚意识把书写者固定于这些形式中的任何一种之中，便注定作品的失败，举例来说，书写者的另一种真诚会以其他时刻之名、以艺术纯粹性（由其功成之败处卓见一斑）的名义展开对抗——而且，每当书写者遭驳于某处，其总是言不及意；他被当成某上乘之作的作者来对待，然而，他却

---

① Rolet est un fripon. 此段落之概念，出自于法国讽刺文学评论家，Nicolas Boileau-Despréaux(1636—1711)：«j'appelle un chat un chat, et Rolet un fripon.»我称猫为猫，并把赫雷当骗子。此外，此段落同时回应萨特在《何谓文学？》中所提出关于书写目的问题。前后两者关于"称猫为猫"的阐释差异在于，前者以文学作为思考的出发点，而后者则以"哲学"作为凝思起点。——译注

永远只能驳斥此作品;他被当成启发者或者天才一样崇拜,然而他却只能展现和着墨于其所以为;而他明明为众人所读,却说:谁能读我?我什么也没写。这个偏斜使书写者成为永恒的缺席和无意识的无责,然而,此偏斜也同时延续了书写者的在场、风险和责任。

困难的是:书写者并非仅是众人中的特例,而是在他的每时每刻中对化身为他者的否认,对自身永不妥协且永不折衷的要求。书写者必须同时以复数的绝对控制和绝对差异响应,而其道德则由不可避免地反法则交织而成。

某人跟他说:你将不书写,你将滞留于虚无,你将三缄其口,你将无视于那些字词。

另一者者:我只懂那些字词。

——为不说而书写。

——为说点什么而书写。

——非作品,而是你自身的检证,你所陌生的认知。

——一个作品!一个现实的作品,由别人断定的作品,以及对他们来说重要的作品。

——抹除读者。

——在读者面前抹除你。

——为成真而书写。

——为真理而书写。

——那么,有可能会说谎,因为真理去书写,就是书写尚未成真者，故则那永不为真。

——无所谓，为力行而书写。

——写吧，惧于力行的你。

——让你身体里的自由发言。

——喔！别让你身体里的自由蜕变成字词。

出于什么理由？哪种发声被听见？然而，他得听命行事！多么混乱，难道清楚不就是律法吗？当然，清楚也是。因而他必得违逆他自身，在自我肯定中自我否决，在白昼的便利性（facilité）里找回夜晚的深度，在未曾降临的黑暗中找回无法结束的确认之光。他必然拯救世界也助长毁灭，必然解释生存也证实那不生存之物；最后，他必然是普同完满中的那些时刻，同而也是唯独促使产生的原生与原初。这样是不是就可以了？他可以对文学了若指掌了。然而，难道文学不就是那意欲为，却实际上不是的东西吗？那么，文学毫无意义。然而，它毫无意义吗？

文学并非毫无意义。那些藐视文学者误以为文学不具意义。"不过就是文学而已"。因而，无论是那些具体插手于世界的行动和在世人眼中认为暗藏宣示作用的书写话语，或者是那些支持行动因而拒绝文学效用，或者是那些热情澎湃，故而丧失书写者的行动力的，皆遭受抨击。然而，此即是滥用文学衍生的谴责与爱慕。如果在著作中历史①的威力（它用一种转变世界的方式转变人）是可感的，那么，必然可以从书写者的行迹中找到著作的奇特形式。造作者，他做了什么？他制造客体。这个客体是一个只在非现实处的实现规划；它是由组成它的元素中的其中一个差异现实的肯定，也是崭新客体的未来（从它变成一个能够开发其他客体的机体来看）。例如，我有一个取暖的规划（projet）。然而，此规划只是个欲望，即便我能任意想象其各种可能，它却不能使我温暖。而现在我造了一个炉：这个炉把曾是我欲望的空洞观念扭转为现实；它肯定了某种曾经不在此之物的在场，也透过否定过去曾经在此发现之物来肯定其在场；先前，我被石头、铁铸所屏蔽；此刻，不再有石头或铁铸，而是这些转化（即指，透过此工艺②所否定的和摧毁的）成分的结果。因为这个客体出现一个改变的世界。多过于这个炉子的改变使我能够制造其他客体，它们逐一否定世界过去状态以便准备未来世界。这些我所制的客体在对象改变的状态中逐一将我改变。温暖的观念没有什么，然而现实的温暖将把我的生存变成另一生存；而从此之

---

① L'histoire，此字有"历史"及"故事"双重意涵。基于布朗肖文学思考的脉络，本书多半倾向将此字译为"故事"。然而，考量此处，布朗肖透过黑格尔与马克思思想意欲指涉真理与虚构之间的转换关系（故事与历史的越界思考），并于后文涉及法国大革命历史展演，故而，于本章节中，权将此字译为"历史"。——译注

② Le travail，此处意指"炉"，即指，在造炉之前，只有石头与铸铁的生存，在改变石头与铸铁的成分之后，炉的这个工艺品，否认了过去已存的石头等形态，转化成另一个产品。——译注

后，因为这个温暖，所有我能新造之物将会持续把我变成他者。正如同黑格尔和马克思[1]所言：透过——以否定工艺而落实存在的，在否定[2]词汇中彰显工艺的——工作构成历史。

然而，写作的书写者又是如何？像个较高层次的造作者。他也制造某些对象：尤其是指著作。这个著作是他以修饰自然和人文现实的方式而写的。他从语言的某种状态、文化的某种形式、某些著作开始书写，也从客观成分、墨水、纸张、印刷开始书写。为书写，他必须破坏语言原本的样子，再以其他形式实现之；制造一本非其他书的书用以否定那些书。这本新书确实是一个现实：看得见、摸得到，也能读。无论从任何角度来看，它都不是空无的。在书写以前，我已经对它有一个想法，我至少已经有一个书写的规划，然而，介于这个观念与其落实成册之间，我察觉到同一种类的差异（介于温暖的欲望和使我温暖的火炉之间的）。对我而言，书册是不寻常的、难以预料的崭新物件，这就好像对我而言，若不透过书写，便不可能向我再现其能所谓何物。这就是为何我以为好像面对一个我无法找回同一个自己的经验（那些因此蓄意被造的经验远离我），因为这样：我变成他者，因为他物在场，然而，若要把

---

① Karl Heinrich Marx (1818—1883)，德国唯物主义哲学家。——译注

② 黑格尔的这般诠释，引自亚历山大·科耶夫（Alexandre Kojève）所著之《黑格尔导读》（*Introduction à la lecture de Hegel*）《精神现象学》随堂课程，黑蒙·格诺集合出版）（Leçon sur *La Phénoménologie de L'Esprit*，réunies et publiées par Raymond Queneau）。

这个理由说的更详细:因为这个(我曾经只有想法的,之前毫无所识的)他物(书),我就如此从自己变成他者了。

书,书写之物,在它转变或者否认其作品之时介入世界。它同时也是众多他物的未来,不仅止于书本,甚至是应它而生的规划,相关产业,一个作为修正映射的,崭新现实之无限根源的整体世界,藉此,此生存物,将会是它所不曾是。

所以说,书,毫无意义吗? 否则,何以造炉行为(action)能藉由造作(形成以及相关历史)而实现;又为何书写行动(acte),状似一个停滞在历史边缘的纯粹被动性,而且,历史违反其意愿地勾联着它? 此难题状似不合理,却仍旧使书写者难以负荷。起初,书写作品所形成的力量,被视为是无可比拟的;同时,认定书写者是比任何人都专业的执行者,因为他无保留地、无底限地力行:我们知道(或者我们情愿相信)只要一个作品,便能改变世界轨道。然而,这正是我们应反躬之处。作者们的影响甚巨,而此影响无止尽地超越它们的行为,甚至,超越这个行为本身在现实中无法超越影响处的影响,因而,使得这样的影响,无法从这变得太稀薄的现实物里找到那个依它的规模而言,所需要的真理实体。作者还能怎样呢? 首先,什么都做:其因于枷锁,是书版之奴;然而,因为书写,他寻获转瞬自由,而这使他能自由创造一个无围世界,一个奴隶,基于律则新颁,变成主人的世界;如此,透过书写,束缚者能为自己也为此世界瞬间赢得自由;他否定其所有一切,以便流变为其所不是者。就此意义而言，其作品是一个创举，也是最伟大、最重要的行为本身。然而，让我们再近一步思量。为了他能如实地立即给出他所没有的自由，他忽略了其解放的真正条件，忽略了那些必须成为现实的事实，都是为了实现自由的抽象观念。他加诸己身的否定性是全面性的。此否定性，不只否定受困者的状态，更是畅行于那必须冲破突围的时间之上，它否定时间的否定性、否定界限的否定性。总归来讲，这就是为何否定性什么也没否定，而其所实现的作品本身并非一种实际否定的、摧毁的并且转化的行为，而较为偏向是以否定之姿去落实一种无效力，对介入世界中的排拒，或是把——必须依循时间之轨，具体化于对象之中的——这种自由转化成一种在时间之上的，空的，不着边际的观念。

　　书写者的影响与成为一切主宰的特权相连。然而，他只是一切的主宰，只拥有无限却欠缺有限，而无法接近界限。不过，在无尽中无以力行，在无限中无以完成，以至于如果书写者以制造真理之物（书）贯彻力行，他也同时因为这个行为而丧失所有行为，也即，用一个一切都是立即给出，而且也是直到阅读来临以前，无力可为的世界来取代，一个有确定工作和确定对象的世界。

　　一般而言，书写者状似被动，因为他是想象物的（imaginaire）主宰（于其中，那些他们真理生活的问题开始随之错乱焦点）。然而，他所意味的危险远甚于此。真理是：他并非以置入非现实来阻断行为，而是，他把整个现实植入我们周遭。非现实与一切同时并进。想象物并非位于世界之外的奇异之域，它就是世界本身，而这个世界就像整体、一切。这就是何以它不在世界之中，因为它就是世界，透过所有在此寻获的特殊实体的全面否定，透过把它们置于游戏之外，透过它们的缺席，甚至是透过这种缺席自身的实现，只要文学重返每个对象和存在之上（从创造它们之处），便从这个缺席开始了它给出幻觉的创造，因为此刻文学对它们的理解与命名皆从一切出发，一切的缺席出发，故也即从没有的（de rien）。

谈纯粹想象的文学确实冒很大风险。首先，它并非纯粹想象作用。它自认区隔了日常现实和实际事件，然而精确来说，是文学自己与它们保持间距，它就是此差距，它就是这个在日常生活面前必须重新检视，被视为疏离，纯粹殊异的回缩。此外，文学视此间距为无价，致使这个疏离因而状似能够普遍理解那些在超脱其生命的瞬间迸发魅力之人的理由，即生命不过就是有限的理解，而时间只是过狭的前提。所有这一切即是一个虚构的谎言。而事实上，文学只有这样才能摆脱滥用：它只是貌似失眠者所需要的安眠药。

更令人困惑的是行为文学①。其教唆人们为事。然而，倘若它仍想成为真正的文学，它就得向他们再现需为之事，这个

---

① la littérature de l'action，此处布朗肖暗指文学评论的位置。类似概念可参见本书《木桥》一文。——译注

标的,只有在某个将任何近似行为皆导向绝对抽象判准之非现实性的世界之中,才可能清楚并且具现。此"为某事",正如同它能被表现在一个文学作品之中（绝非只是一种"尽为"）而可能是（如同绝对价值地）全然以赴,也可能是为了自明和自省而需要能让它从中消失的这个全体。书写者的语言并非命令的语言（即使它是革命性的）。此语言不规定却在场;同时,它不以其所指而呈的方式在场,而是以指出整个背面的方式在场,如同此整体的意义与缺席。结果,可能读者对作者的召唤仅是一个空的召唤,只是一个被褫夺了世界之人以默默持守在其边缘地方式试图再回到世界之中的表现而已——或者也可能此（只能用一种绝对判准来掌握的）"为某事",确实就读者看来如同某种无法发生或者无法奢望其发生的非工作非行为。

把书写者的主要意图归因于斯多葛主义①,怀疑论,不幸之念。这是一种认定书写者所为,乃是基于对这些理论的反省的思考态度,然而,文学仅反省于自身之所。斯多葛主义者:他是只在书上生存的一般人,囚犯或者可怜人,他之所以能坦然面对其处境,因为他能书写,并且他以书写换得的自由片刻使他强大和自由,此时他所被赋予的并非他所不以为意的私人自由,而是普遍自由。虚无主义者,由于他并非仅

---

① 又称"禁欲主义"。——译注

是——出于潜移默化每个对象的——计划性工作去否定此物件或者彼物件，而是一次抵定地，全盘否定，也即，他只能全都否定，片甲不留。不幸之念！这个再清楚不过了，这种不幸深耩在书写者的才能里，而书写者若得以成为书写者，则是从意识分裂出某些片刻的拗直：又称为，否定任何工作的灵感；也即，否定天资天资虚妄的工作；也是，书写者不在的昙花之作；更是，书写者竭尽搜刮如同付出的云云之作。然而，其另有所图。

我们从书写者身上意识到，这个不停运转，并且，近乎毫无中介之运动。并从中见识到这个不满足于其所行为之非现实的否定（因为它想要自我实现，然而，又只能透过否定现实之物——其更现实过于字词者，更真理过于否定所布置之孤立个体者——来实现）：同时，否定，不断地将之推往世界的生活以公众生存，以便使之能如同所有书写者一般，理解如何流变为这种生存自身。这就是在历史中的他与这些决定性时刻的交会（在这之中，似乎一切成疑，所有律则，状态，理念界，昨日世界皆不费吹灰之力地轻易倾倒于虚无中）。人知道他并未离开历史，而是历史此刻成空，它是落实的空洞，是流变为事件的绝对自由。如此时刻，即为革命（大写）。此时，自由想要透过——皆有可能、皆可制造的——瞬间形式来自我实现。虚构时刻（其重显非尽然同如已识）因为它把历史视作其自身的历史和自由（如同普遍自由）。事实上，虚构时刻：以己

文学及死亡权利（1947）

身诉说神话，神话话语在己身中形成行为。想成为书写者之人，不证自明。革命行为，不管从任何角度看，都貌似于一个具体化文学的行为：毫无根据，如同事件的绝对肯定，或者形同绝对的逐一事件肯定。革命行为、力量本身以及便利性（书写者只要挪移字词便能改变世界的），三者彼此脱勾。它也有纯粹性的同一要求，而这种尽其所能的确定性之所以无价，并非指向某种以欲望或者价值终结的行为，而是指向终点，最后一幕（大写）。这个最后一幕即自由，而且，除了自由与一无所有（rien）以外，没有别的了。这也就是为何唯一可能的话语即：自由或死亡。恐怖分子（大写）应此而生。每个人不再是一个为明确目标的劳动个体，不再仅于固定时刻力行：而是一个——既非透过别处，明日工作或者作品才识得的——普遍自由。在这样的时刻中，一切皆已水到渠成地无可为。没人有权能拥有私密生活，一切都是公众的，而最受谴责者，即那个拥有秘密，私藏个人思考与隐私的嫌疑犯。而最终，无人有权再拥有其生活以及其确实分离的，有别于物质的存在。这才是恐怖分子（大写）的意义。可以说，每个公民都有死亡权利：死亡并非其惩罚，而是其权利的根源；他不是被当作罪魁祸首般地被抹除，而是，需要死亡以证明其公民身份，而这便是自由使公民诞生于死亡消逝中。正因如此，法国革命比起其他革命才更具显著的象征意义。恐怖分子（大写）的死亡，并非暴动的唯一惩罚，而是变成无法逃避的报应，如同万众之矢,其似乎是在自由人中的自由工作本身。当刀子落在圣鞠斯特(Saint-Just)和霍伯斯皮耶①(Robespierre)头上时,从某种角度来看,并未触及任何人。霍伯斯皮耶的德行和圣茹斯特的肃穆,正是他们已被抹除的生存,他们死亡的预先在场,让自由彻底于他们之中自明的抉择,以及藉由众人皆知的特征本否定他们生活的现实本身。也许,他们导致恐怖分子(大写)的盛行。然而,他们作为具体化的恐怖分子(大写),并不来自他们的屠杀,而是他们的自杀。他们抱着必死的盘算,用人头落地的心情在思考和抉择,这就是为何他们的思考如此冷漠、无情,因为死亡意味断头的自由。他们之所以是恐怖份子(大写),是因为他们想要绝对的自由,甚至不惜一死,他们意识到其所认定的自由如同他们所落实的死亡,因而,从他们活着、力行的那刻起,他们便不同于生活在众人之中的众人,而是如同被褫夺存在、普遍思考、判断和决策之纯粹抽象的存在,也是在历史以外而以总历史之名的存在。

死亡的事件本身不再重要。对恐怖分子(大写)而言,个人死去无足轻重。黑格尔在这个著名的句子里提到,"最残酷或平庸的死亡,其意义也不会多过于切菜头或喝口水"。为何? 难道,死亡不是一种自由的履行,也即最富含意义的时刻

---

① 公元 1794 年 7 月 27 日,于法国为反对雅各布宾独裁所发动之政变,随即将霍伯斯皮耶、圣鞠斯特等 22 人送上断头台,史称"霍伯斯皮耶的坠落"(Chut de Robespierre),又称"热月政变"。——译注

吗？然而，死亡难道不也是这个自由的空缺处，以及如此自由——仍旧抽象，观念的（文学的）、可悲的、平庸的——这个事实表现。某人会死，然而，大家都还活着，而事实上，这同时也意味着每个人都是死的。然而，这个"死亡"（mort）是自由造就世界的积极面：存在在此彰显如同绝对。相反地，"死去"（mourir）是纯粹的无意义、无具体现实的事件，其已丧失个人和内在的所有纠葛判断，因为此处无任何内部。这就是象征我个人毫无重要性地平庸死去的我（大写）死去的那一刻：在自由世界之中以及在自由彻底显现之时，死去毫无重要性，而且，死亡毫无深度。这种恐怖分子（大写）与革命（非战争）就是我们所认识到的。

　　书写者在革命（大写）中重识自己。后者之所以吸引他，是因为它就是文学从中创造历史的时间。它便是书写者的真理。书写者并非受书写事实本身所操控而认为：我即革命，只有自由才使我书写，实际上却没写。在1793年，有一个人完美地结合革命和恐怖分子（大写）。他是个闭锁在他的中世纪城堡里的贵族，宽容的，甚至是害羞也谦卑的高贵之人：然而，他书写，什么也不做地埋头苦写，而就算自由判他入巴士底监狱（褫夺其自由）也不具任何意义，因为他就是最了解自由之人，知道自由便是拥有白昼之权，是宛如律则般的那些能够转化成政治现实之最反常的激情时刻。他也是视死亡为最伟大以及最不平凡之激情的人，也是视杀戮如同切菜头一般，带着冷漠到不可能是非现实的态度书写死亡之人，然而，没有人能比他更能给出死亡主宰以及自由已死的生动感。萨德①是这样典型的书写者，他集所有矛盾于一身。孤独的：比任何人都要孤独，却又是个知名且重要的政治人物。永恒监禁却是绝对自由的，理论家式却又绝对自由的象征。他书写巨作，却是个无人知晓之作。未知的，然而对众人而言，其所再现之物具有一个立即的象征意含。绝无仅有的书写者，并且其形构臻至激情（转变成残暴与疯狂）的高张生命。由于这种极端特异的情感，日常意义的极端隐晦和极度私密，他造成一种举世肯定，一种与历史相连的普罗语汇之现实性，流变为一种整体人类处境而言的合理化解释。然而，他就是否定本身：其作品仅是一个否定的工作，其经验仅是一个激烈的、热血沸腾的否定运动，其否定他者，否定上帝，否定自然，而且不断作用着这个循环，握有否定性如同握有最高权柄。

文学在这项革命中面对自己，它在此自明；而如果视之为恐怖分子（大写），那么，它确实在观念上具备了这个——"背负死亡而生，并永存于死亡本身"以便从文学之中获得话语的可能性和真理的——历史性时刻。而这就是试图在文学中实现，并作为其存在之"难题"。文学被连接到语言之中。语言让人既放心又担忧。当我们说话时，我们以一种令我们满意

---

① Marquis de Sade（1740—1814），法国贵族后裔之文学家与哲学家。——译注

的便利性重返对象的主宰。我说：这个女人，而瞬间我便摆布她，我疏远她，迫近她，她都会是我想要她成为的样子，她变成那些转化和最出人意料行为之域：这话语就是生活的方便性和安全性。而一个无名客体，我们不知拿它怎么办。其原始存在深知，掌握字词会带给他物件的主宰权，然而，介于字词和世界间的关系——对它而言——是如此完备地，以致于在语言使用与存在的接触上仍具有相当程度的困难与危险性：名字并未从物件中被驱离，它既被危险地置于物件内在的可见之处，又总是被滞留在对象的隐匿内部；因而，对象尚未被命名。跟着，人变为教化人，还用一种无知和冷血的方式遣词用字。是因为这样，致使字词丢失了所有它所意指的关系吗？然而，此关系的缺席并非一个缺点，或者说，只有当这个关系只从此语言中抽取其功用时，这才会是一个缺点，数理语言便是一个完美的例子，因为其被精确地使用，并且于其中完全不符应于任何存在。

我说：这个女人。荷尔德林（Hölderlin）、马拉美（Mallarmé）与一般以探求本质为主题的诗作，都在所谓美妙的忧虑行动中获得理解。字词把其所象征交付予我，然而，它首先得先删除它。因此，我才能说：这个女人，我必然须以某种或者其他方式，抽出其骨肉现实，再把缺席和消逝交还之。字词把存在交给我，然而，它给我的是存在的褫夺。它是此存在的缺席，是其虚无，是当它在失去存在以后，仍然留在它之中者,也即,它是唯一它所不是的事实。从这个角度来看,言说是一种奇怪的权利。黑格尔,作为荷尔德林的一个朋友及后进,在一篇《现象学》里的旧文本里提到:"亚当(Adam)透过为动物命名的首要动作成为主宰,也即,他在它们(如同生存着)的生存中摧毁它们。"①黑格尔想表达的是,就从此刻开始,猫停止作为一只仅是现实的猫,同时也流变为一个观念。因而,话语的意义——如同所有话语的前言——要求一种大量屠杀、一场预言洪水,以潜入创造的汪洋一片。上帝造就存在物,然而,人类应使其全数灭亡。这就是为何它们为他设法取得一个意义,接着,轮到他——从它们已然消逝的这个死亡开始——创造它们;只是与其称之为存在物(êtres)和生存着的,应该说是唯独存在(l'être),因为人被注定:除非透过他必然促使诞生的那些意义,他才具备接近和活着的权力。人封闭地处在在白昼里,而且他深知这白昼无法结束,因为结束自身曾是光亮,因为存在物的结束,曾作为它们的意义显现,即存在。

当然,我的语言谁也没杀。只是:当我说"这个女人"时,现实之死便被通告,而且,已经呈显于我的语言之中;我的语言所意指即:此刻,于此之人,能够被与她自身分开,避开其生存和在场,并且,即刻潜入一个生存和在场的虚无之中;我的

<hr/>

① 论文汇集于《1803—1804 文集》(*Système de 1803—1804*)。在《黑格尔文本导读》(*Introduction à la lecture de Hegel*)一书中,亚历山大·科耶夫(A. Kojève)诠释《现象学》中的观点,指出对黑格尔而言,理解是如何等同于谋杀的卓越观点。

语言本质地意味着这个摧毁的可能性;无论何时,它都是针对类似这样事件的确切暗示。我的语言谁也没杀。然而,倘若这个女人并非确实可能死去,倘若其生命并非时时刻刻受胁于死亡——因而产生一条关连于她,与她结合的关系——则我无法实现此观念的否定性,而我的语言正是这种差异的谋杀。

因而,可以更精确来说:当我说话时,是死亡透过我发言。我的话语,一方面是死亡(在我之中发话的,并且也是我所质疑之存在的)被解放到世界之中的提醒,另一方面,死亡也是突然涌现的提醒:它,同如隔开我们的距离,夹在我们之中,然而,这个距离也同时是防止我们被分离之物,因为所有理解的条件尽在它之中。唯独死亡,能让我完成我所想实现者;它是在这些字词中,它们意义的唯一可能性。没有死亡,一切则会毁于荒谬和虚无当中。

在这个情况下,得出数种结论。显然,在我身上的说话权力也同我存在的缺席相连结。我自我命名,如同我唱着自己的挽歌:我与自身分离,我不再是我的在场,也非我的现实,而是一个客观的在场,非人称的,我的这种名称超越过我,并且它僵着不动——对我而言——果真造成一个碑石重压在此空洞之上的效果。当我说话时,我正否定着这个我所说的生存,我也同时否定着那个如此说话者的生存:我的话语,如果它揭示存在于其非生存之中 ,那么它便证明了这个——我的话语始于那个使其产生的非生存之中,始于远离自身之权力之中,始于作为非其存在之存在之中的——显像。这就是为何若要使真正的语言开始,则必须使将背负这个语言的生命成为其虚无之经验,因为生命已经"在这些深处摇撼,并且,所有曾经稳固和坚定于其核心者已经动摇"。语言只从空洞开始;只说不完整的和不确定的;以显示某种本质的空缺。否定被链接在语言之中。从一开始,我就不是为说某件事而开口,然而,是空无(rien)要求说话,没(rien)说,在话语中找不到其存在,而且话语的存在什么也不是。这种公式说明了文学观念何以能够这般存在:无言,为无言而说。这并非一种泛滥虚无主义的遐想。语言并非从那些生存身上意察出其意义的欠缺,而是从它在生存面前的退缩之中,进而涌生一种意图(把生存持留在这个退缩之中,想要完成否定于其自身中,并且造成全面空无)。倘若只在谈论对象中论及对象地把它们视同无物,那好,无言,这便是所能说的唯一希望。

愿望无疑是渺茫的。日常用语称猫为猫,就好像这只活着的猫和它的名字被画上等号,就好像在为它命名的这个事实之中,不包含它的缺席处(非他之物)。但是,日常用语——对于字词背其所定义的生存,使非生存变为此物本质作用着——有时是有用的。命名这只猫,可说是把它打造成一只非-猫(un non-chat),一只已停止生存,停止作为活生生的猫,然而,这并非等同于把它打造成一只狗或者非-狗。如此就是一般性语言和文学语言的第一个差异。首先，假设猫的非—生存(non-existence)被过渡到字词中，彻底是栩栩如生并且与其想法(其存在)和意义分毫不差：字词将使得猫跃然于存在(想法)的平面上，于这具备其所有确定性的生存平面上。甚至，相较之下，此确定性大上很多：这些对象在必要的时候能够自行转化，也会停止成为它们之所是，它们总是对立的，无用的，无法接近的；然而，这些物件的存在和关于它们的想法是并未改变的：想法是决定的、确定的，甚至可说是永恒的。所以，不考虑物件地相信这些字词，不松开它们，不要认为它们有问题。如此一来，我们才能减少麻烦。

一般性语言正是为了稳定性而设。然而，文学语言制造不安以及矛盾。其立足之处既不稳固也不坚定。一方面，在对象中，它只专注于其意义和缺席，而这个——文学语言想要在缺席自身中彻底完成为缺席自身的缺席——缺席想要全心投入一个理解的无定限运动。此外，文学语言从猫这个字词上所注意到的不仅是猫的非—生存，还有流变成字词的非—生存，也即，一个客观并且完美限定的现实。在这里出现一个困难，甚至是谎言。就因为文学语言把物的非现实转换到语言的现实中，致使它认为它已经完成其任务了吗？理解的无限缺席如何容纳有限在场和单词限制之间的混淆？另外，想要借机使我们受骗的日常语言不会自己搞混吗？它确实把自己跟我们都搞混了。话语，事实上，并不满足于其所包含者。

因而听懂一个字是困难的:于其中,虚无攻守并置,它无止境地挖掘,竭力以寻找出路,又从囚禁处无功而返,无止境的不安,空穴来风的心惊胆跳。扣押虚无——于字词和意义种类的界限中——的封条已被撕毁;此处大敌的是其他名称的入口:较不稳固的,还未确定的,更能够与具有——否定本质的,无固集合的——野性自由相协调的,不再有目的的,然而它们的运动无处"转向"地不断滑脱。而因此,产生了——不直接指向某物,而是指向某物所不是的——影像(image):它谈论狗而非猫。并且,就此展开这个追捕,于此追捕运动中,所有语言的使用都是为了合理化——某个被褫夺存在的对象——不安要求,而此饱受各个字词间惶惶不安的要求,为了定义字词,必须重新掌握全部,以便同时将之全数否定,在狼吞虎咽的过程中,造成字词既无法填满也无法再现的空洞。

文学,如果它还在的话,增添了一个奇怪并且困难重重的任务。然而,它并不在。它重提曾被黑格尔当做这个谋杀的第一个名字。"生存着"(l'existent),光是这个字词,就已经被视为脱离其生存并且流变成存在了。拉撒路①破坟而出,便使得尸体般的阴暗现实脱离了其原初根源,并且用此来交换一个徒剩精神的生活。语言很清楚其国度是白昼,而非无显的

---

① Le Lazare,拉撒路,或者又称拉匝禄,是在圣经约翰福音中最后被耶稣复活的一个人,也即经历两次死亡的人。耶稣对着埋葬四日的拉撒路之坟大叫,于是拉撒路便破坟而复活。——译注

内在；它很清楚，并非流变成正午安憩的光芒才使白昼开始，使其成为这个荷尔德林所窥见的东方（大写），而是此存在物诞生并且可见，某物必须被排除的巨大力量。这个否定仅有在其所否定的现实展开之后，才得以实现；语言也是从此否定中汲取其判准和尊严的完整性；然而，打从一开始，它被剥夺了什么吗？它的痛苦正在于它必然地欠缺其作为此欠缺的必要性。它甚至也说不出来。

能见上帝者，必死无疑。在话语中，死去才能透过话语给出生活；话语是这个死亡的生活，它是"背负死亡而生，并永存于死亡本身"。惊人的力量。然而，此刻不在的某物曾在。有某个物件消逝了。而倘若我所具备的权力让他构成后来所是，那么我如何找回，如何转向其先前所是？文学语言正是超越追寻此瞬间的追寻。普遍说来，它把文学语言称为生存；它想要猫如其所是，想要小石头如其所思，非人的，而是那种（在其之中）人们拒绝讨论的（因为它就是话语的基础）并且话语被删除以便可以开口的，是一个深渊，是拉撒路的陵墓，而不是那个重见天日的——那个已经体认过属于恶（大写）之坏毁的——拉撒路，是迷途的拉撒路，而非被拯救或复活的拉撒路。我说一朵花！然而，在我引用此花的缺席里，透过遗忘（打从此沉重之字词根处，我放逐了所有花所赋予我的影像），此字词自行涌现如同未知之物，我尽情地召唤此花的阴影，这种吹拂过我却没让我吸到的香味；这种充斥却不让我见到的花粉;这种有痕无光的色彩。那么,何处使我的希望变成我的拒绝呢?在语言的物质性上,在这个——字词也是对象和自然的——事实上,那些被给予我的以及给予我的,比我所能理解的更多。前一秒,字的现实性还是个障碍。此刻,它是我的唯一机会。名称停止作为非—生存的暂时通道,以便成为一个具体的球,一个生存的厚度;语言,离开想要成为独一无二的意义,试图成为无意义。所有涉及物理者扮演了第一个角色:节奏、重量、团块、形象,以及我们书写的纸、墨痕、书本。确实押对了宝,语言乃是一对象:是一个书写之物,树皮的碎片,岩砾,位于地上人间现实的黏土碎块。字词使用,不若理想中的力量,而是如同一种黑暗的力量、一种控制物的咒语,使这些现实地外于它们自身的在场。字词是一个成分,一个在地底之处勉强断开的部分:不再是名称,而是一种普遍匿名时刻、一个粗糙的肯定、在黑暗底部面面相觑的惊愕。而正是从此,语言要求一个它无人自成的游戏。此刻,文学穿越书写者:它不再是这个发挥作用的灵感,这个清楚的否定,这个与世界相关的观念,如同世界整体的绝对前提。文学既非外于世界,却也并非在这世上:它是对象的在场,早在世界存在以前;文学是对象的延续,在世界消逝以后;它是在一切自我毁灭之时,所存活下来的拗直,并且是在什么也没有之时所显现的资质驽钝。这就是为何文学并没有混淆阐明意识和决策意识;它是我的无我意识,矿物体的散射惰性,冬眠底层的光亮。

文学并非夜晚；它是夜里的纠缠；文学并非夜晚，而是不断惊醒的夜晚意识，并也因为如此不断逝去。文学并非白昼，而是侧身于已回绝流变为光的白昼之缘。而文学也不再是死亡，因为在它之中显示出无存在的生存，以及仍然生存的生存——如同一个无可避免的肯定——既无法开始也无法终结，死亡如同死去的不可能性。

文学，在制造一种无力以显的过程中，想要成为摧毁启示的启示。悲剧性的奋力。它说：我再也无法再现，我跟随；我不意味什么，我在场。然而，成为某物的意志，改变遣词用字的这种拒绝，这种命运最终在流变为个人语言的过程中，文学变成无书写者的书写，意识之光从我身上被剥夺，这种——隐匿自身的，掩盖在文学显现之事实背后的——荒谬奋力，所有这一切，此刻就是文学所表达以及所显示者。其化若哑石，甸钝如埋藏在此石后之尸①，此丢弃话语的决策持续连结在此石之上，并且足以唤醒这场诈死。

文学得知其无法超越向其自身之终结：它滴水不漏地隐匿着。文学明白它正是这个不断显现所消逝的运动。当它被指出时，其所指称之貌即遭删除；然而，所被删除之物被存留下来，并且此对象（作为字词的存在中）被视为庇护而非威胁。当文学拒绝命名时，当它从名字之中制造出晦涩与无意义之

---

① 此概念可参照《文学代间》附录。——译注

物,源初未明之证,那于此消失的名字的意义正是实际摧毁的,然而,取代它们而涌现的是在字词之中的普遍意义,镶满无象征意义的意义,如同生存未明的表达,因而如果那些词汇的精确意义被扑灭,此刻所验证的正是意指的可能性本身,赋予意义和无人称之奇异光辉的空洞权力。

在否认白昼的过程中,文学注定重建白昼;在肯定夜晚的过程中,文学意察夜晚如同夜晚的不可能性。这便是其发现。当白昼是世界之光时,它让我们看见它要给我们看的:它是把握与活命的权力,是每道难题里的"理"解。然而,如果我们追问白昼的重要性,如果我们要延迟白昼,以便得知在白昼之前的那物,在光天化日之下,则我们会发现其早已在场,而所谓在白昼之前的那物,则仍是白昼,然而,是如同无力以逝者,而并非如同使显之力,是如同黑暗必然性,而非如同光耀自由。因此,在白昼之前的自然,预存的自然,便是一个白昼的黑暗力量,而且此黑暗力量并非其开端未遭揭露的神秘性,而是其无法避免的在场,一个被和"已有白昼"相混淆的"无白昼",其显现迭合在其还未出现的时刻。白昼——在寻常白昼里——使我们避开对象,使我们对对象有所了解,并且在我们理解对象的过程中,白昼使它们变得透明犹如空无的,然而,白昼正是那我们无法逃开者:于其中,我们是自由的,然而其自身却是命定的,而白昼如同命定,是在白昼之前的存在,是为了言说和理解而必然转向的生存。

文学及死亡权利（1947）

从某种观点来看，文学介于两种层面。它被转向否定运动（对象与自身分离，并且为了被认识、被定义、被沟通而遭摧毁的）。文学并不满足于迎接这个否定运动于其片断与应接不暇的结果中：它想要以否定运动自身对之有所掌握，而至于其结果，文学想要在它们的整体中达成它们。倘若否定被视为已具备一切理性，则现实与逐一侵占的对象会全数返回到一个它们共同建立的非现实之中，返回到它们意义状似聚集的世界，而这就是文学对其世界所坚守的观点，用一切仍处于想象物的角度（只要否定能够达成，对象便实际构成的）来看待对象。因而造成作为其牺牲品的阴影与非现实主义。因而造成对字词的存疑，在语言自身中使用并且穷尽否定运动的需求，语言亦是如此，在实现它的过程中同时实现所有，而从它开始，每个终点便什么也不是了。

而另一方面。文学因而是一种对对象的，对他们未知、自由、寂静之生存的现实性的担忧；文学就是它们的无知和禁止在场，在启示前反对的存在，不愿发生于域外的对抗。因而造成文学一致于未明、无目的之激情、非法暴力，以及所有在这世上，状似延续降临世界的回绝。也因此造成文学与语言现实性的结盟：透过一种无形的方式、非形式的内容，一种文学往返于夜晚的无常（以未言未显却又满足于透过其未言的拒绝来通告）且非人之力量。这个变形在文学身上从未短缺。字词确实会自行转化。它们不再象征阴影、大地，它们不再再现阴影的缺席，以及具有意义的大地的缺席，或者阴影的光亮，大地的透明：不透光正是它们的回应；再度阖上双翼的窸窣声是它们的话语；物质的重量，透过已经丧失所有意义的，沉郁音节团块呈显于它们之中。变形早已产生。然而，在这个变形中（除了已经固着、石化、僵硬的那些字词变化以外），变形所彰显的意义以及这些变形意义所持存的显现——如同对象，甚至，如果可能的话，如同毫无显现的那种模糊的，未定的，不可捉摸的生存——再次显现毫无显像的深度之核。文学已成功战胜字词的意义，然而，它在这些被抽离它们意义的字词中所寻获的，是流变为物的意义：如此看来，是意义被从它们的条件中松绑，从它们的时刻被分开，漫游着如同一个无可奈何的空洞之力，单纯的无力以止息存在，然而，也正因如此，其显现出意义褫夺的以及未决生存的决定性本义。在这个奋力之下，文学不自限于从内部重寻回它曾想要弃守于边界之物。因为它所寻回之物，是如同内部状态的域外（dehors），也即，曾经作为出口者，被以离开的不可能性所改变了 —并且如同生存的未明状态（也即解释之光和意义创造的白昼），被变成一种无法停止理解的纠缠，以及一种理性无缘由的窒息缠绕。文学就是这种经验：意识发觉其存在处于它无力以弃的意识，处于一个在消失中的运动（摆脱一个我的精确性），在无意识的外边，文学重造一个非人称的自明无意识（彻底无辜，无人知晓，并且是一种总是发现其后背，仿佛随视线幻化其影的无知），一个仓皇知晓的顽基。

因而，理所当然可以指责语言被转变为话语无止尽的滥言，而非其预计中的静默。也可以抱怨语言既耽溺于文学常规之中，并且又意图投注于生存之中。确实如此。然而，无内容字词的无目的滥言，这种话语的延续性穿越字词的巨大洗劫，正是寂静的自然深度（作为直到缄默的言说，话语的空洞话语，在寂静之域的永恒回音）。此外，文学想要逃离自身而益发庸人自扰的仓皇以戒，正是生存庸人自扰的唯一译本；而如果这便是离开生存，离开永恒为存在所拒之存在的不可能性本身，那么在此深度中的无底之物便已经见底，也即仍为深渊的深渊，也即紧邻着无解之解①。

文学分属两个面向。困难碍于这两个面向状似无可兼容（它们既不引导作品也无明确标的，并且意欲顺着其中某一面向的艺术总是已处于另一面向）。第一种是表意的散文。此宗旨在于：在以对象之意而定称的语言中，说明对象。全世界都这般说；书写白话文。然而，始终处于此种语言范畴内，致使艺术察觉日常话语的不实而远之。艺术以何攻讦之？正因日常话语欠缺意义：艺术认为将日常话语当作艺术缺席的语

---

① 在埃曼纽埃尔·列维纳斯（Emmanuel Levinas）所著之书《从生存到生存者》（*De l'existence à l'existant*）中，他使这里有（*Il y a*），这存在的匿名且非人称之寻常用词笼罩于"光线"中：这个以消逝为核的存在已然在场，这个以毁灭为根基的存在——如同存在的命运——重返存在，虚无如同生存：在一无所有的时候，有存在。同可参见《狄卡力翁》（*Deucalion I*）第一册。

言是疯狂的,因而,他开始在他无止尽的运动中,寻找一种能理解这种缺席的语言以及一种再现的理解。而关于无法藉由这种态度回返的理由,我们先前也已经谈了许久。然而,这种艺术的目的为何呢?一种对纯粹形式的研究,空洞字词的杞人忧天?恰好相反:其只关心真切之义;其只关注于此运动(藉此,这个意义成为真理)的保障。精确来说,必须视之比任何时兴散文(依靠假意而活的)更加意味深远:它为我们再现这个世界,使我们借之领略全体存在;它既是在这世界中也是为了世界的否定(négatif)工作。如何能不更加将其视为奏效的,活泼的,显著之艺术呢?毋庸置疑。然而,那必然是一种如同马拉美(Mallarmé)式的艺术感知。

就算从另一种面向来看,还是离不开马拉美。普遍来说,这里大致指向诗人。为何?因为他们专注于语言的现实性,并且除了某种世上所没有之物或者存在以外,他们对世界不感兴趣;因为他们致力于文学,就好像陷入一个只求穷尽和满盈的无人称之力。如果这就是诗学,至少我们明白为何它必须被排除在历史之外,不只是因为它使得字词如同奇异的虫声塞窣作响,而且我们很清楚没有任何朝往此深渊的作品能被称为散文作品。那么,它是什么?每个人都很清楚文学无法被切分,其仔细地择其位,再灌着无比坚定的信念于此,然而却反因此造成更大的混乱,因为文学已巧妙地把你们挪移往其他面向,你们已经变成你们所不曾是之物。此即文学背叛，也是它弯曲的真象。一个小说家在书写散文里时，是最透明的，他所描述的是我们有可能会遇上的人以及我们的举止；他认为其目的在于表达人世间的现实（以一种福楼拜[Flaubert]的方式）。然而，究竟其作品的唯一主题是什么？在被剥夺世界之后仍在的恐惧，在散文中喊停之物继续生存着，被遗忘的总是最重要的回忆，死去的只会遇上死去的不可能性，想抵达彼岸的总是被滞留于此。这个审判，是白昼蜕变的命运，是非清醒的混沌意识，是缺乏睡眠的呆滞，也是无存在的生存，如同诗学听见其所丢弃的字词意义背后，所重新展开理解之物。

而以下这种就是一个所闻溢于言表之人：他漫步在松木林间，看胡蜂，捡石子。这是智者的典型之一，然而，这个智者在其所知物前模糊了身影（偶尔甚至是在他想知道之物面前），人们知其价值而学习：他却被过渡到客体的那一方，时而是水、是圆石、是树，其观察仅为知物，其描述仅为物之喉舌。不过，倘若这就是此转化的特殊之处，好像流变为一棵树就是这般使它说话，哪个书写者办不到？只是，弗朗西斯·彭热（Francis Ponge）的树，是一棵已观察过弗朗西斯·彭热的树，并且是以它认为他能够描述它的方式而被描述。奇怪的描写。从某些书写角度来看，这两者貌似皆在说明拟人化的方法：因为树才暴露人的弱点（人只能论其所知的）；然而，所有这些隐喻都是转介自人类世界的风景，这些制造影像的影像，事实上,是藉由宇宙生活与原动力量再现人与一个活化人类话语的独特性对对象的看法;这就是为何,比起影像,某些客观词条(因为树木知道,科学是介于两个世界之间理解的底基)钻进源自大地模糊重忆,变形的与字词的表达——就一个清楚的意义而言——是透过植物生成的巨层流动。这些描述,彻底表意的散文作品,谁会认为不能理解它们? 谁会不把它们归属于清楚的部分以及文学人文? 然而,它们并不属于世界之流,而是在世界的底层;它们不验证形式,而是为了说明非形式,而且,只有在世界没有穿透它们之余,才会觉得它们是清楚的,相反于神示话语中的多多纳①之树——也是一棵树——,它们是隐藏一个意义的众多阴影:它们不可能会清楚,因为它们隐藏了它们意义的欠缺。确实说来,彭热的描述开启一个假想的时刻(世界已完备,故事已完成,自然近乎人性的,话语前往对象并且对象学会说话)。彭热惊愕于这样的悲怆时刻,那时位于世界边缘,遇见仍旧缄默的生存与生存的(我们认识的)屠杀话语。在缄默底层,他察觉到洪水袭卷前蓄势语言的奋力,在概念明确的话语中,他重识元素的深度工作。他因此流变为那种缓升为话语又缓降为地表的中间意志,而其所展现着的并非白昼前的生存,而是白昼后的生存:世界尽头的世界。

① Dodone,为供奉宙斯及众女神之母的神殿。——译注

文学及死亡权利（1947）

　　究竟在作品中的哪一瞬间开始，字词变得比意义更强烈，而意义变得比字词更具象？何时洛特-加龙省雷阿蒙①（Lautréamont）的散文失去他自身的姓名？每个句子都不再自明？每个尾随的句子都乱无章法？甚至，词不达意？究竟在秩序迷宫与清楚曲径的哪一个瞬间，意义自行迷走，究竟在哪个峰回路转间，此论证自觉到它已经停止"承接"，而顶替其位的是相似于他的某个已经在继续的，推进着，完成着的物件，并且在此物件之中，论证以为是认得其位的，直到醒觉的那刻，才会猛然惊觉这原来是个占领其位的它者？然而，当它顺着发掘僭越的每一步回返（同时也是幻觉消散之时），它所寻获的正是论证自己，散文再次成为散文，而致使论证走得更远并再次迷失，任由一个相同的，物质的并且令人厌恶的实体取代它，同如在自展甬道里，一个——必然性排除所有推论者，逻辑流变为"对象逻辑"的——贯彻理性之梯。那么，作品在哪？在每一时刻所使用的优雅语言的光耀之中，然而，整体而言，只是某个——互噬，贪吞，穷尽，重建于什么也未改变之白费力气的——对象的晦涩意义。

　　洛特-加龙省雷阿蒙不是一个真正的散文家吗？又或如果萨德所写的并非散文，那么，他的风格是什么？甚至，谁写能写的比他更清楚？更罔顾文学中未明处的顾忌，接受百年

---

　　① Isidore Lucien Ducasse, Comte de Lautréamont（1846—1870），法国诗人。——译注

101

来最稀少的诗学教养却可从其作品中理解到一个如此非人的,无人性的躁响,"扰人且巨大的喃喃自语"(尚波澜[1]如是说)? 然而,这是个纯粹的瑕疵! 无法简扼书写的无能书写者! 毋庸置疑的严重瑕疵:文学首当其冲地攻讦他。然而,它所指责的部分,从另一边看来却是优点;它视作品为物,它将之当作经验来褒奖;看似无法阅读之物,现在似乎成为唯一值得被书写之物。并且,从其尽头,发现光环;在更远处,则是遗忘;若再过去一点,是在死亡文化核心的匿名幸存者;再推进一点,是在永恒基础中的拗直。终点在哪? 作为语言希望的死亡在何处? 然而,这个语言就是——那背负死亡,并且永存于其中的——生活。

假设想要从——把文学变成所有可撷取的含混性群的——运动中复辟文学,便会如此:文学(如同共通话语)带着唯一可能理解的结局开始。为了言说,我们必须见到死亡,从我们的背面看它。当我们说话时,是仰赖着墓碑,而其空洞正是此语言的真理,然而,与此同时,此空洞即现实,并且死亡造就存在。有存在(意即一种逻辑和表达真理)并且有世界,因为我们可以摧毁对象并且搁置生存。这正在说明存在之由,在于虚无:死亡是人的可能性,它是人的机会,因为死亡使我们能够停留在完满世界的未来;死亡是人们最大的希望,他们

---

① Jean Paulhan(1884—1968),法国文学批评家,著名编辑人。

作为人的唯一希望。这即为什么生存是他们唯一真理的焦虑，正如同列维纳斯①所清楚指出的；生存叫他们害怕的原因并非因为死亡能从中安置一个结局，而是因为生存排除死亡，因为在死亡的底层，生存仍在——根源为缺席的在场——就像处于无可避免的白昼中，终日苏醒与睡去。此外，死去无疑是我们的顾忌。然而，为何？因为死去的我们正好与我们以及世界和死亡分离。如此便形成死亡时刻的悖论。死亡与我们一同在世界中工作；是使自然被理解的权力，把生存变成存在的权力，死亡就在我们之中，如同我们最人性的部分；它唯独在此世上才是死亡，只有人能够认识死亡，而当人作为流变的死亡时，就不再是人了。然而，死去即摧毁世界；即舍弃人，灭绝存在；因而，这同时也是丧失死亡，丧失招致死亡之物（在死亡自身的以及对我的，并从死处而来的）。只要我活着，我就是必死者，然而，当我死去，停止作为一个人，这也同时停止会死，我不再具备一个死去的资格，故而死亡的张扬使我恐惧，因为我已明白何谓死亡：再无死亡，而是死去的不可能性。

基于此死亡的不可能性，某些宗教阐以不朽。也即，他们试图使意指："我停止作为一个人"的事实本身"被理解"。然而，只有一个相反的运动可以使死亡变回不可能的：出于死

_____

① 他写下："焦虑流变为存在——存在的恐惧——难道它不是和死亡面前的焦虑同等原初吗？存在的恐惧和因为存在而恐惧一样原初吗？甚至，更加原初的，因为有后者才有办法从前者开始检视。"《从生存到生存者》——译注

亡,我丧失能死者的优势,即我失去作为人的可能性;作为在死亡以外的人,只具备一种奇异之义:作为死亡的存在,总是能够死去,能够,像是视域和同类希望般,持续①(continuer)与只能作为一种"你们持续如同不在"的死亡无异,诸如此类。这即其它宗教所谈的转世的苦难:死去,并且是糟糕的死去,因为生前做了坏事,故被宣判转世,然后,重活直到成为彻底的人,并且在逐步死去的过程中,成为真福之人:一个真死人。卡夫卡,因为犹太教和那些东方习俗,接收这个意旨。人进入夜晚,然而,夜晚因为朝向复苏而成为害蠹。抑或,人死去却又在现实间活着;他走遍城市,随波逐流,认识某些人,接受某些帮助,古老死亡的谬误在他枕边冷笑着;这是一个奇异之境,他已忘怀死去。然而,有人认为他是因为忘却死亡才得以活着,又有一认得死亡者徒劳地与死去奋战;死亡就在那边,那个无法抵达的巨大城堡;而生命曾是那边,那个被虚假呼唤所诱离的祖国;而如今只有背水一战,为彻底死去而拼命,然而,奋战仍是一种活着;因而靠近目标者,便使目标变得遥不可及。

卡夫卡没有把这个意旨当成是彼世的戏剧性表达,反而试图藉此重新理解我们当前处境的在场。他在文学中体悟到更好的方法,不只是为了描述某个境况,而甚至试图从中找到

① 此处"持续",意指继续活着。——译注

一个出路。这固然好听，然而，是否行之有效？在文学中确实有一种高超的圆滑，神秘的坏信念（它用失败同为成功的非理性冀望，使文学永远得以游戏于双重意义上）。首先，文学同时作用也在作用中；它既是开化也是后植的。就这个条件下，文学便已经结合了两个矛盾运动。它是否定，因为它在虚无中催生对象有关非人性的，未决定的部分；而就文学定义物件，给它们限定范围的方面而言，它确实是此世中的死亡作品。然而，当文学从对象的生存上否定它们的同时，它也将它们保存于它们的存在之中：它使对象拥有某个意义，而作为工作中死亡的否定性也是一种意义的发生，行动中的理解。此外，文学有一个优势：其超越实际的地域与时刻，以前往世界边际，并且如同时间的尽头，便是从那里，文学开始谈论对象，并且整治人们。因为这个崭新权力，文学状似获得极高的权威。在每一时刻张扬着权力所有盘踞之处，文学有助于它意识到其力所未逮之处，也能使此权力流变为——会是另一种整体时刻的——另一种时刻：如此接续着；因而使得文学自恃为历史的最大成因。然而，这导致一个弊端：其所再现的一切，并非一个单纯的想法，此成因要求一种被实现而非只是抽象地公式化，然而，文学所意味的成因并非透过一种客观方式来实现，因为文学之中的现实，并非世界，而是某个特定作品的那种特定语言，文学自身耽溺于历史之中；此外，世界所表现得不如同现实的却如同虚构的，虚构如同全体的意义：世界的概念视源自想象物之处（在整体中可以看见的世界）；因而，这是一个——如同非现实的——从语言的现实自身开始实践的世界看法。那结果呢？就作为世界任务的方面来讲，现今文学比较是被视为如同纠举的规范；它并不是一个真理工作的结果，因为文学并非现实，而是保存非现实观点的实现；它对所有真理文化而言是奇怪的，因为文化是一种人在时间中逐步转化的工作，并且在虚构转化消退时没有丝毫驱力，同样地，对时间和工作而言也是如此。

　　不同于历史，文学在另一界面上展演着。它建设此世的过程中，也许确实不处于此世之中，因为，基于它存在的欠缺（之于可理解的现实），它仍处于一种非人的生存。确实，文学察觉到了，在其本质中有一种奇异的挪移介于存在和不存在，在场和缺席，现实和非现实之间。何谓作品？一些现实的字词和想象的一个故事，一个所有经过都借自现实界，也是这个无从着手的世界；为了栩栩如生而创造的人物们，我们事实上很清楚它们的生命就是非活着（是留在虚构里的生命）；那么，这是一个纯粹的虚无吗？然而，书本触手可及，所朗之词只字不改；只有明白才会生存一个想法的虚无，不是吗？然而，虚构并非理解的，它是透过字词才开始落实的经验，对我这个读它或者写它的人而言，它比多数的现实事件都来得实际，因为它精通语言的所有现实性，进而取代我的生活以及生存的力量。文学并非力行；然而，它深入生存——既非存在亦非虚

无，并且于中，无所事事的希望被彻底删除——的底层。文学
既非解释，也非纯粹理解，因为从其中而显的是不可理解之
貌。然而，它无表达的表达，让其语言得以在话语的缺席中喃
喃自语。文学因而似乎与——回绝存在并逃离所有范畴
的——生存之奇异性（étrangeté）相关。书写者自视为一个半
死不活非人之力的杀手：书写者无法超越的无责任性流变
成——在虚无边境等待死亡的——非死亡对这个死亡的译
本；文学的不朽，一直到世界之中，都是运动自身，在此运动
中，被天然生存所伤的世界被掺加入一种幸存的厌恶感（其并
非无法死亡中的一种）。书写作品的书写者在此作品中同时
删除自我又自我肯定。倘若书写者是为了解放自我而书写作
品，那么，他只会发现此作品纠缠着它，并且使他想起自己；或
者说，如果书写者是为自我彰显，并且为了活在作品之中而书
写作品，他会意识到他所做的一切什么也不是，因为最伟大的
作品并不肇因于最无谓的行动，而且作品把他当做一个异己
的生存以及非生命的生命。又或，他书写是因为领悟到——
在语言的底层——这种死亡的工作替存在们准备了它们名字
的真理：他为这个虚无而工作，而且其自身已是在工作中的虚
无。然而，为了实现这个空洞而创造的——衔死亡命运而生
的——此作品，事实上并不再具有死去的资格，此外，对那些
想要不劳而获赠死亡的书写者，则作品仅示以对不朽性的
嘲讽。

那么,究竟文学的权力何在?其貌似工作于此世之中,而世界握有其工作是出于偶然或是赌注。文学开启朝向——使苦难中止的——生存的未明之道,以致它无法发出"再也不"之声。那么,其力量何在?一个人——例如卡夫卡——如何笃信他必须抛弃其命运(对他而言,唯一抛弃其命运之道,便是与真理寸步不离),必须成为书写者?也许,这是一个无解之谜,而倘若真有答案,也只能说,此神秘必然出自文学的权利(能够无差别地(indifféremment)影响每个时刻和每个正向或者负向的结果)。奇异的权利——这涉及普遍含混性的难题。为何世上会有含混性①?含混性正是其自身的回应。唯一回答的方式,便是在响应的含混性中找到含混性,而含混的回答则是一个含混性主体的难题。其诱导的众方法之一,便是从清楚中抽取而出的欲望(由含混性所促生的),如同卡夫卡所说的,是一场结束在恶[貌似于与恶(le mal)对战的]之中的奋战("这般了结于床笫间的,与女人们之间的奋战")。

文学是一种制造含混性的语言。平日口语也不一定就清楚,它总是词不达意,误解也是平日口语沟通的一种。这是无可避免的,只有在字词被变成两头兽时(具体在场的现实以及观念缺席的意义),才能开口说话。然而,平日口语局限了模棱两可。它牢固地把缺席监禁于在场,它把理解结束在理解的

---

① 有关含混性的概念参见本书《木桥》一文以及《文学空间》一书附录。——译注

未定运动里；理解是有限的，然而，误解也因而是有限的。在文学中，含混性藉由其所寻获并且穷尽（含混性所能遍及处的滥用扩大）的方便性，仿佛专注于它的过度之中。本以为铺陈一个隐藏陷阱便可使含混性公开其自身的陷阱，并且与之毫无保留地建交，文学试图用非常识与非常理的方式，在毫不破坏含混性的状况之下以保留它。然而，含混性正趁此侵占一切。不仅是每个语言时刻都流变为含混的，并说着其所没说的他物，就连语言的普遍意义也是不确定的：混淆了语言作为表达或者再现，语言究竟是物件还是象征物件；语言在此是为了被遗忘，还是只要它还被使用着，它就不可能被遗忘，究竟，语言是透明的，因为它所说的鲜少意义，还是说，语言是清楚的，因为它是依着准确性而说，或者说，语言是黑暗的，因为它说的过多了，抑或说，语言是无法穿透的，因为它什么也没说。含混性遍及各处：在琐碎的显现中，然而，越无所谓者能够作为严谨的假面具；在其无特性（désintéressement）中（在此之后，有一种遭含混性漠视而两者共存的世界威力），含混性保有判准的（欠缺此判准，行为辄止或者消亡）绝对特性；因而，其非现实既是行为的原则，也是力行的无能：如同，虚构本身既是真理也与真理无关，如同无论它是否与道德相涉，都将使之质变；如同如果虚构不是自身的目的，它便什么也不是，然而，它无法从它自身中找到目的，因为它毫无目的，因而，它必然自我实现于自身之外，历史之中，等等。

所有这些利弊的背反,以及这几个段落所发酵处,显然都是由相当分歧的例子来表明。文学必然呈显无可协调的任务。并且,从书写者到读者,从工作到作品,文学驰骋于背道,并且只有在所有矛盾时刻的全体肯定时,才得以辨认出文学。然而,所有的矛盾,对立的要求,分歧和障碍——这些原初、种类和象征意义的众多差异——皆指向一个极端的含混性,它的奇异作用把文学吸引进一个能够无差异性地更替意义与符号的非稳固点上。

这种极端变迁使作品处于能够自行选择正反两面判准的未决,并且,如同作品绕着一个不可见的轴心不可见地旋转,在介于肯定的正向光与否定的逆光两者之间,唯独风格,种类,主体才能检视这个根本性的转化。字词的内容,甚至是它们的形式,皆与此无关。在作品中被呈显的某物(晦涩的、清楚的、诗意的、散文体的、无意义的、重要的、鸡毛蒜皮的谈论、事关重大的谈论),其不仰赖于它的众多特性,并且在它自身的底层,总是彻头彻尾地不断变动着它。在文学和语言中核,于此——转化文学和语言的——显现运动之外,一切通行如同早已预知一个不稳定性之点,一个主要的变形威力,以不变易变。这个不稳定性能够化作分裂力量的效果,是因为透过它,最有力的作品与最充盈的力量得以流变为不幸与崩毁的作品,然而,这个分裂也同时是一种建构,硬是藉由它,绝境创造希望,并且破坏创造坚不可摧的成份。这般变化的迫近——是由外于意义（其感染语言）之语言深度，以及这个语言的现实性所赋予的——如何仍能被呈显于此意义与此现实之中？在字词之中，这个字词的意义能否，在无增损其完善象征意义的保证下，自行介入某对象（能够彻底变动意义，以及字词的具体判准的）？是否在话语的内部，藏有不作用于象征意义之表而是之背的利弊之力——既是建构也是摧毁的双面刃？是否必须假设，在整个定义字词的过程中，字义的意义包括——反复于是与不是的——含混不定性的这个决定性？

然而，我们其实并非在假设：长久以来，我们早已藉由语言的现实性来探问这个生存黑暗底层（物件处于这个缺席之中会遭消殒、摧毁以便流变为存在物与想法）字义的意义（这同时也是转往其真理的字词运动）。它即此——背负死亡，并永存于死亡本身的——生命，也即负面庞大否定权力的死亡，或者也是藉由著作与自身分裂，并且重回象征意义的生存自由。然而，唯独在文学致力于理解对象的时刻，并在文学致力于辨认字词的语言中，此威力才能是一种如同永恒他样化的可能性，以及永续不可缩减之双重意义，一种（词汇处于同一又相斥互相掩盖的含混性中的）轮番性。

若我们把这个威力视为否定、非现实性或死亡，那么须臾，死亡、否定、非现实（在语言底层的工作中）便会于此意味着在此世之中真理的消亡，自造之清楚存在，自衍之义。然而，符号也会随即易形：意义不再再现一个完善的理解，而是把我们遣回死亡的虚无之中,此外,清楚存在只意味着生存的回拒,而真理的畏首畏尾被视为确实力行的无能。或者,死亡表现如同通往存在理解的驯化威力。然而,与此同时,通往存在的死亡再现着荒谬疯狂,存在(汇集死亡与存在,既非存在又非死亡于己身)的苦难。死亡通向存在:如此作为希望,也如此作为人类任务,因为正是此虚无促使世界产生,虚无——藉由劳动者与领悟者之手——作为世界的创造者。死亡通向存在:如此作为人类撕裂之苦,与他不幸命运的源头,死亡藉由人走向存在,并且藉由人,意义建立于虚无之中;我们只能感觉到我们的存在正在被褫夺,死亡正在恢复可能,我们从死亡的虚无中所理解到的正在化脓,以致于只要我们离开存在,就会掉到死亡的可能性之外,而出口流变成所有出口的消逝。

在此原初的双重意义中(其处于所有话语之底层,如同还被漠视的注定,以及仍旧不可见的幸福),文学寻回其根源,因为它是双重意义——为了显示意义与字词判定的背面——所选定的形式,而双重意义所提出的难题,也正是文学所提出的难题。

卡夫卡的阅读(1943)

　　卡夫卡想毁掉其作品,可能是因为他认为那必会倍增众人的误解。在此混沌的研读过程里,我们成为作品的一部分,实际上,我们就是映射在某些残篇、未尽作品之上,被所识与被所掩的部分光线,因而,总是更加加剧了那些作品的分裂,最后碎裂成细尘那般大小,如同总是与道德脱不了干系的遗作,在面对这类多半遭到长篇大论的评论所侵袭的寂静之作,这类成为可以无限发表题材的未刊之作,这类沦为历史注脚的永恒创作时,不得不扪心自问,是否卡夫卡自己,早就在辉煌的胜利中,预感到同等程度的灾难。他真正的想法,也许已然消散、隐敛,同如一壁观之谜。然而,这个隐晦却成为众人一个耀眼的隐晦。此刻,此四处卖弄的谜题犹如瞩目焦点,它就是剧码内容。该如何理解呢?

　　卡夫卡只想成为一个书写者,这是我们从他的个人《日记》中所得知,然而,让我们得知卡夫卡不仅是一个书写者的,是他《日记》的全貌(后者意味着一种虚构的重构):从此之后,

我们在他作品中寻觅的,便是它。作品成为某个生存物的残
羹(帮助我们的理解),如同意外得来的最佳证据(这个证据,
在作品尚未寻获以前,仍处于不可见)。如同《审判》或《城
堡》,这些书的奇异性(l'étrangeté)也许不停地把我们推向一
种极端—文学的真理(une vérité extra-littéraire,也即,我们开
始背叛这种真理),而一旦这种真理使我们脱离文学,它也就
与文学分离了。

　　此运动是免不了的。所有的评论者皆向我们宣称,要在
叙事中寻找叙事(le récit):事件群只说明事件群本身,土地测
量员就只是土地测量员。不要把"那些被视为辨证结构的确
实叙事的事件拆卸",并加以替换(克劳德-爱德蒙·玛格
尼①)。然而,再多翻个几页:我们又以为能"从卡夫卡的作品
中,看出一种规则和观念因果的互为呼应,简单来说,是对人
类命运的整体诠释的理论;这三种论述形成某种程度上的一
致,此外,其小说形式又有相当的独立性,故而可去假设一种
纯指知识上的言外之义②"。这之间的矛盾显得古怪。我们确
实经常,堂而皇之地,以一种罔顾艺术特质的独断见解,去诠
释文本。而此外,卡夫卡自己也确实,偶尔会率先评论他的寓
言,并企图阐明己意。然而,差别在于,除了解释最初的几个

---

　　①　Claude-Edmonde Magny (1913—1966),法国女性文学家。——译注
　　②　克劳德-爱德蒙·玛格尼,《安贝多克勒的拖鞋》。(Claud-Edmonde Magny,
Les Sandales d'Empédocle)

细节以外,他并没有为了使我们能更理解他的故事而更动故事脉络的意图:故而,他的评论之言,变成真伪难辨的杜撰。

在《日记》里,很明显地充斥着关于理论认知的思考。然而,这些思考,即便假以普遍形式来看,却仍十分怪异:它们既属于普遍形式,却又同时,无法被视为单一事件的表达来理解,而其解释又是一种无法被确认为共同真理的未定模糊模式。卡夫卡的思考,缺乏某种依据的统一规则,而他的目的也不在于用一种特殊事实来标志其生命。就好像一个往返于二重水域间的亡命之泳。而一旦这成为由实际产物,作为接续与移转的事件群(例如《日记》的例子)系列,思考便会专注地投入搜寻这些事件群的意义之中,藉此,以便理解事件群的方式,并且接近它们。故而,叙事开始与它的解释混淆,使得解释不再是解释,因为它不是为了解释它所该解释之处而生存,尤其,它无法为叙事提供说明。这就好像它被它自己的身分所吸引,转而成为一种必须中断它本身完整特质的特殊性:解释产生的意义,环绕着事实,促使解释游移,而这个意义,只有在摆脱解释之余,才能成为解释,又它只能在与解释不分离的状况下,才能为之解释。此反思的无限褶曲,肇因于某影像的碎裂,而后产生的周而复始性,又致使理性的精准沦为无用之物,故而转向其余模式的思考,这些思考仍旧作用于一个普同世界中,只是在均匀的世界里被简化成同一种范畴。

玛格尼夫人以为卡夫卡绝不可能是平铺直叙的,而这样的结论,并非出于知识性上的过分吹毛求疵,而是秉于本性接收看法的某种未加分别。这种思考,实际上,鲜少是通俗的,然而,这是因为它也不再只是某个思考而已;它是特异的,也即独一无二,而若比起要冠上些抽象的词汇(像是正面,负面,善,恶之类),它其实更近似于一个极端个别的故事,而在这故事之中,所有时刻都将是尚处未诞,并将永不重诞的晦涩事件群。卡夫卡在其自传的短评中,自诩为一个特殊性的群集合,其中有些是隐匿的,有些是彰显的,彼此不停相互碰撞于方举之中,却无能相互辨识或消除。这就是基尔凯廓尔①钻研冲突的意义,只是基尔凯廓尔侧重于隐匿的那部分,而卡夫卡则不采取任何立场。是否他隐藏他的奇异、它的厌恶、他自己与他的命运,就为了坚持悲惨和诅咒;是否他意图跳出他的秘密之外,却因为这个秘密的团块,不断地被他还原与蒙蔽而认不出自己来。

卡夫卡藉由他特有的反思笔调,使他著作中所呈现出的特殊意含,符号,神秘虚构持续发展成一种不可或缺的必然。其摇摆于孤独和律法,寂静和寻常字眼的两端。它无法抵达任何一端,且这个犹疑,同时,也是为了从犹疑中离开的企图。他的思考不安于常,而且就算他偶尔沉浸于疯狂或自闭中,他的思考也绝非再是彻底孤独,因为他的思考就在诉说着此孤

---

① A. Kierkegaard(1813—1855),丹麦哲学家。——译注

独；这并非无意义，因为它有无意义的理由；它并非在律法之外，因为此即其律法与流放和调。自认可以理解他自称为耗子族的想法是荒谬的："只是试着让你理解耗子：如果你开始质问其作品的意义，你将瞬间也消灭了耗子民族。"打从思考碰上荒谬之时，就意味着荒谬的结束。

是否能这样认定：卡夫卡的所有的文本，都在讲述某种独特之处，而且所有的文本都是为了表现某种普遍意涵才谈的。叙事，其实就是转变成一系列无考察、无理解事件的思考，而盘绕着叙事的象征意义，如同相反于其叙事的寻常意义，都是企图理解无法理解的同类思考。遵照历史记载者，潜入他未曾考虑的不明物中，而选取意义者，无法重返晦涩中（因为意义如同揭露之光）。这两种读者从来不可能清楚切割，总是先是这样，又是那样，理解总是多过或者少于所应当。因而真正的阅读仍是不可能的。

因此，阅读卡夫卡者必然成为说谎者，又不完全是说谎者。这就是在此艺术中的惶惶不安，更精确来说，这种对我们命运的焦虑，通常在搬弄语词中现身。我们有一个相信可以逃开的短暂经验假象，——一旦相反于此经验，我们就展开攻击（透过相反诠释的对照），然而这种奋力是骗人的，——我们认同此经验，而这怠惰是背叛。繁琐，双关语，坦直，诚信，轻忽怠慢皆是处于字词的真理、典型威力、清楚、本性、保证，以及其编纳、抛丢、收回我们的权力，和其既不受、不匮也无从继步的意义上而不灭信念中的某种错误(欺瞒)方式。

我们如何再现避开我们的世界? 并非基于我们对它的一无所知,而正相反地,是基于我们对它过多的认识? 即便是评论家们,也并非彻底地不同意这个想法。他们使用近似的字词:荒谬,偶然,意愿,以便在这个世界中制造某个位置,像是,某个留住的不可能性,神的欲望,神的缺席,失望以及焦虑。然而,他们要谈的究竟是谁? 对某些人而言,这可能是一个相信绝对,甚至相信自己,并且会不顾一切为完成绝对思想的宗教思想者。而对另外一些人而言,这是一个活在孤立无援世界里的人文主义者,他为了不再继续扩增混乱,尽可能地维持不动。马克思·布侯①认为,从卡夫卡身上,可以找到许多贴近上帝的主题。玛格尼夫人则以为,卡夫卡的主要论述建立于无神论之上。对某些他人而言,确有一无法进入的彼世,其也许很糟,也许荒谬。又对另外一些他人而言,既无彼世,也无朝向彼世之运动;我们处于内在,重要的是永恒在场的,我们的有限感,而无解之谜于内在削减我们。琼·斯塔罗宾斯基②:"一个被怪病缠身者,这就是在我们眼前的法兰兹·卡夫卡……一个理解毁灭者。"而皮耶·克洛索斯基③说道:"卡夫卡的《日记》是……渴望痊愈的患病日记。他想要健康……因

① Max Brod (1884—1968),犹裔德文书写之记者兼作家。——译注
② Jean Starobinski (1920—),法国文学暨哲学历史学家。——译注
③ Pièrre Klossowski(1905—2001),法国小说家,文学理论家,哲学家,翻译,电影编剧,演员及画家。——译注

此他信仰健康。"同样的说词："在最终的看法还没有产生以前,我们难以谈论他。"然后,斯塔罗宾斯基说道:"……没有定论,无法下最后一个字词。"

这些文本显示出某种阅读的不安,其试图保存谜题与解法,误解和此误解的表达,在诠释此阅读的不可能性之中阅读的可能性。即便是含混性也无法安慰我们,含混性是在一种偏滑、片断的方式上,掌握真理的遁辞,然而,等待这些写作的真理,却可能是唯一而且单纯的。就算在每个断言中,我们都背反于此断言的混乱,就算,我们不断地从其他不同层面去琢磨词藻,这仍旧无法保证我们可以比较清楚地理解卡夫卡。产生矛盾的并非这个仅删除信仰却非信仰寻觅的世界,或者,仅删除希望却非冀望希望的世界,又或者,仅删除所有的真理却非呼喊最终极真理的世界。当然,透过追溯书写历史和宗教条件,并且把这两个方式当做马克思·布侯的指导原则,确实可以解释这样一个作品,这也同时没有太多新意,而且,他的神话和虚构确实也可能和过往,和我们因此关注到的某些过去事件的意义,和某些未被以同样方式(未被神学化,宗教化,被赋与某种不幸意识的受损精神)提出的问题,通通无关。这就是为何,即便我们对所有提出的诠释仍无把握,我们然而确知:它们不再等同一切的原因,它们可能同时为真或者同时为假,或者无异于它们的对象,也可能只有在它们的不和谐中才是真的。

卡夫卡主要的叙事,多半是片断的,也即作品的整体本身便是一个片断。此欠缺也许能够,在丝毫不改变其方向、形式以及其阅读内容的情形下,解释重返不稳固的非确定性。然而,此欠缺并非偶然的。它被混入那些它歪曲的相同意义;它重合于某个既不相容,也不相斥的缺席再现。我们阅读的那些章节极至丰富,彰显着作品本身毫无缺憾,此外,所有作品仿佛出自这些细致发展里的到此为止,仿佛它再无可说。什么也不缺,甚至是成为他们对象的这个欠缺:此并非漏空,而是一个未曾被设想却到处在场的不可能性的符号(共通生存的不可能性,孤独的不可能性,维持这些不可能性的不可能性)。

让我们所有阅读的努力都化为焦虑的,并非差异诠释的并呈,而是,这种神秘的可能性会随着每个主题,忽为复面意涵,忽为肯定意涵。这个世界是一个希望与命定的世界,一个既未闭合且无限的宇宙,其同是非公平也是差池的。这也是卡夫卡所谓的宗教性认知:"认识既同是往此永生前的阶梯与障碍",故得假设其作品:所写下的可能为障碍,也同可能为阶梯。越稀少的文本是越成倍地晦涩,即便如斯,它们(总是毫无希望的收场)仍随时准备反扑,以表达某极限的可能性——未知之胜——谋求未明之光。仗着对否定(le négatif)的挖掘,而得到一个转为肯定的机会,仅是一个机会,一个从未彻底实现的机会,并且藉由它,其对立面不断隐显。

　　所有卡夫卡的作品,皆是从否定作用(la négation)而来的一种肯定研究,这种肯定,从它形成到溃散,都状似谎言,并且因此,导致肯定的撤消,而再次变回可能的肯定 。正因如此,去讲述某个毫无头绪的超验世界,才会显得如此奇特。这个超验,正是只能借否定来显示的肯定。它,事实上,是因为被否定,而生存;它,事实上,是因为不在那里,而在场。死神,在此作品中,被视为某种强力反扑。因为,他的死亡并不夺走它(无论是其威力,抑或,其无限权威,甚至是其必然性):死亡,只会更恐怖,并且,更坚固于一场毫无胜算的对战中。这种带着某种侵蚀我们的死亡超越性,是一个死亡君主再现《万里长城》(*La Muraille de Chine*)的功效,是《流放地》(*Le Bagne*)中藉由刑具永返在场的已故前少校。且同如 琼·斯塔罗宾斯基对《审判》(*Procès*)故事里,那个只能判决死亡的最高法官所察觉到的一般:难道他不是死了吗(因为死亡,而非活着,才是他的威力,他的真理)?

　　否定的含混性与死亡的含混性有关。神即死亡,可能意味着更坚实的真理:死亡并非可能的。在标题为《猎人格拉库斯》(*le chasseur Gracchus*)的简洁叙事过程里,卡夫卡向我们讲述一个在黑森林里游荡的猎人,他摔下断崖却无法抵达彼世(此刻,他又死又活着)。他欣然为生也坦然就死——在遭屠之际,他愉悦地等待死亡:他已理解并期待。他讲述道:"然而,不幸临头"。这个不幸是死亡的不可能性,是对伟大人性诡计的嘲弄,夜晚,虚无,寂静。没有结尾,没有可能性(无论是对白昼,物的意义以及希望了结的);这样一个西方人类当作至福象征的真理,这样一种让人试图抛弃不朽的偏执,以重回尚可忍受的一种补偿生命的苟延残喘。而此苟延残喘即我们的生命本身。卡夫卡说:"人死亡以后,会有一种独特的善意寂静——透过与亡者的关系——极短暂地浮掠人间,会有一种人世激动的告结,不再意识到一个死去的紧紧尾随,过失似乎也遭隔离,对在世者而言,这既是一个得以喘息的机会,也同时打开死亡房间的一扇窗,直到误以为缓解却再次翻覆的磨难和哀悼。"

卡夫卡还说:"就整个客观来讲,在亡者床边的哀悼的这个事实并非死亡在亡者身上真理的意涵。仍旧需要我们以填补这个死亡之式:我们还在赌局之中。"而这句也同样清楚表明:"我们的救赎即死亡,却非眼前的这一场。"真理是:我们没死,却再也活不成了,我们是我们在世的亡者,彻彻底底地成为幸存者。于是,死亡终结了我们的生命,却未结束我们死去的可能性;便真正如同显现同如死亡之尽的生命之尽。从此以后,这个模棱两可、这个模棱两可的复象(透过这些人物,它用最少的姿势彰显奇异性):它们是否——如同猎人格拉库斯——是徒劳死去的死者,化为所知不详的存在群(其作它们过去死亡的谬误,讽刺地持存于那些——属于它的却又带有其柔和,内敛,无限——醒目对象的眼熟打扮之中)? 又或者,它们——作为不加思索地与死亡对敌,以及某既完结又未完成之物奋战的在生者——在避免理解中促使重生,并且只要企图理解,便会消失无踪?因为这就是我们惶惶不安的源头。它可说不仅是在人世间重返虚无,也是这个无法从我们身上拔除的恐惧,如同庇护所般,它并非不在的不在还未存在。从我们无法离开生存的那刻起,这个生存便非完整,它便不能被彻底地经验,——而我们的存活之战是一场盲战,既是无知于自身正在为死去而战,并且又落入一个永远只会更糟的可能性陷阱之中。我们的救赎就在死亡之中,然而,却一味地希望活着。这于是导致我们永世不得拯救,也从未停止过绝望,而就某个方面来说,正是我们的希望致使我们错乱,这个希望正是我们困境的符号,因而,如此的困境,也同样是解放的意涵,而使我们一再盼望("甚至不要对你并没有绝望的这件事情感到绝望……因为这正好就是所谓的活着")。

如果每个结局,每个影像,每个叙述都能够意味其所矛盾者(同时包含此矛盾亦然),那么就必须为这件事情,在这个死亡的超越性中,寻找使它充满诱惑力,非现实以及不可能的原因,如此一来,这个死亡的超越性,才能为我们摘除真正绝对的唯一结局(在不取走我们身上之幻象的情况下)。死亡,透过死亡的不可能性,在支配我们,也即我们并未被生下("我的生活是在诞生前的踌躇")或者说,我们是我们死亡的缺席("你不停地论及死亡,而却迟迟未死去")。如果夜晚突然间遭到质疑，那么它就既非昼也非夜，而只是朦胧光线（黄昏）忽而为昼时回忆，忽而为夜时悼念，是日落也是落日。生存（L'existence）是未决的，然而，它既非只是一种对我们是否遭生存驱逐的不知道（这会导致寻找坚固实体的毫无斩获），它也非一种从未被拘束的未决（这会导致域外遭弃的绝望）。这种生存正是在最强意义上的流亡：我们不在此处，而在从未停止在此存在（être）的他处。

《变形记》（La Métamorphose）的主旨，便是一个对这种文学折磨的图解，藉由一个对客体的欠缺而把读者卷入一个希望与困顿无止尽互应的回力圈中。葛黑瓜尔（Grégoire）的状态是一种存在无法离开生存的状态本身，也即，注定永世回到生存的状态 。变成一只硬壳虫，他持续活在这个失效的世界，他陷入兽化的孤寂，他越是靠近他的本质，就越靠近活着的荒谬和不可能性。然而，他究竟怎么了？详细说来，他持续活着；他甚至并未试图脱离其不幸，而是在不幸中，消磨掉最后一滴精力、最后一缕希望，他还继续争战着，为了他沙发底下的位置，为了他在冰冷墙上的小小旅行，为了在肮脏与灰尘之中的生活。如此一来，我们必然对他充满信心（因为他期望着），却也必然绝望于这个不断持续、无目的并且空无内在的异常希望。然后，他死去：难以忍受的在遭弃和孤寂中死亡——然而，死亡近乎愉悦的，因为其所意喻的那种解脱之感，以及，此刻所画下句点的崭新希望。而近乎同一瞬间，连这最后一丝希望也遭破灭;因为希望不是真的,此处未曾画下句点,生存继续着,而他年轻妹妹的姿势,如同从生命中苏醒的举动,让人联想到叙事结束的欢愉举动,其实正是这个童话里最恐怖至极之处。这既是诅咒本身也是复生,也即希望,因为这个年轻女孩想活着,而活着本身,就已经是对必然的躲避。

就文学而言,卡夫卡的叙事是介乎于最黑暗的和最紧扣彻底灾难的。它们同时也是最具悲剧性地扭曲希望的,这并非因为希望已被注定,而是因为它不能够被注定。如果完整性会是一场灾难,那么,某个枝节边隙的生存,则叫人不知究竟它是预留了期望,或相反地,它与期望永恒地分开。神若仅是自身遵守其意志之决,并因此蜷曲于最可鄙的翻覆,与机制和零碎的巨大异常之中,仍旧是不足为神的,还必须等待其复活,以及那不可理解之正义的(永不可能使我们感到不安或者安慰的)回反。一个儿子,若单是对他父亲的责难和不公正的指责加以辩驳,并且,用投河自尽,来表达对父亲那说不口的亲爱,仍旧是不足以作为儿子的,还必须透过一个极端奇异的句子,把他的死亡收编进生存的延续中:"从此刻起,有一个名副其实的疯狂循环在这桥上发生。"这即卡夫卡自己所认定的象征意义,精细的生理性意含。而说到底,最大的悲剧是在《审判》一书中,乔瑟夫·K 的死去,经历过一场荒谬的审判后,在一个荒郊野外,两个男人未宣读一字地处决了他,然而,他死的"像只狗"仍是不足够的,还必须有其部分残存着(也即,他无罪可责却被判决为死活无异的无尽羞耻)。

"死亡就在我们面前,这有点像是某个教室墙上的那幅《亚历山大战役》(Bataille d'Alexandre)的画。这是关于我们必须永生,透过我们的举止,去抹黑或甚至是抹除这幅或。"卡夫卡的作品,就是死亡的这幅画,也是使这幅画变黑或者消失的行动。而因为,死亡,它无法混淆,甚至是正好相反地,它所有想要自毁的白费力气,都变成是使它闪耀的惊人光芒。这就是我们只能透过对死亡的叛变来理解它的原因,也是我们的阅读焦躁地绕着误解团团转的理由。

卡夫卡及文学 (1949)

"我只是文学，我无法，也不愿是任何他者。"无论是在《日记》，或者从信件中所见到各个时期的卡夫卡，他皆把自己定位为文学家（不计尊严地，只为了得到这个如今被多数人所轻视的头衔）。对许多评论者而言，要能欣赏卡夫卡的首先条件，便是不用一种书写者的条件去定位他。他很清楚地赋予文学作品一个严格意义，琼·斯塔罗宾斯基如斯说。马克思·布侯则认为：必须把他的生活及作品归类于宗教，而非文学。他不仅是在创造一个作品，更是在执行一个信息（皮耶·克洛索斯基如此以为）。然而，卡夫卡自己以为："我难以忍受我的处境，因其违背于我唯一的欲望和任务——文学。"——"任何非文学之物都使我感到厌烦。"——"任何与文学无关之物，我皆厌恶。"——"我若能发挥作用，和任何一种可能性，必定都与文学相关。"

透过卡夫卡所看见的文学风景，经常是令人印象深刻的。然而，不能偏颇地就此认定，若他未曾感到挫败，这只是因为，他终极目的便是自我救赎(如果他真的能达成的话)。他是奇异的:作为一个不相信确定性,却对字词保有某种程度信念的人,他从未对那些在一般人看来惊世骇俗的转变(不仅对我们是如此,也别忘了还有许多与卡夫卡同时代的书写者也是。卡夫卡选择师承歌德[Goethe]和福楼拜[Flaubert],然而,他却活在象征时期的前卫表现主义时代)感到畏惧。他所挑战的是他书写的能力,而非书写的可能性或者艺术评论。

卡夫卡倾尽全力要成为一个书写者。每次当他以为遭逢生活变动所阻,他就陷入绝望。在他管理其父亲的工厂期间,当他想到他已经长达十五日未书写,便想要自杀。在他《日记》中的绝大部分,围绕着这种必须撑下去的日常天人交战(对抗周遭,他人,甚至包括他自身),就只为达成这个目的:能在《日记》里留下几个字。这执著是惊人的,然而却不至于太希罕。尤其,如果对卡夫卡在文学中选择用什么样的方式来表现其思想和信仰有所认识的话,便会知道对他而言,这种执著几乎是出于天性。他的所有生存(existence)皆在其艺术中道尽,他很清楚这个把自己暴露在他人面前所需承担的风险:也即,就一个纯粹意义而言,他不再活着。

究竟生存是如何潜入文字排列的琢磨之中的?难以理解。然而,假设真为如此。假设,对卡夫卡而言,书写并非一个美学工作,他所在意的,也并非如同作品字面上意涵的创造物,而是对他的救赎,在他生命中信息的达成。相关于艺术思考的普遍被评论者当作次要的，而心灵的追寻才是卡夫卡书写的核心。因而，结论出："美学审思与此无涉。"这或许可能。然而，我们也从此看出文学的可能。它奇异如斯，要求一个讲究整体与细节的思想（包括对技巧与词组的琢磨，对遣词威力的意识）。这样的它，目的会仅是可想而知（例如，一本好书的制作）的吗？或者，它想要的，其实是更高层次的（例如，我们生活的意义本身），因而它致力跳脱所有这些条件，并藉由对所建构之物的全然漠视（然而，正是此为其天性本质）来自我发展？我们若留意这些文学线索，而不仅将之视为是一种理论空想，在不考虑其方法，只就这个能形成自我习练的能力来理解这个活动的话，则这便是师出有名的：自动书写；然而，这样的形式仍旧无法通盘解释卡夫卡的奇异之处。

卡夫卡既写寓言，也写小说。在他的《日记》里，他描述那些他所参与的场景以及所遇见的人。他批判他的写作："对 R. 的描述没有让我觉得成功。"他经常枝微末节地描述对象，目的何在？是否如同马克思·布侯所推测，因为真理俯拾皆是，于是乎他应接不暇？或者说，这多半是他的练习，而非他的见闻？他不但对克莱斯特①的冷酷风格多有钻研，并且从歌德和福娄拜身上领悟到一个完美建构形式的重要。他写信给波拉克②："我所缺乏的正是原则……我想要全心书写长达三个月

---

① Heinrich von Kleist (1777—1811)，德国作家。——译注
② Oskar Pollak (1883—1915)，德国艺术史学家。——译注

间。此刻,我尤其清楚:艺术对技巧的索求远胜于技术对艺术
的索求。我绝不相信人能强迫自己生孩子,然而,相反地,我
相信人能强迫孩子受教育。"卡夫卡质问文学,因而比大多数
的人掌握到更多。而那是因为他首先能够忠实地去接纳所有
的形式——以正视所有他的束缚——,无论是才能或是艺术、
任务或者是擅长的活动。在书写瞬间,他想到的是,不能仅是
自满于写得好而已。

对一个从生活或道德观点出发的书写者而言,可能会以
为能够轻易地摆脱所有美学的考量。然而,文学并无供人选
择的分层,而且,想要处于文学之顶的人,也从来没有便梯可
攀。书写者无法从自己所订下的游戏中全身而退。从他书写
的瞬间开始,他便全心全意沉浸于文学之中:他必须成为好的
艺术家,又同时是审美者,字眼的研究者,影像的研究者。他
居中协调。这便是他的宿命。即便有文学献身的前车之鉴也
无法改变什么。文学习练,难道就是牺牲的唯一目的吗? 然
而,这不就假设了有一个为之牺牲的对象? 所以,首先必须相
信文学与文学的使命,使其生存,然后,才能因此成为文学家,
并且终生为文学家。亚伯拉罕(Abraham)愿意牺牲他的儿
子,然而,难道他不是早就知道会有一子诞生,难道他不是早
已盘算仅用一只公羊来代替儿子吗? 而且,安于静默,是不足
使所有书写者凌驾于某个书写者的,而那个试图跳脱艺术以
便成为兰波(Rimbaud)的书写者,必然是沉默里的无能者。同

样地,切莫鲁莽地判定卡夫卡抛弃其作品,便是因为他心理上认定他的作品糟糕透顶,或是作品并非全然忠实于他所必须传递的信息,或者作品不如寂静。他想摧毁作品,也可能单纯地仅是因为他确实认为作品尚未完成。究竟该如何思考一个说"不要理会我的信息"的信使,或者,一个宣称"我的作品是残缺"的艺术家,该因为这样而摧毁其作品吗？就某种角度来看,只有艺术家有权采取同等的决定。信使并非其话语的主人;所以,即便话语是糟糕的,也与信使无关,因为这也许正是话语的意义——成为错误的;重要的是,信息中必然有毁灭的意图参添其中:话语的秘密欲望便是消失,然而,这个欲望是徒劳的,因为话语从未遗失。

许多书写者都认定他们把他们所有的生存都卷入书写行动里,然而,真正奇异的是,一旦生存真的卷入,他们所谓纯粹从美学角度上而言的杰作(精确来说,这个角度是他们自定的),便应运而生。而且,那些想要为他们的活动给出一个,能从根本意义上,说明我们普遍处境的书写者,既没有能对他们所删除的意义给出一个更高的意涵,也没有使这个书写活动变成一个建构优良作品的创造物,甚至,这个创造物还迫使他们(至少,在某些时刻是如此)与生存分离,脱节,甚至无关。此处有一个我们再清楚不过的冲突。查拉图士特拉(Zarathoustra)说,"用鲜血书写,然后,你就会明白鲜血即思想。"然而,可能应该是反过来地:用思想来书写,然后,不断压榨。卡夫卡则说:"我不会向疲惫屈服,在我割破脸①的同时,就是我逃出我的短篇小说之时。"这个影像确实惊心动魄:书写者不惜以毁容著作,然而,这一切仍不过是个画面而已。加缪(Camus)笔下的卡里古拉(Caligula)砍断那些不愿分享艺术情操的人的头。没有书写者会愿意成为卡里古拉。他的成功部分归诸一种耗损(然而,对某些人而言,这并不光彩):他在作品里冒险,然而,他的罗织毫无风险可言(他从别的好作品里得来的灵感);更不可能思亡。因而要成堆辛辣之词去遮掩不可见的血迹,因而握笔之人只得到轻蔑的言词。

倘若拉辛②是为寻找"真理"而写。甚至,(继而假设)他基于这个追寻而苦修,而厌烦于俳句,而回绝完美性,简而言之,在费尔德(*Phèdre*)问世之后,这个"真理"的追寻与其说沉寂,不如说是,成为巴登③笔下的某位费尔德。而这就是问题所在。有些书写者放弃书写,出于对书写的厌烦,更甚,有些是基于超越文学的渴望而牺牲文学。也有一些书写者想要摧毁杰作,是因为那些杰作,在他们看来,像是背叛。然而,没有一个优秀的书写者是因为耽溺于他的私人生活而导致失败,没有一个优秀的书写者,在书写每况愈下的情况下,还视书写为

---

① « (……) couper au visage»,同时也有与自身区隔开之寓意。——译注

② Jean Racine (1639—1699),法国十七世纪三大剧作家之一。此处沿用既有译名,让·拉辛。——译注

③ Nicolas Pradon (1632—1698),法国剧作家。此剧作家与拉辛在同一年间(1677)改写悲剧《费尔德》。——译注

必然而继续书写。韩波绝不可能成为苏利·普吕多姆①。多么奇异！即便荷尔德林②在发疯的时候，仍是一位伟大诗人。卡夫卡即使处决了他的作品，他却从未因而被当做寻常语言的语焉不详，或者死于平庸和愚蠢。（除了福娄拜几度自杀）。

何以，像卡夫卡这样的人，会因为没有成为书写者而觉得失落？这是他与生俱来的"使命"吗？然而，他是如何意识到他生命的缺憾的，又是基于什么样的理由，他一口咬定书写正是他的缺憾？他为文学投注了一个巨大的意义，并以无数的文本使其显现。当他写到："在我脑子里的那个巨大世界……我宁愿将它引爆上千次，也不愿把它只是压抑或者埋在我之中；因为我是应此而生，关于这点我毫不怀疑"，他甚至用一种更一般性的方式表达一种创造的刻不容缓（盲目地朝域外挤去）。大多数的时候，他只有在专注于文学上时，才感到自身的生存。书写使其生存。"……我发现一种意义，而我单调的、空洞的、迷途的、孤身的生命，正为它应证着……这是唯一能指引我前进之路。"另一方面："无畏的、光裸的、有力的、惊人的，仿佛只有当我书写时，我才存在如斯。"此文本有把文学行为视为补偿行为之嫌。卡夫卡与生活格格不入，他只活于书写时刻。然而，即便在这个前提之下，本质上仍欠缺解释，

---

① Sully Prudhomme (1839—1907)，法国诗人以及文学理论学家。——译注
② Friedrich Hölderlin (1770—1843)，德国诗人以及哲学家。——译注

因为还必须知道为何书写－而且，不能从一个重要的作品来思考，而是必须从那些无意义的字词中找到（基于一个独特的灵感，使我发觉到……我即整体，而非只是为了某个既定的工作。当我被迫写下这样的句子时："他从窗口眺望"，此句已经完备）书写的理由："他从窗口眺望"，这便已是多过于自己的存在。

卡夫卡使我们明白他能够从他自身中解放潜在的力量，更甚在他感觉被困围并包围之时，他意察到这也是那条他未知的邻近可能性之道。他化于孤独之中。而这个融合使他的孤独变得棘手；然而另一方面，若从语言的层面来看他，这个混淆便成为一种意味重大的聚合。悲惨的是，正是在这样的时刻里，说话，对他来说，近乎不可能。一般而言，卡夫卡自认其感到最大挫折的，是他意识的内容不清，然而此刻，则是一切都显得困难重重。"我的力量连一个句子都没办法写下。"——"当我书写时，字字不相称……甚至，早在我发现之前，我的质疑包围住每个字，致使我以为这个字是我凭空捏造的!"在这个层次上，重要的并非话语的质地，而是言说的可能性：这才是重点，这才是我们要检视的。"有时我感觉听见自己，在瞬间，在自我深处如同一只幼猫的嚎叫，而事实上正是如此。"

似乎，文学，形成于尝试说言说变成最困难的瞬间，在朝向这些时刻时，混淆会删除所有的语言，因而必然会从语言中产出最精致，最具意识，最无法蒙混和混淆的解救之道，也即文学语言。是在这种情况下，书写者才相信他创造了"活着的他的心灵可能性"；才感觉到他的创造性，逐字扣连着他的生命，他因而得以重造并且再建自身。也因此，文学变为某种"送往边境的突袭"，以及某种追赶（透过语言和孤寂间的背反力量，把我们带往此世的极端界线，带往"普遍为人的界线"）。甚至，因而试图想见从历经旧世纪的新犹太经典上，一个新的秘密主义是如何在现今重造，并且开始在这里或者它以外生存。

这确实是一个无法达成的任务，因而，当它被列入可能的考量之中，便足以令人震惊。我们已确知：在普遍的不可能性之域，卡夫卡对文学方面的信念始终是出人意料的。他鲜少因为技巧不足而停顿。如他写："艺术是抱定不能焚尽于真理的主意儿，才绕着真理而翔的。之所以可能，是因为它在空洞中，寻获某个先于光线被确认以前的，能有效捕获光芒之处"，又继之而提出一个使此反思变形，更加晦涩的回应："我们的艺术，就在于被真理所灼瞎：唯一的真理就是，在瑟缩鬼脸上的光线。"而这个定义也并非绝不可能：它确实已经迷失焦点，且更甚，其以盲而视；如果我们的艺术并非光线，那么它便会是模糊化，是透过黑夜而发出闪电的可能性。

就马克思·布侯（在卡夫卡死后，被评论家们敬重地视为较亲近于卡夫卡的一位友人）看来，艺术宛如一个宗教认知上的映射。然而,在某些时候,卡夫卡显然是彻底相反于此:艺术远超越认知。自我认知(就宗教意义而言)是我们自我宣判的方式之一:我们只有借此才得以升华,然而,也唯独它阻碍我们升华;在宣判以前,其为必经之途;宣判以后,它是不可克服之碍。这个源自犹太圣经的古老概念——吾等之衰亡同如吾等之救赎,反之亦然——或者能说明,为何艺术能在认知失败处取得胜利;其所是与所非两者,同皆足真以为道,并同属非现实而转为障。艺术是某种宛如(comme si)。所有经过宛如我们处于真理的在场,然而,这个在场不属于真理之列,这就是为何其不阻碍我们往前。一旦认知被视为前往永恒生命者时,则艺术肯定认知,然而,艺术也肯定非-认知,在认知成为障碍之时。它改变意义和符号。它以持续存活来自毁。这就是其诈欺,然而,这同时也是其最高神圣,并且证明这公式:"书写,祈祷之式。"

偶尔,出于这个转化的神秘特质,使得卡夫卡正如同他人一样,似乎准备好去重识此非常权力的证据。在文学行为的程序上,他自认(偶尔)已受光照之眷宠,"状似我全然居处于每一个概念之中,然而又同时实现它们每一个",巨大的分裂状态,卡夫卡于其中似乎越其界线又抵达普遍的界线;他又接着补充道:"我并非在这些情况下写出我最好的作品。"如此看来,灵感理当与操练这个语言的特殊活动有关,只是我们无法确定究竟是这个活动需要有灵感为前提,或者,是它促发灵感

（融合状态、卷入孤寂——所有这些引发我们高谈阔论者对它也同样是含混的：这是为了话语的言说不可能性之融合；沉默和空洞的生存只为了被填满）。总而言之，精彩绝伦性涉及语言的层次，这有可能是出于"其非属创造，而是援引"的精确字词之"魔法"力，致使生活之华丽由深处涌现，或者也可能是字词逆行于其所书写，如同握于手中的"思考"之戢。思考和魔法的观念自身不足为释，而是为了诉说："此处有某种神秘之物，必须戒慎以守"的醒钟（avertissement）。

此神秘正是以下：我是不幸的，我坐在我的桌前，并且我写着："我是不幸的。"这怎么可能？我们很清楚为什么这个可能性是奇异的，而且甚至就某种程度而言，是引人非议的。我不幸之状意味着我力量的竭尽；然而，我不幸的表达，却是力量之长。从受苦的角度来看，一切皆不可能：活着、存在、思考；从书写的另一角度来看，一切皆为可能：流畅的字眼、精准的发展、幸福的影像。此外，在表达我受苦的过程时，我正肯定着受苦所否定之处，然而，在肯定的过程中，我无从将之转化。出于极度的好运，我刻意成载最惨烈的并且无法稍减的悲惨。我越是幸运——意即，我越是有才能透过壮大、修饰、影像使我的不幸变成敏感的——，这个不幸所意味的不幸就越是受到敬畏。这就宛如再现我书写的可能性，因为承载的本质而具有其不可能性——我的痛苦即书写的不可能性——，这不只是把它置入括号，或者是于其之中毫无破坏地也毫不被它所损伤地接受其所是,而是成为非真是可能的——除非处于或者因为其不可能性。若语言(尤其是文学语言)并非预先地且朝向其死亡地不断向前奔冲,那么它会是不可能的,因为这个朝向其不可能性的运动正是其条件并且奠定之;这个侵入虚无的运动正是确认文学语言作为此尚未实现之虚无的可能性。也就是说,此语言为真,因为它指涉那个它所是却尚未实现的非一语言。

在我们方才讨论的文本中,卡夫卡写到:"我从来无法理解,怎么可能几乎每个人都想要书写,怎么可能在受苦中客观化受苦。"注意客观化(objectiver)这字词,因为文学确实想要建构一对象。它把受苦视作对象来客观化痛苦。它不表示痛苦,它用另外一种方式让它生存,它赋予受苦一种不再是此肉身的物质性,而是字词的物质性,而在那之中意味着一个受苦假装生存的千变世界。一个这样的对象并不必然地是那些我们所感知受苦的变形赝品:它成形是为了使受苦在场(présenter),而非为了使之再现(représenter);因此,必须首先使此对象生存,也即,它应是一个被决关系中的永恒未遭决之整体,换句话说,在此整体中(如同在所有生存物之中)始终有一个我们无法追诉之剩余。"我没有时间为了书写一个故事而——顺应其所本应如其所是的那样——延展所有的面向。"卡夫卡的这个抱怨突显出文学表现的本质:其闪耀于所有之面向,意味着特属所有文学创造之运动特质:唯有在所有面向之途中寻找文学，才能使它为真，被文学所追赶而越过它，在遍处引诱它之中被它所遍处推进。这个"我是不幸的"只有当其茁壮于这个语言的新世界中取其形、自陷、自溺、自浊并永延之时，才落实不幸的。

这一记似乎棒喝了许多评论者，特别是克劳德－爱德蒙·玛格尼：卡夫卡（为了他自己，为了其生活，也为了能活着）验证了文学的生产性——，某天，他意察到文学是从我到他①的过程，从我到他（du Je au Il）。他在《判决》（*Le Verdict*）里，首次书写这个崭新的重要发现，并且据我们所知，他开始以两种方式实践之：用文学的可能性表达其丰富的见识；使作品与自身的关系明朗化。玛格尼夫人引述 T.S. 爱略特②之见地，这是因为卡夫卡成功地在其无可沟通之原初意图建构了一个"客观之相关"，并且她补充到：此并非指一种内在演进，而是涉及一种在艺术家的意志下的自我毁灭，以便使一独立并完整之作品诞生。当然。然而，显然还有一些更奇异的事情。因为当卡夫卡写下《判决》或者《审判》又或者是《变形记》的所有这些证据时候，他就是其书写叙事之时，那些唯一占有故事的存在者的难题，然而，这又同时仅是属于卡夫卡的，或者其本人故事的难题。一切仿佛就像是：他越是躲开自

---

① *du Ich au Er*，德文。此处，布朗肖分别以德文与法文各写了一次，以表明此思想引自卡夫卡。——译注

② T. S. Eliot, Thomas Stearns Eliot (1888—1965)，英裔美国藉诗人，编剧家与文学评论家。——译注

己,他就越是在场。虚构的叙事在执笔者的内部置入距离、间隔(虚构自身),以致它无法在没有他的情况下表达。而一旦书写者越牵涉于其叙事之中,便会更加深耨此距离。他在两个模棱的辞义之间成为嫌疑者:因为他,才成为难题,而且他是唯一应该被怀疑者——针对界线的、被删除的。

而这使我如坐针毡地书写:我是不幸的。即便除此之外,我什么都没写,我仍旧太靠近自己,太靠近我的不幸,而为了使这个不幸从语言的模式上真正地成为我的:我就还不是真正地不幸。而这个时刻只开始于:当我成功地用这个——他是不幸的——奇异的替代置换之,语言开始为了我以不幸的语言慢慢地筹组、草拟、隐射一个不幸的世界,此即语言在其自身中的自我落实。如此一来,也许我会觉得与我相关着,而我的受苦透过这个——没有它①,它带着我一同遭弃,它无法缓和,无法平静,无法穿透,甚至它无法留在它的奇异之中,也无法消失,只有持续的毫无可能性持续着的——世界得到正身。诗歌是一种解放;然而,这个解放意味着不再有解放,意味着我只是以一种我不再意识到自己的方式被牵连着(如此说明部分卡夫卡的作品可能是寓言、超凡的神话,另外一些则是逼真的、有现实性的:这就是他透过无限距离,透过他在此处重识到的不可能性的自我解释。他只有成为恶徒的可能:

———————————

① 此处"它"意指受苦。

而这就是在他最深处、最不可折返条件下的他）。

非人称的、虚幻的叙事被视为是对语言本质的保证，这必然衍生矛盾。我们已经发现所谓语言为真，只生存于一个无法实现的非－语言状态的平面：它是靠近危域的仓皇，并在其中徒劳地企图消失。这个非－语言，究竟是什么？我们此刻没有半点头绪。然而，我们记得它为所有表现形式的不足建构一个反复（rappel）。是其使得语言可能、前往成为不可能。因而，于其中的所有层次，皆无法摆脱有一种争议、躁虑的关系。只要某物被告知，其余之物就需要被告知。此外，差异更动某物都需要自述，以便跟上所言之流向而得以成为确定的、得以在不可动摇的世界里偏斜事物。一刻不得闲，非－语言既不在句子的层次上，也不在作品之中。其并非争议（不复原即无法肯定的，也无法在寂静中增加）的焦点。语言无法透过沉默而实践：其沉默是一种非法把我们纠缠在话语中的表现。此外，内建于字词之中的这个字词的自杀是需要被引导的，自杀纠缠着字词却无力自我达成，其导致字词意欲跃上白纸，或者导致错乱话语的疯子陷入无意义中。所有这些解释之道皆是妄想。语言的残酷来自它日夜以继地赴死，却从来无权死去。

《万里长城》(*La Muraille de Chine*)没有被建筑工人所完成。万里长城的叙事也没有被卡夫卡完成。因为以失败为主题的作品，也经常只能以它自身的失败来回应，这个事实必须被视为文学上的病征。卡夫卡无法自止于书写，而是书写妨碍他书写：他中断，又重新开始。他的精力无穷，仿佛他的激情是如此绝望，从这层思考来看，希望的缺席便可能成为最强劲的希望，然而，这种无止尽的不可能性只能证明继续的不可能性。最出乎意料之外的是，此争议（缺此争议则无语言、无文学、无真正的研究，然而此争议无意于证明、研究、文学或语言，其无法先于其对象，也无法从其形式中预见其逆反之运动）在卡夫卡的风格本身隐约可见，而且这个风格通常可能是针对这个争议近乎赤裸的宣言。

这些进程以一种十分奇异的模式成形（尤其是在《日记》中），清楚可见。环绕着某个主要断言的同时，二手断言（以几个特殊的先决条件而展开彻底地支撑主要断言）也同时定位。每个先决条件牵连着另一个可以使之完整的先决条件，逐个连结，它们共组成一个否定的整体结构，如同一个续行与完成共时的中心结构：从字面上来讲，被肯定同时是彻底地被发展也是彻底地被撤销；很难得知是否确实明白这句话的正反两面，究竟所面向的是堆栈还是堆栈消失的洞。要发现哪种面向的思考偏向我们，确实具有不可能性，它是那么转了又转，就像在曲线之尽，这个不可能性只有——为了对象——以思想再生一个弯曲的运动。卡夫卡的用字，从这个说明来看，倾向一个真正的无限后退，此外，也深刻地令人感觉到一种眩目之姿（架构于空洞之上）的越界。如此一来，以为有一个某字词的彼端,有一个失败的彼端,相信会有一个多过于不可能性之不可能性,便是这样,我们重燃希望[“弥赛亚(Messie)只有当其不再是必须之时才会来临,只在其抵达的隔日后才会来临,他不在最后一天来临,而是在一切之后才来”。又或者:“只有字词,只有祷告,只有一口气,只有一个你还活着或等待的证据。不,祈祷之时,只有一叹,甚至不是叹气,而仅在场,甚至不是在场,而仅思考,甚至不是思考,而仅是睡眠之安详。”]却如同字词停顿,我们既不抱无限实现的希望,也无一个完结内容的确定性;被无限性所牵引,我们放弃有限性而最终我们也必然放弃无限性。

卡夫卡的语言通常意欲藉疑问形式而持续着,就好像他想要藉由这个躲避是或否的外壳抓住某物。然而,这些难题迂回地相互应答;逐步地它们与其所寻物分离,破坏所寻物的可能性:它们绝望地持存于响应的唯一希望,却又只能不断地给出不可能的回应,更甚,取消质问者的生存本身(“这因此是什么? 谁因此去了堤岸林边下? 谁因此彻底遭弃? 谁因此不再被拯救? 顺着谁的墓长出青草?”或者:“谁把你搞混了? 谁撼动你的灵魂深处? 谁转着你的门把? 谁在路上喊你却不走进明明开着的门? 喔! 那个正是你搞混的,那个撼动你灵魂的,那个你转动的,那个——不愿从敞开之门进来的,你在路上叫的!”)事实上,语言在此似乎枯肠思竭且不惜任何代价地只顾着继续。它似乎混淆于最大的空洞与其可能性,而这就是为什么它在我们眼中也像个悲剧的整体，因为这个可能性是遭一切所挫的语言，而且只实践于一个毫无争辩点的争辩运动中。

文学即矛盾与冲突之所。最靠近文学的书写者也是最希望遭其解放者。文学就是他的一切，而他却无法满足于此或者以此告终。卡夫卡，如此确定其文学使命，对所有他为了习练文学而牺牲的对象充满罪恶感。他必须遵从于律法（尤其是婚姻期间）而除此之外，他书写。他必须寻找神尤其是在宗教团体上，而除此之外，他满足于书写的这个祈祷形式。"这是无处不被写上的已然时间。神不愿我书写，而至于我，我必须书写。这些起伏永恒地于此，因为神是最强的，而不幸远比你所能想象的更大。"那些曾为证词的变成错误和宣判。他知道"无法书写赎罪，只能书写活化赎罪"。在《乔瑟芬》（*Joséphine*）的故事里，他说到艺术家只是空想地自诩为是精神领袖，民族能够对抗困厄袭击的主要根源，然而，面对他的工作部分和社群义务，他仍没有豁免权，即便他的艺术为此受苦，甚至衰败，这却毫无重要可言：他的逝世"只占我们民族永恒意识的一小断片，而我们民族瞬间就越过此损失"。寓言显然（甚至是绝对地）意味着艺术在活动之前毫无权利。艺术无权利，然而，这个非法意识却无法消弭冲突。证据便是，卡夫卡仍旧必须再书写一文学之作来告诉我们这件事，而他自己，也在修改最终书的试练中辞世。就这个意义而言，开始准备书写之人，正是已死的。而至此之后，再也不能在质疑其任务的过程中，无视于是在质疑其任务中他得以死去。他试过所有的解决之道。所有的——包括寂静、活动——大多仅是貌似艺术之憾，然而，这个艺术之憾也是唯一能将自由还诸于他的要求本身：拉辛对悲剧的放弃成为悲剧的一角，就像尼采的发疯或者克赖斯勒的死亡。近来，因为文学倍增文学装置，使对所有书写者的蔑视升高。然而，这无法持续太久，只要文学试图编组严肃的政治或者社会活动以蒙蔽其天命，这种卷入仍旧会透过一种抽离的方式才得以完成。而此即流变为文学的活动。

无论域外或者域内，文学皆是其威胁者的同谋，而此威胁其实也是文学的同谋。前者只是能够被争论，然而，此争议则还原文学所是。文学自我奉献，而此奉献，远不会使其消失，而是以新的权力丰盈之。如何摧毁摧毁本身，或者就像卡夫卡所说，活化的魔法一般，然而，如果它是无法毁坏的破坏，那么谁来建构？这个矛盾增加了我们在那些篇章里所该质问之处。书写——其既是涉入也是摆脱——即以无责（irresponsabilité）之模式涉入。书写就是质疑其生存、判准的世界，并且，从某个角度而言，他也定位何谓好（bien）；然而，书写永恒意欲写得好（bien écrire），探求完善（le bien）。此外，书写就是书写不可能性的宗旨，就是成为同如天一般的静默，"只为了寂静而回响"；而书写即为此寂静命名，是在书写的阻拦中书写。

艺术相似于神殿里向我们诉说的"格言"：建构从未轻易为之，而其每一石块上皆由一个渎经者所铭刻，如此深凿地越过渎经者的时续，成为更胜于庙宇本身的神圣。艺术因此同作为难以满足的焦虑与安逸的顺从之境。其既负着一名：自身毁坏，无限崩解，也是另一姓名：幸福与永恒。

卡夫卡及作品的索求 (1958)

　　有人开始书写,是出于绝望所致。然而,绝望无法解决任何事,"它总是已经并且立即超越其目标"(卡夫卡,《日记》,1910)。而同样的,书写只有在"真正的"绝望(其什么也不做并且躲避一切,并且首先将笔从书写者手中取回)中才可能有其根源。这意味着此两种运动的唯一共同点,便是在其自身之不确定性上,也即,唯一可以捉摸此两者的,便是根据一种疑问的形式。无人能够自忖:"我绝望了",而是:"你绝望了吗?"无人能肯定:"我在书写",而仅是"你在书写吗? 是吗? 你能书写吗?"

卡夫卡的例子是混乱而复杂的[①]。荷尔德林的激情是诗的纯粹激情，并且以唯独激情之要求将他吸引到自身之外。卡夫卡的激情也同样是纯文学性的，然而并非总是如此。对他而言，救赎（salut）的成见——甚而加剧于得救无望时，甚而绝望于得救无望时——是无止尽的 。这个成见确然长久以来以一种惊人的韧性藉文学一体还显，而其虽附身文学，却无法相混于其中，本欲利用文学，又因文学从不甘于沦为手段，加上卡夫卡深黯于此，故生晦涩——对其如此，对我们则更

---

① 在以下篇幅中几乎所有的引文皆出自卡夫卡的《日记》全集（l'édition complète du *Journal* de Kafka）。该全集总计 13 册，4 开本，卡夫卡记录了自 1910—1923 年期间，所有对他而言至关重要之事：其私人生活的事件，这些事件的沉思，人物和场域的描述，其梦想的描述，刚起头却中断而又重新开展的叙事。故，这并非仅就现今意义所以为之"日记"，而是书写经验的运动自身，——就最贴近卡夫卡之起源与其根本意义上而衍生此字义。也是从此前提《日记》才必须被阅读与提问。

马克思·布侯说明其仅删除了几个无关之处；无可非议之处。相反地，卡夫卡确然在一些关键时刻曾毁掉了其大部分笔记。自 1923 年以降的《日记》全然无存。我们无从得知，由多拉·狄蒙（Dora Dymant）——出于卡夫卡的请求——所销毁的那些手稿中，是否包括其笔记的后续部分：极有可能。故而必须承认从 1923 年之后，卡夫卡——对于我们而言——变得陌生了，因为我们很清楚，由那些与其相识甚深者所给出相关于他的评价，与其谓之其所是相距甚远。

从《日记》（包含旅游手札）中，我们几乎读不出其对那些可能让他感兴趣之重大主题的看法。《日记》向我们透露了早期的——未生主见，并且才刚成形的——卡夫卡。此即《日记》之原有价值。相反地，透过雅努克（G. Janouch）之书[《卡夫卡访谈录》（*Conversation avec Kafka*），法译本题名为《卡夫卡对我说》（*Kafka m'a dit*）]，我们理解到卡夫卡自在的日常对话，其中，他既谈及世界展望，也谈到犹太人问题——之于犹太复国主义的，众多宗教形式的——，甚而尔时谈论其书。在 1920 年间雅努克结识卡夫卡于布拉格。他几乎是即刻记录下那些对话以便加以报导，并且经由布侯确认其可靠性。然而为避免误会，必须省察这些话语之所寓意乃针对一位如此青涩的十七岁少年——其青春、天真，以及信赖的天性感动了卡夫卡——所言，因而必然是卡夫卡经修饰之思想，以免危及一个如此年轻的灵魂。卡夫卡——善虑的朋友——总是经常惧于自己由于表达了某种（仅针对他个人而言）绝望的真相，而惊扰到其友人们。然而，这并非意味着其未言其所思，而是有时说了未经深思之言。

甚——冲突，以及难辨之演化，然而其却使我们因而受到
启示。

青年卡夫卡

　　卡夫卡并非总是一致的。直到 1912 年间，其书写欲望仍
如此强烈，然而，适时，其所书写之作，却远不及他的直觉更能
使他确信于自己的书写天分：由于缺乏时间，他对他摧毁殆尽
的未驯力量近乎毫无雕琢，然而，也出于这种"他对于这些激
昂片刻的爱恨交织"，导致他始终无力以继。从众多方面来判
断，当时的卡夫卡，无异于时下青年，书写的兴趣正在他身上
觉醒，而呼唤他从中辨识出自己的使命，又从这个使命中嗅出
某些索求，同时却又苦无证据为己正名。就某种程度而言，他
跟其他年轻书写者一样，最显著之处，便在于他与布侯共同着
手书写的这部小说。这种对己身孤独的分担方式，足以表现
出卡夫卡仍徘徊于孤独周遭之貌。然而，他很快便会发现，如
同他在《日记》里所写下的："马克思与我绝然不同。一方面，
我欣赏他的作品，当它们在我面前，像一个我或者任何人都无
法构得着的整体时……另一方面，我也同样厌恶他写在《查理
和萨姆埃尔》（Richard et Samuel）里的每一个句子，因为那让
我打从心底，痛苦万分地觉得跟某种让步有关。至少今天是

如此"(1911/11)。

在 1912 年以前,他对于自己尚未全心投身于文学的理由是:"在我还未成功地做出一件更伟大的、更能够完全使我满意的工作以前,我无法拿自己去冒险。"这场胜利,这个证明,在 1912 年 09 月 22 日的晚上送到他的面前。是夜,他一口气完成了《判决》,并因而使他以一种决断性的方式迫近了文学,就好像:"一切尽可表现,因为一场——为了使所有一切以及那些最为奇异的看法殆尽的——大火已准备就绪。"不久之后,他向其友人们朗读了这个短篇,朗读使卡夫卡更加坚定:"我的眼眶里饱含泪水。故事的毋庸置疑之象得以证实。"[这种向友人,通常是向其姊妹,甚至是向其父亲朗读其刚完成之作品,也是中产阶级家庭的习惯。卡夫卡从未彻底地放弃过。这并非是一种文学的浮夸——即便他自己如此宣称——,而是一种必须紧挨着作品的,被作品激起和汲取的需要,通过卡夫卡极佳的朗诵才华,作品盘据在这个有声空间里。

从此时起,卡夫卡便知晓他能书写。然而,这种知晓并不属于任何一种的知晓,而这种权力也非其所有。除了极少数的例外,他未曾在他的书写物中得到其确实书写之证明。而这还仅是个序幕而已,一项靠近和重识的工作。关于《变形记》,他说:"我觉得这故事写得很糟;也许我彻底完了",还有,不久之后又说:"非常厌恶变形记。读不下去的结尾。几乎是彻底地不完美。如果当时我不是因为商务旅行而被迫中断的

话，这故事也许会好很多。"（1914/01/19）

冲　突

　　这最后的描述，在暗示着卡夫卡所遭遇到的，并使他折损的冲突。他有职业和家庭。他属于这世界，而且，世界也应属于他。此世界赋予时间，然而也安排时间。《日记》（至少一直到 1915 年间）中横斥着绝望的意见，自杀的念头游移着，因为他缺少时间：时间，体力，孤独，和寂静。无疑地，外在的境况对他无所帮助，他必须在傍晚或者夜间工作，他的睡眠混乱，焦虑使他精疲力竭，然而，以为透过一个"对事物妥善规划"就能使冲突消失是白费工夫。稍晚，当疾病迫使他空闲下来时，这个冲突，仍以其他种方式停滞不动，甚至变本加厉了。境况毫无转机。即使付诸"其全部时间"给作品的索求，"全部"仍是不足的，因为问题既不在于把时间奉献给工作，也不在于书写度日，而是在于过渡到再无工作的另一种时间之中，在于迫近时间丢失之点，以便深陷魔力和时间缺席的孤独之中。拥有大把的光阴时，如同没有时间，而"友善的"外在处境已变成这样的事实——不善的——即再无处境。

　　卡夫卡无法，也或者不愿"小量地"在细碎未完成的时段里书写。这正是 09 月 22 日之夜给他的启示——是夜，因为一气呵成——他在其完满中达成一个把他送入书写的无限运动："唯有如此书写才有可能,用这样的持续性,也是身体和灵魂的彻底开敞。"跟着后续(1914/12/08)写道："再看一次这些,因为我的生活模式,缺乏价值的零碎书写(不如连续大半夜里或者彻夜写成的),而我被囚入这种廉价之中。"于此,我们有了初步的理解,对这些众多被放弃的叙事,从《日记》(已出版的)中,我们可以读到一些让人印象深刻的片段。"故事"经常是只进行了几行,有时是飞快地串连并且紧凑,然而,可能才过了一页之后,就中断了,偶尔也会连着好些页,明朗并且跟着发展起来,然后,接着又中断了。导致这样发展的原因众多,然而,首先是卡夫卡找不到一个足够好整以暇发展故事(需要从各方面展开)的时间;故事始终只是一个碎片,然后是另一个碎片。"我如何从一些碎片里,串成一个可能有进展的故事呢?"因为故事不受控制,因为无法形成一个干净空间:书写需要同时必须被抑制和表达,以致于故事脱节,迷走,再次走进它所降生的夜晚里,并且痛苦地扣留着那个无法让他重见天日的人。

卡夫卡需要更多的时间,而更少一些人。这些人,首先是其家庭,他艰难地饱受家庭的束缚,而且始终未能从中解放出来。然后,是他的未婚妻,以及他格守戒律的根本欲望:人要完成其在世的命运,组织家庭,生儿育女,并归属社群。此时冲突展现了另一种面貌:它入侵卡夫卡,在他宗教处境里爆发

益发强烈的矛盾。在他与 F.B.①小姐的订婚过程里（不断解除
婚约又重新订婚，使他益发强烈地意识到"所有这些是为了或
对抗我的婚姻"），这个索求："我唯一的希冀，我唯一的任务
……是文学……我所做的一切只不过是孤独的下场……然
而，我将永远不再是孤独的。不行如此，不行如此。"迸然乍
生。在柏林的订婚仪式时，他说："我像个罪犯般被绑起来；就
算是被真的链子链在角落，由士兵看守着……也不会更糟过
于此。而这就是我的订婚仪式，所有的人倾尽全力把我领进
生活之中，而却难以达成，只好承受着我所是的模样。"稍晚，
婚约解除，然而，想要"正常的"生活的希冀仍在，在这过程之
中，伤害了某个贴近亲人的折磨给出了一个心痛的力量。卡
夫卡本人和其故事常相提并论于基尔凯廓尔的婚事。基尔凯
廓尔能放弃同莱吉娜②的婚事与其伦常阶段③：进入宗教阶段
并非是一种对此的妥协，而比较是使可能的。然而，卡夫卡如
果放弃了正常生活的尘世幸福，也放弃合理生活的坚固性，就
是度己于律法之外，褫夺了赖以存在的土壤和基础，而就某种
程度上来说，他也将它们从戒律身上褫夺。这正是亚伯拉罕

---

① Felice Bauer（1887—1960），马克思·布侯的远房姻亲，曾两度与卡夫卡订
婚。——译注

② Régine：基尔凯廓尔的未婚妻。——译注

③ 基尔凯廓尔把其生活分成三个阶段，即审美阶段、伦常阶段和宗教阶段。这
三个阶段的重要意义在于体现着他的思想方法和生活间的密切联系和沟通。——译
注

的永恒问题。亚伯拉罕被吩咐的不仅是献子为祭，而也包括上帝自身：儿子正是上帝在尘世的未来，因为事实上，时间正是应许之地，是选民和上帝在其选民之中真正、唯一的居处。然而，亚伯拉罕把独生子献祭时，必然献出时间，而牺牲的时间不会在彼世的永恒中被归还：彼世只会是未来，是上帝在时间中的未来。彼世，就是艾萨克（Issac）。

对于卡夫卡来说，所有想要使考验变得更轻松之物只会使他变得更沉重（如果亚伯拉罕根本没有儿子，却被要求要把这儿子奉献出来，那么其考验又会是什么呢？这无法严肃以待，唯能一笑置之，而这笑即是卡夫卡的受苦形式）。此问题因而变成那个他懵懵懂懂想要避开却同时正是使他避开的对象。其他的书写者也曾遇过类似的冲突：荷尔德林与其母亲发生争吵，他母亲期望他成为牧师，导致他无法和某个心意已决的任务连在一起，他无法与其所爱相结合在一起，而其真正所爱者正是其无法与之结合者，这些他深感其力量的冲突使他身痕累累，然而，这些冲突从未损伤诗语的绝对索求，至少从 1800 年以后，这是唯一生存的。对卡夫卡而言，一切都更为模糊，因为他试图融合作品与以救赎之名的索求。如果书写判定其孤独，使其生存成为单身生存，既无爱情也无关系，而假设他仍认为书写是唯一可以证明他的活动——至少是经常或者长久以来——那是因为，无论内在或者外在他都被孤独虎视眈眈地威胁着，那是因为，社群不过是一个幻影，而还在执行的戒律，甚至不是被遗忘的戒律，而是戒律遗忘的掩饰。因而，在苦恼和脆弱的无背离运动中核里，书写变回一种完满的可能性，一条——可能呼应那条唯一必须抵达的无途之旨的——可能的无旨之途。当卡夫卡不书写时，他不仅是孤独的，而是如他曾同雅努克所说的，"孤独的像是弗朗兹·卡夫卡"，贫乏的、冰冷的孤独，那种——他视为迟钝并且似乎一度蔚为心腹大患般严重威胁的——麻木无衷。就算是布侯——如此处心积虑要使卡夫卡壮似一般人——也承认，卡夫卡偶尔像缺席或者死了一样。他与荷尔德林相似到连在抱怨自己时，两者皆采用了相同的字词；荷尔德林说："我是麻痹的，我是石头"，而卡夫卡则说："我对思考、观察、回想、说话、参与他者生活的无能与日俱增；我变成石头……如果我没有躲进工作里，我就完了。"（1914/07/28）。

透过文学的救赎

"如果我没有躲进工作里……"然而，为何这工作能够拯救他呢？似乎，卡夫卡在己身崩溃的这种壮烈中——就他人或者自己看来都是完结的——确实辨识到书写要求的引力核心。就在他觉得毁灭殆尽之处衍生了此深度，其从最大的创造物的可能性中取代了毁灭性。不可思议的翻转，希望总是同等于最深的绝望,并同如所知,卡夫卡从这个经验中取得了一种不容置疑地信赖运动。此工作——尤其在其青年时期——因而变成了一种类似于心理救赎的方式(还未及心灵层次),一种创造力"其能够字字映刻其生命,他对此深受吸引,因为生活把他从他身上抽离",也即,他在这几个词汇中用最素朴以及最具力量的方式所表达的:"今天,我有一种强烈想要透过书写,把我所有不安的状态从我身上彻底排除的欲望,如同它出自于深处,我也想要把它引入稿纸的深处,或是把它当成写作品处理,如此一来我才真正能够把书写之物引入我自己之中。"(1911/12/08)①即便可能更加渺茫,这个希望却从不曾彻底破灭,这种表达,在他各个时期的《日记》中都能看见:"最少的书写所带给我的坚固性是不容置疑的并且不可思议的。就像昨天我散步时,那种从我眼中所见之一览无遗的视线!"(1913/11/27)此刻的书写并非一种召唤,一种福灵心至的等待或是某种预言的隐约实现,而是某种更简单、更急迫之物:不沉沦的希望,或者更确切地说,更迅速耽溺于希望的希望,也是在最后一刻恢复冷静的希望。因而,义务(devoir)比它者更为急迫,而这使他在1914年7月31日写下这些令人深省的字词:"我没有时间。这是总动员。K.和P.已被应召入伍。此刻,我饱受孤独的报偿。无论如何,这勉强算

---

① 卡夫卡强调:"这并非一种艺术的渴望。"

是一种报偿。孤独只载满惩处。无所谓，我对这个悲惨没有
太多感觉，并且是前所未有的坚定……我将书写，不顾一切，
不惜代价：这是我的幸存之战。"

改 观

　　然而，正值战局动荡，却也更由于订婚所引起的危机，以
及在书写的运动和深耨过程中所面临的艰难，这正是——从
整体上来讲——其不幸之处境，并于此时局中，逐步差异地明
朗化在他身上的书写者生存。这个改变从未被肯定，也没有
得出某个决策，只是尚未清晰的前提，然而却有某些迹象的：
例如在 1914 年间，他仍热切地、不顾一切地坚持朝向这唯一
目的，在零碎的时间中书写，有了两周的休假只花在书写上，
一切都唯这独一、至高的要求——书写——马首是瞻。然而，
到了 1916 年间，他的休假却是为了投笔从戎。"即刻的义务
是旁无责贷的：成为军人"，这项计划并无后续，然而这无关至
要，此愿望的核心多少显露出卡夫卡已经远离了 1914 年 7 月
31 日的"我将不顾一切地书写"。稍晚，他严肃地思考过要加
入到犹太复国主义先锋的队列中去，他想被派往巴勒斯坦。
他向雅努克提到过这件事："我曾梦想去巴勒斯坦当工人或者
农业工人。"—"您将要放弃这里的一切？"—"放弃一切，以便

在安全和美之中寻回意义的完整生命。"然而,卡夫卡已经抱病在身,此梦想就仅是个梦想,而且我们也永远无从而知,他是否会——如同另一个兰波那样——放弃其唯一的使命就为了一个荒漠之爱,在那之中他会找到一种证实生活的安全感——或者,我们也不知道他是否会在那里找到它。从各种他的欲求来差异地设想其生活,就连他自己也说过这些只是有缺陷的分析,就像用点布满这个未完成圆圈——即其生活——之核心的光芒一样。1922 年间,他列数其各种计划,无一处非失败:钢琴、小提琴、语言、日耳曼研究、反犹太复国主义、犹太复国主义、希伯来研究、园艺、木工、文学、结婚试验、独居,他附注:"当我开始把光芒推得比以往更远一点时,像是法律研究或订婚——由于多了我为走更远而努力所表现出的这一点———一切都变更糟。"(1922/01/13)

　　拼凑这些片段便绝对能断定其中所含其义会是不合理的,而且即便他自己于此暂忘,并不意味着——其从未中断,一直持续直至生命尽头的书写——会被遗忘。然而,这位年轻人对他(视为)未来丈人说:"我只是文学,我无法,也不愿是任何他者",而十年过后,此成熟的男人把文学与其园艺实验放在同一个平面上,其内在的差异仍旧相当巨大,即便就外观看来,书写的力量持续,甚至,对我们而言,更加严格并且更加准确的朝往其标的,如同我们在《城堡》(*Le Château*)所得到的。

这种差异从何而来？欲谈论此事，便是要重提一个极端内敛者的内在生活，这对于其友人们来说也是秘密，甚而他自己也鲜少理解。没有人能够试图把那些——对他来说——无法通透的合理之言归纳出一些确然的肯定。而且，这其中还得要有各种意图的一致性——这却是不可能的。无论如何，我们不会在说话中犯一个外在的错误，也即，即便他近乎是信赖艺术权力的，然而在这份信赖中他对他的权力自身却总是多疑的，而也越是透过这个考验，他的要求（尤其是他个人对艺术的要求）越是得以彰显：艺术的要求，不再是使他的个人现实并且和谐，也即，把他从精神错乱中拯救出来，把他从沉沦中拯救出来，而当卡夫卡预感到——被排除在这个现实世界之外——他可能已经是另一个世界的公民，在那里，他不仅要为自身去争斗也为这另一个世界去争斗时，书写——就他看来——便仅是作为一种有时会令人失望，有时是极佳的争斗手段，他可以毫无损失地将之丢弃。

相互对照以下这两段说明；首先是写于 1912 年 01 月："应当看清在我身上，有一种对文学活动的绝佳专注力。当我的身体机制重新体察书写乃是我的存在中最富饶之处时，一切都堆聚在其上，并且所有其他能力（那些对客体来讲，包含感官、口腹、哲学思索之欲，尤其是音乐之愉悦）全遭弃置。我在这些层面是如此薄弱。这是当然地，因为我的力量（即使全部聚集起来）也是这般微不足道，以至于它们只能半触及书写之目的……所有这些的报偿是显著的。只要我拒绝写字桌前的工作——我的进展臻至完美，而且如同我对此的见地一般，我在也没有什么要牺牲的了——，便可以开始我的现实生活，并于这种生活中，得以使我的脸能够随着我工作的节奏自然而然地老化。"我们很清楚此种精巧的讥讽，即便轻微、没有太多考虑，却仍直指核心，而藉由另外这段说明意旨（其意义大抵上相同）的比较，将可使之更清楚（记于1914/08/06）："从文学的看法来谈，我的命运极为简明。那促使我再现我内心幻想生活的意义——其已经把所有其他的一切挤到次要的位置，并使之因而惊人地枯竭——不断地枯萎。没有任何他物得以使我满足。然而，此刻我再现的力量逃开所有规划；或许它已经就此永远消失了；也许它仍有回返的一天；我生活的境况显然对它毫无帮助。为此，我步履蹒跚，马不停蹄地朝着那我连一时半刻都无法停驻的山巅狂奔。其余者也同样颠簸，然而是在更低处，耗费更大的气力；他们一有跌倒疑虑，他们——因为这个目的而——跟在近处的亲人就会扶着他们。然而我是在巅峰上左晃右摆；不幸地这并非死亡，而是死去的永恒痛苦。"

　　三种运动在此交会。一种肯定，"（除了文学）没有任何他物得以使我满足。"一种对自身之疑虑，涉及对他的天赋必然不可确定之本质——其"毁掉所有规划"。而这种不确定性的感觉——导致书写从来不是一种与生俱来的权力——属于在作品中之极端,中心的、致命的要求,其"不幸的并非死亡",是谨守距离的那种死亡,是"死去的永恒痛苦"。

可以说,因为这三种运动的幻化无常而构成一种考验:它从卡夫卡身上榨尽——与宗教关怀有异曲同工之妙的——"其唯一使命"的忠诚,并且使他在这个唯一索求中得以理解除此以外的另种——想要控制唯一索求的,至少是想要改造之——索求。卡夫卡越是书写,他对书写的掌握就越少。尔时,他试图用"一旦明了书写知识,就再没有缺失和耽溺,同时也更加减少意外之物"的想法来安慰自己。毫无作用的安慰:他越是书写,就越接近这个——像是作品根源的——顶点,而使卡夫卡预感到这一点者则只能以未定空泛深度待之"我再也无法继续书写。我已在极限:在它面前我大概得重新停留数载——于一个又无法写完的崭新故事能够重新开始之前——,而这个命运对我穷追不舍"(1914/11/30)。

约莫是在 1915 年至 1916 年期间——想要推断某个难以判定确切时间的运动的时间是如此的徒劳——改观确立。卡夫卡修复与前未婚妻的关系。这些关系致使 1917 年间再次订下婚约,又随即因爆发疾病,使他再次坠入难以重振的痛苦深渊中而告终。他总是更加地意识到:他既无法独活,也无法与他人共存。他的处境就在——他称呼为官僚主义弊病,吝啬,犹豫不决和斤斤计较的——摆布和纠缠的生存中万劫不复。无论如何都必须避开这种官僚主义,而他也因此不能再信赖文学,因为这项工作逃逸着:其包含无贷欺骗的一部分,其要求孤独又同时遭孤独所毁。故而得出此论:"从戎。"同时似乎在《日记》中有一些对旧约圣经的影射,使人听到一个失败者的嘶吼:"拥我进你怀里吧,这是深渊,在深渊里接纳我吧;如果你在此刻婉拒,那么稍晚吧。""带走我吧,带走我吧,我只不过是疯狂和受苦的纠缠而已。""可怜我吧,我是浮载于存在中的罪人……不要把我丢回在失败者之中。"

过去在将这些文本译成法文时,总会加上上帝一词。其在此处并无寓意。上帝这词几乎从未在《日记》中出现,或者用什么象征的方式地出现。这并非意指这些意涵未定的祈求没有宗教取向,然而必须维持祈求的这种未定力量,以便不从卡夫卡身上褫夺那种———一向意味着他思想根源的———保留态度。这些苦恼的话语载于 1916 年 7 月间,正适逢他与 F.B. 在马林巴德①不甚愉快的初些日子,而直到最后终以使他们亲密起来。一年以后,他再次订婚;短短一月,他便咳血;9 月期间,他离开布拉格,然而病况仅是稍缓,直至 1922 年起再度加剧(状似)。而在 1917 年间,他写下《格言》(*Aphorismes*),此书偏属为稳固心灵的一般书写表达,也是卡夫卡避谈否定超验试炼的唯一文本。

往后数年间,《日记》几乎毫无进展。1918 年间只字未见。

① Marienad,捷克城市,即玛丽亚温泉市。——译注

1919 年间仅留数行，是年，他与一位年轻女孩（毫无资料可循的）订婚长达六个月。1920 年间，他结识一位善感、聪慧、灵魂与热情皆十分奔放的——名叫米莲娜·杰森斯卡[①]——捷克年轻女性，与她一起相处的两年期间，卡夫卡始终情感丰沛，从起初的全然希望和幸福，一直到后来的苦恼深渊。因而，从1921 年起，《日记》再次变得重要起来，尤其到了 1922 年间，卡夫卡的病况严重，而这段越界的友情使他濒临崩溃（其精神徘徊在发疯的解脱和抉择的痛苦之间）。在此必须引述两段长文。第一段文本记录于 1922 年 1 月 28 日：

"滑雪招致的疲惫和神智麻痹。还有些鲜少使用的武器，我披荆斩棘地靠向它们，因为我不懂如何从中取乐，因为孩提时，我从未学过。我没学过快乐，并非仅是'因为父亲的错'，也是因为我自愿摧毁'休憩'，扰乱平衡，而以致我亦无权让我努力埋葬之物重生。我确实又使之重返'错误'之中，因为，我又何尝愿意离开世界？那是由于'他'不让我活在这世上，在他的世界之中。自然而然，我此刻无法如此确实地断定，因为如今我已是另一世界（其与惯常世界的关系如同荒漠与耕地，而长达四十年，我游荡在迦南地[②]之外）的公民，我就像个陌生人一样在背后张望着；当然，在另一个世界里，我也只是最渺

_____

① Milena Jesenska（1896—1944），犹裔记者、书写者以及捷克文翻译员。——译注
② Canaan，上帝应许之地。——译注

小与不安者(我生性如此,是父亲的遗传),而如果我在那边还能活着,那也只是基于在地构造的因时制宜,因而即便是最微不足道者,也有来势汹涌的上升,当然也有持续上千年的镇压,如同背负整个大海的重量。尽管如此,我难道不该心怀感激吗?难道我不该找到通往此处之途吗?难道彼处的'放逐'与此处的删除,不会发生在我身上,不会把我压碎在边境上吗?而难道不是出于我父亲的力量,才使得这种排除足以强大到无人能挡(对抗它,而非我)?这确实像是在荒漠旅行的假象,带着荒漠和纯粹希冀的持续接近(尤其涉及女性时):'我是否还未停驻在迦南地?'而同时,我已长久处于荒漠里,并且这只是绝望的幻觉,尤其在这些时刻里——彼处亦然——我是惨中之惨,故而迦南地必得表现得如同唯一的应许之地,因为没有人类的第三之处了。"

第二段文本记于翌日:

"雪夜,半路遭袭。总是各种再现的混杂,大致如是:在这世上,处境会是吓人的,——如今,独自在史班登穆爱尔(Spindlermühle),并且在下雪的黑暗中沿着弃置、无义、无尘世目的之途不停错步(这途朝往桥?为何是那里?而且,我从来也没到过);而我也于此遭弃(我不能把医生当作是私人得益,我的价值没让他占到便宜,毕竟,我和他只是某种信赖关系),无法被人识得,无法承受认知,在一个欢乐社会或者带着孩子的父母面前,由衷地无法停止震惊(在旅馆里,确实并无太多的愉快，我只能回答这是肇因于我作为一个'在过大阴影中之人'的特质，然而事实上，我的阴影过大，而出于一个新的震惊，我看到反抗的力量，某些生存'无论如何'都只想试图存活在此阴影中的执拗，然而此处还有其他待谈之事）；另外，不仅在此被抛弃，普遍说来，甚至也被我'祖国'的布拉格所抛弃，还有，不只是被人们抛弃——这还不算最糟的，因为只要我活着，我就能紧迫在他们之后——而是被作为存在的我所抛弃，被相较于存在的我的力量所抛弃；我感谢那些爱我的人，然而我无法去爱，我太远了也被驱逐了；当然，因为我仍旧是一个人类存在，而我的根部想要养分，在那'之下'（或之上）我有我的再现，一些足以说明我的（他们确实——就任何方式而言——都无法符应于我，而这就是为何我是如此遭弃的）窘迫与失格的丑角，只有一个原因，即我的养分来自浸润于别种空气中——其他同等窘迫却更顺应生活的——根部。这使我进入各种再现的混杂之中。若这一切正是如此出现在雪天的路上，会是吓人的，我输定了，这并非同如威胁，而是就地正法。然而，我在他处。只是人类世界的诱惑力量无比庞大，稍纵须臾它便可使一切被抛诸脑后。然而，我世界的诱惑力量也同等巨阔，爱我的他们爱着我——因为我被'抛弃'了——而且也许并非如同白色①真空，而是因为他们觉得，在那些幸

---

① weiss（德原文）。——译注

福时刻的另一个平面之上,我拥有我在此处彻底欠缺的运动
的自由。"

实证经验

评论这些篇章似乎是多余的。然而,必须注意到:遭洗劫
的世界如何在这个日期里翻转成为一种实证经验[①],也即他者
世界(他已是其公民)的经验——在彼处,他确实只是最渺小
与不安的,然而他也经历了来势汹涌的上升——,他摆布
着——人们重视并且深受迷惑的——自由。不过,为了不异
化如此形象之意义,在阅读它们时,便不能使用一般基督徒的
前提(就此前提看来,既有此生,也有彼世,而唯一有判准的是
现实和荣耀的世界),而总是从"亚伯拉罕"的前提出发,因为
无论如何——对卡夫卡而言——被从世界排除就意味着从迦
南地被排除,在荒漠中游荡,而正是这种处境使他的奋力一搏
显得悲壮,使他的希冀显得绝望,就好像被丢到世界之外,无
尽迁徙的谬误中,他必须马不停蹄地奋战以便能使得这个外
部变成另一个世界,并且使得这个谬误能够成为崭新自由的
原则和根源。在这场无出路也无确定之战中,他必须克服的

---

① 在写给米莲娜的一些信中也暗示有一种他未知之物包含于此巨大运动中(请
参见同书:"《卡夫卡与布侯》,《米莲娜的失败》,《最后定论》。")

是自身的毁灭，流放的真理以及从消失核心本身的回返。此奋斗可拟于犹太深度思辨之战，尤其是在其从西班牙被驱逐之后，宗教精神试图把流亡推至极端从而战胜它[①]。卡夫卡明确地影射"这整个文学"（其文学）如同是"一种新型的犹太密教"，"一种新的秘规"，其"会发展起来"，"若在同期间，犹太复国主义没有突然爆发"（1922/01/16）。因而可以更加理解：为什么他既是犹太复国主义者又是反犹太复国主义者。犹太复国主义是流亡的疗愈，尘世生活可能的肯定，犹太民族不只是在《圣经》一书中，也在土地上，不再于时间中消散。卡夫卡热切地想要这种和解——甚至不顾己身遭此排除在外——因为

[①] 关于这个议题，必须参照肖勒姆（G.G. Scholem）的《犹太神秘主义的重要流派》(Les Grands Courants de la Mystique juive)一书："流亡的恐怖影响了灵魂转生说的犹太经典解释法，其坚决主张灵魂漫游的各种阶段，因而在当时十分深植民心。坠入灵魂中的命运远可怕于地狱的折磨，因为被'抛弃'或者'赤裸'是一种排除状态或转生或地狱的入口……家乡遭彻底的褫夺是极端大逆不道的，以及以心智和道德沦丧的凶兆。与上帝相结合或者彻底流放变成两个极点，介于这两端之间形成一套为犹太人提供——活在企图摧毁流亡力量的体制下的——活着的可能性系统。"另外，还有："有一种用恶化其折磨、受尽极端苦涩以超越流亡的灼热欲望［直到显灵（Chekhina）之夜本身］……《变形记》的主题（以及动物性盘绕的虚构）是一种模糊回忆，是犹太教义传统的灵魂转生的影射，关于这个是可以料想得到的，即便并未肯定"萨姆沙"（Samsa）就是对"轮回"（Samsara）＊的召唤（卡夫卡和萨姆沙的名字有相似之处，然而卡夫卡回避这种对照。尔时，卡夫卡肯定其还未降生："诞生前的踌躇：假使有轮回转世的话，那么我连最底下的一层台阶都还没踏上；我的人生是诞生前的踌躇。"（1922/01/24）让我们回想一下，在《乡间婚礼的筹备》(Hochzeitsvorbereitungen auf dem Lande)中，这个早期叙事的主角拉班（Raban）戏称要变成一只虫（甲壳虫）的心愿，这只虫可以懒在床上什么也不做，并且逃避社群的烦人义务。孤独的"甲壳"似乎便是在《变形记》的鲜明主题中生动起来的那种形象。 ＊ Samsara，一宗教概念，就东方佛学而言，乃源自沙门运动的"轮回"概念，而其欧洲起源，出自古希腊哲学与德鲁伊教（Druidisme），遂而由基督教发展为"复活"之概念。——译注

这种正义意识的伟大情操始终已是为他人怀抱希望更胜于为己的,是不用一己失势以度众人之不幸。"除了对我以外,这一切极好,并且完全正确。"然而,他并不在这个真理的范围之内,而这就是为什么——在被判处即刻行刑和彻底褒教的绝望下——他必须为自己成为一个反犹太复国主义者。他已属于彼岸,而其迁徙不往迦南地,却往荒漠靠近,走向荒漠的真理,总是靠向越来越走远此处,甚至当他在这另一世界也失意时,又受着现实世界的欢愉所惑时("尤其是在涉及女人方面":这明显是在影射着米莲娜),当他试着说服自己——他也许仍在迦南地时。如果他——对自己而言——不是反犹太主义者(当然这只是在表达一种形象而已),如果只有此世,那么"处境将是吓人的",他会立即完蛋。然而,他在"别处",并且如果人类世界的诱惑力量够大到足以把他从边境领回,或者把他紧压在那里,而他自身世界的诱惑力量也同样强大,在这个世界中,他是自由的,他带着激动的颤抖和那种预言权威的口吻(有别于其向来的谦逊)谈及这种自由。

所谓这另一个世界无疑与文学活动有着某种关系,其证据就是,当卡夫卡论及"新的犹太密教"时,他所说的确实就是"这整个文学"。然而,索求并非被作品所耗竭,并且只能在作品中不完善地告成(就他看来,这另一个世界的真理从此超越了作品的索求),而这一切也是故意被察觉的。当书写成为"祷告之式"时,则其必然还有他种形式,而即便因为这个不幸世界，而导致不生存其他形式，在这种前提中，书写则停止作为作品的近似法，以便成为对这唯一恩泽时分的等待，卡夫卡在其中以看守者自居，并因而不再能书写。雅努克对他说："所以，诗歌是为宗教所用的？"，他回应："我不会这般意指，然而，确然是为祈祷所用"而又，文学相对于诗歌，他强调："文学致力把事物置于美好的光线中；诗人则受限于事物在真相（vérité）、纯粹、延续的王国中的建造。"充满寓意的回答呼应着《日记》中的一段——有关卡夫卡自忖书写徒剩何乐的——记述："我尚能从《乡村医生》这样的习作中得到一种短暂的满足，是因为我假设我仍能完成某种类似之物（未必确实的）。然而，幸福唯独降临于当我能打造一个纯粹、真理和历久不变的世界之时。"（1917/09/25）在此，"理想主义的"或者"心灵的"索求变得清楚。正如同他又向雅努克提到，书写，当然，再书写，不仅是为了"要把那些易腐和隔离之物建造在无尽生活中，把从属于偶然之物建造到律法领域"。然而，疑虑随即而生：所以是可能的吗？ 他是否确信书写不隶属于恶？ 书写之慰难道不是一种幻象，一种必须回避的危险幻象吗？ 能够平静地书写无疑是一种幸福：压抑是可怕甚于所有思想的。确实，甚于所有思想，以致，又重新地像是什么也不曾书写（1921/12/20）。世上最微不足道的现实难道不是具有一种最强力作所缺少的坚固性吗？"欠缺促使书写的独立性：其依赖于烧火的女仆，炉旁取暖的猫，甚至是取暖的可怜老头儿。他们都是自主,自成章法的实现;只有书写是无助的,其不居于自身,既是笑话也是绝望"(1921/12/06)做鬼脸,在光线前瑟缩的皱脸,"虚无的捍卫,虚无的保障,属于虚无的快乐气息":这般即艺术。

不过,如果说其年轻岁月的信念逐步由一种益发严苛的意见所取代,那么,在其最艰难的时刻——似乎翻转其正直,倏显其攻击的未明性格("正像这在侦查着:例如,在去往医院的半途,那处,永是")——即使此时,他持续在工作里所见的不是威胁他之物,而是能帮助他,朝他敞开救赎定夺之物:"书写是一种当心的、神秘的、或许危险的、或许帮助的慰藉:是从谋杀者列中跳出,作为行动的观察[未见①,化为行动的观察]。观察——行动,就创造更高层次观察的方式而言,更高,而非更尖锐,而它越高,便越在'列'[谋杀者]中不可及的,它越无依赖性,便越遵循其运动的律法本身,而其途便越无算计地、更加快乐地攀升。"(1922/01/27)此处,文学表明为那种解放的权力,排开世界压迫的力量,这个"所有之物皆有扼喉之感"的世界,文学是从"我"走向"他"的解放甬道,从曾是卡夫卡痛苦的自身观察走向一种更高观察的解放甬道,其越过难以忍受的现实,朝向另一个世界,所谓自由世界。

---

① Tat-Beobachtung,原德文。——译注

为何艺术存在，却不被证实

应该如此追问卡夫卡，为何这样自信？如此自忖。答案已显明于把卡夫卡视做属于一种——在书写技巧出类拔萃的书中皆有较高层的表达①——传统，在此传统中，着迷的经验是以字母的组合和对字母的操作为基础而展开的，在此传统中，字母——即字母表——的世界是真福的真理世界②。书写即驱灵——也许方法是释放灵以对抗我们——然而，这种危险从属于解放的威力本质③。

不过，卡夫卡并非"迷信"者——他本身具备一种冷静的睿智——，在哈西德（Hassidisme）④的庆典后他曾对布侯说："说真的，这有点像在黑人部落里的原始迷信⑤。"因而，不必坚

---

① 卡夫卡对雅努克说："诗人的任务是一种先知的任务：合宜字词引导着；不合宜字词引诱着；《圣经》若称名为'书写'（l'Écriture）绝非偶然。"

② 因而造成卡夫卡对那些用德语工作的犹太书写者（包含自己在内）的无情谴责。

③ "然而，作为诗人这种事情本身又如何？此书写行动乃是天赋，一种寂静和神秘的天赋。然而其价码呢？在夜里，答案清晰耀眼地总是烁闪在我眼前；这是为恶魔之力所驱使而得到的报偿。这黑暗力量中的放纵，总是被置于边界的威力迸发，这些非纯粹威胁以及所有仍在深处流窜者，在全光照、日正中写故事时，还于表层上知道些什么？……表皮会留着某些痕迹吗？也许这里还有别种书写方法？至于我，我只知道这种方法，焦虑，在这些夜里，从睡眠的边上折磨我。"

④ 此为传统犹太教中的一种神秘主义和苦行主义流派，始于 12 世纪。——译注

⑤ 然而，卡夫卡后来似乎总是变得热衷于信仰的形式。多拉·狄蒙（Dora Dymant）来自一个"重要哈西德主义的犹太家庭"。而马丁·布伯（Martin Buber）可能对他有所影响。

持某些解释，它们也许是正确的，然而，无论如何这些解释——如此细腻于其每一个步骤所建构出的歧途——没让我们明白为什么卡夫卡投注如此多的信念到书写这个本质的谬误中。再次重申，卡夫卡自其青少年时期起，便深受像是歌德和福楼拜之类的艺术家的影响，由于他们看重自身之艺术胜于一切，使得卡夫卡也推崇他们甚于其他人。无疑地，卡夫卡从未在内心中彻底摆脱过这种想法，然而，若说对艺术的热情从一开始起就是如此炽烈，并且长久以来对他而言一直是具有拯救性的，那是因为从一开始由于"父亲的错误"，他已被遗弃在世界之外，被判定孤独了，他并未因而怪罪文学，反倒是感激文学使这种孤独乍现，丰富，并朝着另一个世界敞开。

他与其父亲的争论，对他而言，可以说是把文学经验的负面抛进了阴影里。即使当他明白其工作会使之衰亡，更为严重的是，即便他意识到其工作与婚姻之间的矛盾，他也没有结论出在工作中有一种必死威力，以"驱逐"发声并且注定在荒漠中的话语。他并非这样以为，因为打从最初，对他而言，世界已经被毁灭了，现实生存已遭取消或者从不曾被给予，而当他后来再次提及其流亡以及摆脱它的不可能性，他以为："我感觉自己未曾来过此处，然而早在在孩提时，我便已经觉得自己是被迫的，然后用锁链固定在彼处的。"（1922/01/24）艺术从不曾给他这种不幸，也没有当过帮凶，然而正相反地，艺术使他灵光乍现，艺术是"不幸的意识"，其崭新领域。

艺术首先是不幸的意识，而非其报偿。卡夫卡的严谨，对作品要求、不幸要求的忠实，使他避开虚构天堂——那里布满了对生命失望的虚弱艺术家的自鸣得意。艺术的目的不是梦想，也不是"构造"。然而，艺术也并非描绘真理：真理没有被认识或者被描述，它甚至无法认识自己，同样地，尘世的救赎请求被实现，而非被询问和塑造。就这个意义而言，艺术无占一席之地：严谨的一元论排除各种偶像。然而，这同样意义也意味着，就算艺术，就整体来看，并未被证实，至少对卡夫卡个人而言，它存在，因为艺术——仔细说来，正如同卡夫卡所是的那样——与世界"之外"者相连，并且其表现了这个——无内在也无停顿的——域外的深度，其表现了当我们不再与可能性相关时——甚至在生或者就死时——所应运而生者。艺术是"这种不幸"的意识。其描述那个自身死去的处境，那种不再能称"我"，那种在同种运动中失去世界、世界真理，那种属于流亡、属于困境的这个时间，而于此时其中——如荷尔德林所言——诸神不再也未在。这并非意味着艺术肯定另一个世界，如果艺术确实有其根源，则也并非在另一个世界，而是在整个世界的另处（正是根据这一点，我们明白，——然而，这较多是在翻译其宗教经验的笔记里，而非在其作品中——卡夫卡完成或者准备完成艺术并未允诺的一跃)①。

卡夫卡悲怆地游移不定。尔时,他似乎不择手段要在具有"诱惑力"的众人间找到容身之处。他尝试订婚,从事园艺,操持劳动工作,向往巴勒斯坦,在布拉格购屋,用意不仅在克服孤独,还为作为一个成熟并且活耀男人所应具备之独立性。就此层面,与父亲的争论仍是关键,并且在《日记》中所有新写的笔记皆可证实这一点,以说明卡夫卡对于那些由精神分析所可能产生对他的各种判断毫无隐瞒之意。他对其家庭的依赖不仅使他软弱,异于所有成年男子的任务(如他自己所说),更因为出于他对这种依附的嫌恶,也致使依赖的各种形式,对于他来说,成为无法承受的——而首先,婚姻使他厌恶地联想到其父母的婚姻②,他既想摆脱又想嵌入家庭生活,因为如此便是戒律的实现,就是真理——父亲的真相(vérité)——对他欲迎还拒,以致于"实际上,我矗立在我的家庭跟前,并且不停地,在其圆圈中,舞刀子要伤害之,然而又同时为了护卫它。"

---

① 卡夫卡并非没有指出,在这天壤之别的两个世界中,那种诱人的和诱使松懈者:"一般说来,在其确定、忧伤和过度支配中的(这两个世界的)此划分,在我看来,似乎过于分明、危险。"(1922/01/30)

② 至少必须引用这段——在致信未婚妻的草稿当中的——段落,于中其十分清楚地交代他与其家庭的关系:"然而,我是我父母的孩子,我与他们,包括我的妹妹们,血亲相连;在平日中,由于我专注于自己的天职而并未经意,然而,事实上对我而言,其意义远胜我所以为。尔时,我出于恨意的追究这一切:双人床、用过的床单、细心垂挂的夜袍都让我肝肠尽掏作呕;这就好像我还未确实地降生,就好像我总是面对——在这个黑暗房间中毫无这个黑暗生活的——世界,就好像我总是必须再次就地寻找自我的确认,就好像我曾经,至少就某种方式而言,牢不可破地与这些抵触之物相关连,这样缚住我想狂奔的双脚,这些继续被塞进原初未成形的难以理解之中。"(1916/10/18)

"这是一方面。"

然而，另一方面，他总是更加意识到——而疾病自然有助于其理解——他是属于彼岸的，既被驱逐，就不该同这个驱逐耍花招，也不该像被碾毙于其边界，被动地坚持转向一个——察觉自己被排除甚至从未居留的——现实，因为他尚未降生。这个崭新前提也可能轻率地被界定为仅是彻底绝望的、虚无主义的前提。对于困境作为其组成部分，该如何否认之？作为其居留与"时间"。然而，这个困境绝非无望的；这个希望往往只是困境的痛苦，而非赋予希望之物，然而，其也甚至阻绝耽溺于绝望，其促使"注定完结者同也注定抗拒到底"，并且也许因而有可能把这注定颠倒为解放。在此崭新前提中，即困境的前提中，本质所是并非朝向迦南地。迁徙是为了抵达荒漠，并且接近此刻作为真正应许之地（大写）的荒漠。"你要带我去的是彼处吗？"是的，正是彼处。然而，彼处又是何处？其未曾可见，荒漠比世界更无确实，除了接近荒漠以外什么也不是，而在此谬误之地上未曾是"此处"而总是"远离此处"。而在这个缺乏真正居留条件之域里，必须活在不可理解的分离中，活在某种程度上如同被自身所排除的排除中，于此域中，因为只有无止尽的流浪而也是谬误之域，持有一种紧张，流浪的，直至谬误尽头的，接近其词汇，从漫无目标地行进而转变成无途目标之确定性的可能性本身。

真理以外的进展：土地测量员

我们很清楚土地测量员的故事向我们再现了这种令人印象深刻的进展影像。打从一开始，这位拗直的主人公就在我们面前被描写成永远放弃其世界，包括其故土以及有妻子和孩子的生活。因而打从一开始，他便无法得救，他属于流亡，此意味着他不仅不在自家处，还在自身之外，在域外本身，一个——所有存在皆似缺席，一切以为可把握之物都逃开——内在被彻底褫夺之域。此行为的悲剧困境，是因为在这个彻底分裂和排除的世界里，打从逗留于此时起，一切便是虚假和非真理的，打从依赖于此时起，一切便全靠不住，然而，这种缺席的根本总是一再重新被视为一种不容置疑的、绝对的在场，而绝对此一字词于此处所占其位乃意即分离的，如同——就其最严谨之意——此分离能够在分离的绝对性中颠倒绝对的绝对性。

必须强调：卡夫卡——总是秉持公正，并且完全无恸（却又比任何人都更坚持）于全有或全无的双刀悖论——让人以为，在这种真理以外的进展中，有某些规则，有可能是矛盾又站不住脚的，然而，总还是具有某种程度的可能性。首要的规则产生在谬误本身：应当流浪，而非如同《审判》中约瑟夫·K那样麻木（以为事情总会继续下去，并且他总仍会在此世中，却事实是打从第一个句子起,他已经被丢出世界了)。约瑟夫的错误,无疑地正如同卡夫卡在写该书时所自责的错误,是想赢得这场——他向来以为自己所属的世界本身之中的——审判,然而,也是在这世界中,他冷酷和空洞的内心,他独身和官僚式的生存,他对其家庭的无关痛痒——所有卡夫卡在自身中发现的这些个性——已使他无法理直气壮。当然,其无虞在渐步消失中,然而,这是审判的结果,正如同光耀被告的绚烂也使他们在女人眼中变得讨喜,这是他们自身分解体的反射,也是死亡在他们之中逼近的反射,如同一种更真的光芒。

审判——驱逐——无疑是一种巨大的不幸,这可能是不可理解的不公正或是严酷的惩罚,然而,这也是——仅在某种层面上为真的——主人公的辩称,是他任由被捕的陷阱,这也是不够彻底拒绝在一个空洞言词中企求更高正义所造成的结果,相反地,依据卡夫卡已经定下的规则,必须试着操作此正义:"必须要认清自己所有之处。"此"审判(大写)"至少有益于使 K 认识到其真正的处境,驱除幻想和欺瞒的慰藉(因为他有一份不错的工作和一些无关痛痒的乐趣而导致他相信其生存,相信其在世上的人的生存)。然而,此审判(大写)并不因此为真,相反地这是一种谬误程序,如同那一切与外部(因为驱逐的力量被抛掷进的这个"外部的"黑暗)相连者——尚存一丝希望的程序——而正是于此才得以前进,非基于唱反调的无谓反对,而是正在谬误的意义本身中。

主要错误

土地测量员几乎彻底摆脱乔瑟夫·K 的缺点。他不试图返回故土；抛弃在迦南地的生活；在这个世界中被抹除的真理；就算在他几个短暂脆弱时刻的回忆也几乎不着痕迹。并非他更加地无所谓，而是他始终处于运动中，永不停止，几乎毫无气馁，在——致使无止时间的冷却焦虑地——不懈运动中从失败走向失败。确实，出于拗直，他总是朝着极端谬误的方向走去，漠视于还留有几分现实性的村落，然而，却想要可能没有半分现实性的城堡，摆脱还有几分生气的弗莱达（Frieda）转向阿美莉（Amélie）的姊妹奥尔茄（Olga），加倍地驱逐、回绝现实性，甚至是，基于一个惊人的判断，此现实性拗直地选择其所是。一切理应朝更好之处走。实则不然，因为土地测量员不断地犯下卡夫卡视为最严重的错误，即不耐烦之误[①]。在谬误核心的不耐烦是主要错误，因为认不出谬误的真理本身，也即——如同戒律——迫使无法相信目标近在眼前，或者有可能靠近：绝对不能与未定切断关系；绝不能把用之不

[①] "人有两条主要的罪过（其他罪过均由此二者而起）：不耐烦和麻木。出于他们的不耐烦才会被驱逐出天堂；出于他们的麻木才会无法返回天堂。也许只有一条主罪：不耐烦。因为不耐烦才会回不去。"（《格言》）

竭的缺席深度误认为像是立即或者已经呈显之物。

当然，这是不可避免的，而且如此的追寻具有令人不舒服的特征。非不耐烦就是无所谓。耽溺于谬误的忧虑就会失去耗尽时间的无虞。才刚抵达，尚对其被逐出其所的考验还一无所知之余，K.便又立即出发以求瞬间达到目标。他对于中段的无所谓，当然这是一种优点（朝向绝对的爆发力），然而只凸显了其——误把中段当做终点的——差错，一种奠基于其"模式"的再显。

一旦以为从官僚式幻景中辨识出极致的世界贴切象征时，则混淆的程度无异于土地测量员。这只是对不耐烦量身订制的具象化，谬误的可感形式，藉此，就一个不耐烦的观点而言，绝对不断地被恶质无限的必然力量所取代。K.总想在等待目的之前先达到目的。这种未熟结局的要求是具形化的原则，其孕育影像或称为是偶像，故随之而来的厄运就等同于偶像崇拜所招致的结果一般。人想要瞬间求得整合——在分离本身中就想要如此——，他自己再现之，而此再现整合之影像又瞬刻重整让他逐步混乱的散落元素，因为影像之为影像则不能被触及，此外，影像向人遮住影像的整合，并且透过自返回不可接近而使整合变成不可接近的，以便终使人与整合分离。

克莱姆（Klamm）并非不可见的；土地测量员想见到他并且确实见到他了。此城堡（大写）的终极目的并非外于目光所及之处。城堡作为一种影像,自始至终受其支配。这些形象若经细看必使人失望:城堡不过是一堆简陋农舍,克莱姆不过就是一个坐在办公桌前的笨重胖子。极其平常和丑陋。这也正是土地测量员的运气,即这些影像的公正骗局与真理:它们自身毫无魅力,它们并不具备任何足以证明能使人着迷之物,它们回到也是它们所非的真正目的。然而与此同时,在这种无价值之中至使另一种真理被遗忘,也即它们仍是这个目的之形象,它们也在这个目的之光芒和其不可言喻之价值之中,而若不依附于这些形象之上,便早已背离了根本。

因而情况可归于如下:正是不耐烦——用近似的中段形象取代了目的——使得此目的遥不可及。正是不耐烦——阻断在中段里辨识出的直接形象——使目的的靠近半途而废。

在此,我们仅限于这几个迹象。官僚式幻景由这种状似忙碌的闲散而特征化,这些生存于执行者,守门人,助理,信使的双重的存在总是并行,像为了表示它们只是相互对方的映像,也是一个整个不可见的映像,整个这条变形之链,这种距离的系统化增长从未被视为是无限的,而是——藉由目的转化成障碍,而障碍又变成通往目的之中段——笃定无定限地深耨,所有这些强烈的成像并不具现极致的世界真理,甚至也非其超验性(transcendance),而是使此要求之幸与不幸的具现,于中,流亡者不得不把谬误当成真理来对待,把无定限欺骗他的对象当成把握无限的终极可能性。

作品的空间

在哪种层面上，卡夫卡曾意识到，这种步骤，类似于作品朝向其原初与核心的运动（在这种运动中，作品只能从寻找的过程中在核心自我实现，而一旦达到，便是使作品成为不可能的）？而，又是在哪种层面上，卡夫卡使其主人公的试练，更接近于他本人：试图透过艺术辟开一条通往作品之道，又通过作品走向某种为真之物？他是否经常忆及歌德的这句话语："艺术家正是通过假设不可能来获取一切可能的？"至少，这个明证是毋庸置疑的：他对 K. 施予的错误也是归诸于他——作为艺术家——自责的错误。不耐烦就是这个错误。因为他想要加快故事——在其尚未往各个方向得以展开之前，尚未穷尽故事中的时间节奏之前，尚未使不确定抬升至真正的全体（于中，每个非真运动，每个局部造假的影像将可能转变为难以撼动的确实性）之前——推向其结局。不可能的任务，这项任务，若实现到底，将会摧毁其所寻求的这个真理本身，如同作品毁坏于当它触及其根源之处。成堆的理由阻拦着卡夫卡接近完成他的任何一个"故事"，当他才开始其中一个故事时，它们就使他离开这故事，并试图在另一个故事中使自身平静下来。他说，他经常在其作品显现和闭合的时刻里，从作品中经受到流放艺术家的痛苦。他也说,因为焦虑于如果他不中断故事的话,便无法返回尘世,所以他几度中断了故事,然而,他无法确定这种在他身上的忧虑是否已是最强烈的。他经常半途而废,因为,任何结局本身,皆包含着他无权接受的最终真理的幸福,因为他的生存与真理不相符(这个理由似乎相当重要),故而,所有这些运动又在他身上重演:卡夫卡,也许在他不知不觉中,深深地意察到,书写即献身于永不停歇之中,而出于忧虑(不耐烦),书写要求的审慎忧虑,他往往拒绝这种只能确保结束的纵身一跃,即这种欢乐无虞的自信(暂时性地),使得某一个结束被摆在无止无境中。

如此不确切地称为其现实主义之物,显露了同种本能的寻求以祛除其本身的不耐烦。卡夫卡经常表示,他是一个昙花一现的天才,能够只用几笔便能点睛。然而,他却越来越强迫自己细致,几近缓慢,枝节的精确(甚至是在其本身梦境的描述上),若缺少这些,从现实中遭驱逐者便注定会迅速地如坠五里云雾之惑中,这与想象天差地别。越是迷失在彼处(处于这种失落的不安和奇异性里),就越必须时时保持严谨、审慎、确切,就越必须透过影像的繁多,其确定的、简略的(魅力毫无遮掩的)表征以及其强力保持连贯性以示在场。属于现实的某人不需要成堆的——我们明知——完全不符合现实眼光的形式的细节。然而,属于无限和遥远深度者,处于过度的不幸中,他确实注定要过量,并去寻找一种零缺点,无脱落,无不协调的连贯性。而注定是恰当的字词，因为当自制不复生存之时，耐心、精确、冷静控制可能皆是免于不败的必要素质，此三者，就化解和无定限地淡化困难而言，也同是缺点，它们也许会延缓覆没，然而也确实会延迟解救，并且不断地把无限转化为无定限，同时这也是在作品中防止无限性从未实现的方法。

艺术与偶像崇拜

"你不会为自己精致形象，也不会为天上神仙或者地上人间甚至是地下水涧的制造形象。"卡夫卡的友人菲利克斯·魏尔什①很精准地谈及卡夫卡对抗不耐烦的奋战，他认为卡夫卡慎而引诫圣经戒律。若其确然如是，则再现出一个掂量这种主要禁忌的，非与影像相斥则必死的，倏乎意识到流放于想象中的，只能颠沛流离于影像和影像空间并以此充饥者。因而，必须经受他的死亡，并且被束缚于绝望，以及，为了躲避这种绝望（即刻执行），被迫把得救之道作茧自缚为宿命。卡夫卡存心成为这样的人吗？无从定夺。尔时似乎感觉，他越是试图耳提面命这种主要禁忌（鉴于它总是遭忘，因为它曾活跃之

---

① Felix Weltsch（1884—1964），德国哲学家，记者与编译者。

社群近乎全毁），他就会因而越是试图回想潜伏于这个禁忌中的宗教意义，而如此所夹带出的严谨性总是更甚，在他之中与周遭形成空洞，以便偶像不会被一并纳入，而反过来说，似乎越是准备遗忘的这个禁忌，也同样适用于他的艺术之中。由此衍生一种十分不稳定的平衡状态。这个平衡状态，在他特有的非法孤独中，使他更加强调心灵一致，然而，这需要对某种一贯偶像式崇拜保持戒严态度，也即禁止文学现实，此外，更为重要的是，这种戒严是意图以艺术铭志的。艺术非宗教，"它甚至与宗教无关"，然而在我们的困境之时，即无神之时，缺席和流放之时，艺术被证实为这个困境的内层，是要通过影像来表现想象之谬误的那种奋力，并且更严格说来，是要通过影像来表现不可把握、被遗忘和隐蔽在这种谬误后面的真理。

在卡夫卡作品中，首先有一种以文学索求取代宗教要求的意向，而后（尤其到了后期），则是一种以其宗教经验取代其文学经验的倾向，以相当混淆的方式彼此融合（穿越信念之荒漠前往不再有沙漠之中的信念，然而这是他能拥有自由的另一个世界），这便是我们从其《日记》记载中所引发的感知。"是否此刻我居处于另一个世界之中？我真敢如此断定吗？"（1922/01/30）。在我们所引述的篇章中，卡夫卡重提，对他而言，人别无选择：要不在迦南地附近，要不在荒漠的另一个世界附近寻找应许之地，他强调着，"因为，对人来说，并无第三个世界"。确实没有第三个世界，然而，或许应该谈的再多一点,也许应该这样来说,对一个琢磨其艺术并且寻找艺术之源的艺术家(此人,也是卡夫卡的理型)而言,"诗人"恐怕甚至不生存这个唯一世界里,因为,对他而言,他只生存于域外,只生存于永恒域外的涓涓不息中。

满意的死亡（1952）

　　卡夫卡写在《日记》中某个看法，颇具反思意义："在回家的途中，我对马克思提到，死在我的床上，只要痛苦不是太剧烈，我便心满意足。我当时忘了补充，而后也刻意不再提起：即我所能写出的最佳作品，正是奠基于这种能够心满意足死去的权力上（pouvoir）。在所有这些精彩的、有很强说服力的段落里，总是涉及某人的死亡：他承受着死亡的残酷和不公正性；所有这些，至少就我看来，很能打动读者。然而，对我这样一个能够安然在床上等死的人而言，这样的描述背后是场戏，我，甚至，乐意成为这样的弥留者死去，因而才蓄意利用读者集中在死亡之上的注意力，如此使我比这些——我料想他们在为其临终悲伤的——读者清醒许多，而这使得我的哀叹完美地近乎可能，它不像现实的哀叹那样会硬生生截断，而会是优雅且纯净地延续着死亡之途……"这段反省摘录于 1914 年的 12 月。卡夫卡这样的观点，是否延续到稍晚，无从考究；此外，这正是他避而不谈之处，似乎他在其中，隐约地感到无理的一面。然而,也因为他云淡风轻地提及,才使之如此具启发性。整个段落可以如此概述:唯有在死亡面前自制,并与死亡建立主宰关系时,书写才是可能的。若在死亡前失态,失控,那么死亡便从笔下的字词抽离,中断话语;书写者不再书写,而是呐喊,是一种没人听见或者感受的笨拙、混乱的呐喊。卡夫卡于此深深地感受到艺术与死亡的关系。为何是死亡? 正因为它是极限。支配死亡者,同时是极度支配自身,与其所能相关,即全能。艺术是对极瞬之控,至权。

"我所能写出的最佳作品,正是奠基于这种能够心满意足死去的权力上"这句话,即便因其单纯性而蛊惑人心,仍令人摸不着头绪。这是什么样的资格? 是什么使得卡夫卡如此确信? 是否他已几乎与死亡擦肩,因而得知如何自处于死亡跟前? 在其写作的"精彩片段"——描述某人死去,死于某种不公正性——中,似乎在暗示着他把自己视作此濒死者。那么,是否这是某种以书写为幌子,以便迫近死亡的方式? 然而,从文本中无法确实地读出此意含:文本,无疑地,指涉某种——介于作品中的不幸死亡,以及书写者在死亡中寻欢的——亲密性;其切除具有客观描述性的这种冷酷的、保持距离的关系;一个懂得感人肺腑的说书人,会用震撼人心的方式陈述,与他无关的壮澜事件;就这种情况而言,重点在于使事件在地重演的修辞和权利。然而,卡夫卡所谈的控制,另有所指,而其所宣称之算计还要更深。确实,事实是濒死者必然会死去,然而，必须能够在死亡中得到满足，能够在最深程度的不满里找到最高程度的满足，并且还要能够，在死亡的瞬间，维持如此平衡的视线清明。如果此处的死亡将自我意识和满足视为同一，并且意味着极限否定性，转生为可能性的，工作的，时间的——视同绝对积极的——死亡，则会是如此接近黑格尔守则的完满。

但事实上，卡夫卡并未直接了当地以这种理念自视。当他用善终的权力捆绑其善写的能力时，事实上，他所暗示的，并非一种统称性的死亡概念，而是其自身经验；这是因为，无论如何，他冷静地等待死亡，使得他能够透过他的主人翁们维持一个清楚的视线，能够透过洞察的亲密性将他们的死亡合一。他所想的是他的哪些作品呢？肯定是叙事中的一《在流放地①②》，这篇，几天前，他才在朋友面前读过，这种朗读使他增添勇气；而后，他写了《审判》以及几篇未尽之作，这些皆与死亡无立即关系的作品。还有《变形记》和《判决》也须列入考虑。这些作品的提醒说明卡夫卡无意做一种死亡场景的现实描述。在这些所有的叙事之中，死去的那些人皆只透过简洁且无缀的只字片语死去。如此证实了此思考所谓的死亡空间，不仅限于他们的死去当下，显然地还包括他们的在生时刻

---

① 其法文标题通常被译为：《殖民营》（*La Colonie pénitentiaire*）。——译注

② *Au Bagne*；*In der Strafkolonie*《在流放地》之法文（布朗肖所译）与德文标题。——译注

（在那里，卡夫卡的主人翁们完成其死亡动线），也即是处于
"死去"的未定义之时（卡夫卡的主人翁们便属此类）。他们检
证着这种奇异性（l'étrangeté），而卡夫卡也在他们之列经受
着。然而，就某种方式而言，他似乎认为，除非事先与此试炼
的极限时刻取得一致——他即死亡——，否则他无法"正确
地"（à bien）布局，并且从中汲取叙事及作品。

　　叫我们百思不解之处正在于，他的反省似乎赋予艺术作
假权力。为何把自己可以满意接受的事件描述成不公正之
貌？为何他要使——让他心满意足的——死亡，在我们的眼
底变得可怕？这会导致文本有一种残酷的轻率。也许艺术要
求与死亡共戏，也许艺术导引一个把戏（jeu），一个不能求救并
且失控的小游戏。然而，这游戏意味着什么呢？"艺术是抱定
不能焚尽于真理的主意儿，才绕着真理而翔的。"此处，游戏环
死亡而翔，它不会遭焚，却使烧灼变得敏锐，然后它变成燃烧
者以及那个冷酷地，捏造地煽动者。足以指责艺术的前提。
不过，为了如实于卡夫卡的看法，还必须差异地理解它。满意
的死去，在他眼中，并非如实之态度，因为其首先所意味的，是
一种生命的不完满，一种幸福活着的删除，而这种幸福必然是
一切欲望和喜爱之首。"能够心满意足死去的权力"意味着与
正常世界的关系，从此刻开始，已然断裂：卡夫卡——从某种
角度来看——已死，他被迫的如此死亡如同他被迫的流亡，而
这份天赋和书写的天赋相关。同样地，从正常的可能性被流

放这件事实,并不会因此获得对极度可能性的控制;被褫夺生命的事实并不保证能使死亡变成欢愉,只是藉由否定的方式使死亡变得满意(满意能使不快的生活告终)。这造成一种贫乏和表面特征的看法。然而,确切来说,卡夫卡在同一年间曾两度在日记里提到:"我远离人群,不是为了平静的活着,而是为了能够平静地死去。"这种远离,这种孤独的要求是因为他的工作而强加于他的。"如果我没有躲进工作里,我就完了。我是否真的知道? 我在人前躲藏并不为宁静活着,而是为了宁静地消亡。"这工作,即书写。他为书写与世界分离,且为死于平静而写。此刻——死亡——满意的死亡是艺术的报偿,它是书写的目标与左证。为宁静消亡而写。是的,但怎么写? 什么使书写可能? 答案我们了然于心:只有能够满意的死去,才有可能书写。这个矛盾在经验的深渊里又将我们更动。

圈 线

每次当思考绕圈时,那是因为它触及了出发点,而它只能靠着重返此处才得以超越。如果我们不考虑"减低麻烦""充足"这些字眼以改变形式看法,或许可以更靠近这原初的运动。书写者就是那些为了能死去而书写的人,也是那个以与死亡的预定关系来掌握书写权力的人。矛盾一直都在,只是其差异地闪射。就像诗人仅存于面对诗，并且如同在诗之后才生存（尽管必然是先有诗人才会有诗），此外，如果卡夫卡必须透过其所写之作品，才能拥有走向死去的权力，我们便可设想此意味着，作品本身（似乎必须透过事前布置，以便使之完成的）正是一个在死亡中的死亡体验。而同样可以设想，在作品之中——作为死亡的研究、空间以及使用——的运动，不完全是——会把书写者导向死去可能性的——同一种运动。甚可假设，艺术家和作品之间如此奇异的关系（这些关系依赖于一个仅可能存于作品核心之作品），一个如此之不正常源自于搞乱时间形式的这种经验，然而，更深层地来说，是由于其含混性及其双重的角度，这个关系，卡夫卡用以下我们所节录的这句子（过于简洁地）来解释：书写以便能够死去－死去以便能够书写，这些字把我们囚禁在它们周而复始的索求，迫使我们从欲寻处离开，迫使我们只能找寻出发点，并把这个出发点变成某种唯有不断远离才能靠近之物，然而，这些字却又同时授权给此希望：在永恒喧闹之处，就是可抓取、使此希望之辞呼之欲出之处。

　　卡夫卡的这些句子似乎能显露出他个人的阴郁特色。这些句子冲撞着艺术和艺术作品的寻常观念，安德烈·纪德（André Gide）也在许多类似的观点里提到："促使我写作的原因很多，而其中最重要的原因，对我而言，也同时意味着是最秘密的。这又使得这个原因的重要性倍增：使某种东西躲开死亡"(《日记》,1922/07/27)。为了不死的书写,为了依附作品而幸存,这使得艺术家不敢稍纵片刻地攀附着才能。天分欺瞒死亡,作品是成为徒劳或者变装的死亡,或者——套用普鲁斯特(Proust)晦涩的一些字词——变得"较少苦涩","较少不光彩"或者"也许较少可能的"死亡。可能。我们并不反对,将这些从创造者那里借来的传统梦想视为新近的,并且从属于我们新西方世界,它们与人文艺术发展(于中,人类试图在其作品中荣耀自身,并且试图在作品中行动以便透过此活动而永存于作品之中)相连接。这确实重要且意义深远。然而艺术,在这种时刻,不再仅是作为一个集结成历史(l'histoire)的纪念方法。重要的历史人物,英雄,伟大的将领,也跟艺术家一样,藏身于死亡的掩护之中;它们被民众缅怀;它们作为典范,活跃的在场。这种个人主义的形式,随即,不再使人感到满足。这因而使人察觉到,使他们具有分量的,首先是历史的造作,在世上的行动,对真理的共识,故而想要在死后仍保有自我,渴望在经时间淬炼的作品中永垂不朽是徒劳的:这不仅徒劳,而且,有违众望。应该做的,并非依附在偶像的惰性永恒里,而是要改变、要消失,以求共造全体转化:要师出无名,而非浪得虚名。此时,创作者残存的想望显然非但是寒碜的,也是缺陷的,并且不管是哪一种真理的,匿名地在世实现,以及为了迎接世界的活动,似乎以死亡肯定了一个更正义,更确实的胜利,至少从非我的可悲懊悔中解放出来。

　　这些梦想如此强烈，与艺术的某种转化（还未呈显的，然而自认是艺术大师的人们，想要使自己成为在场，成为其所创造，在创造中与其所逃离（哪怕只是一点）毁灭之物相关，具备如此惊人之处：其显露出这些"创造者"卷入与死亡的一个深度的关系，而无论其表面如何，这种关系也正是卡夫卡所追求的。它们每一个都想使死亡成为可能，卡夫卡想把握它，那些创造者想与它保持距离。这些差别无关紧要，他们都在同一个范畴里，即与死亡建立起某种自由关系。

卡夫卡及布侯（1954）

　　马克思·布侯发现,在卡夫卡的光环里,确实生存着某些
不安的因素,让他时而后悔曾推波助澜地让它们公之于世。
"当我领悟到人性在卡夫卡的书写中是如何排拒正确的内容
时,我反复思量着:是否应该顺著作者的要求而将其作品摧毁
于黑暗之中。卡夫卡,是不是早就料想到这种对其作品解释
的滥用,才因而不希望它们被出版?"也许这个问题问的太迟。
然而,卡夫卡遗留的作品陆续问世,布侯并没有按照卡夫卡所
想的那样为作品改名换姓,而是保有其原貌,难道不也是因为
他希望作品为人所见吗? 若果真如此,为何,在魏菲尔①读着
他们共同友人的初稿之际,仍会依旧感叹着:"除了帝席翁布
德巴斯(Tetschenbodebach)之外,无人理解卡夫卡",这是意味
着仍有缺憾吗? 布侯又怎么可能会不知道,在这个他部分归
咎自己所成就的光环里,有一些与卡夫卡无关,却比较接近他

---

① Franz Werfel (1890—1945),奥地利诗人,剧作家与小说家。

自己的节奏，接近他率直的乐天与清楚的明确性，他难道认不出他自己的口吻与影子吗？然而，不也正因为有布侯的一路相伴，卡夫卡才得克服书写的障碍。他们合著的小说，正是这种孤独命运的象征：卡夫卡尴尬地提到——合作，就是要忍受从他的内层底部出让每个句子与布侯嵌合。此合作几乎是立即中止的，然而，在卡夫卡过世以后，合著，被以一种前所未有的亲密方式，重新展开，这同时对这位，全力使这部本该销毁之作（如果没有他的话）问世的在世友人而言，也是加倍的重担。然而，这仍旧不足（或者无意义）结论出：因而，在每一个书写者身上，都有一个布侯和卡夫卡，或者是，我们只有在自己亲身参与书写活动之后，才有权利书写，甚或，成名的理由就是在某个时刻，为好友奉献一切。为了歌颂某个作品，而把卡夫卡的一切行为（面对书写的迟疑，出版的回拒，摧毁作品的决定）都当做文学的圣洁情操，然后，再拿所有伦常责任用双倍威力的友谊来包装，这恐怕欠缺公正。布侯坚称，死去的卡夫卡是其内心的幸存之责。否则，为何卡夫卡要嘱咐他？如果，卡夫卡希望他的作品消失，为何他自己不摧毁它们？为何还读给他的朋友听？为何要把他的许多手稿（这显然不是为了夸耀其文采，而是要表达他所身处的阴暗与无望的宿命），寄给菲莉丝·鲍尔与米莲娜？

　　布侯的处境是悲怆的。从一开始就饱受这位可敬友人的纠缠，他让他成了他众多小说里的一个角色－奇异的变形，他只察觉到某个影子挥之不去,却不知道他不该与影子混淆不清。为了准备出版这个让他耗尽心神的作品(第一个,也是唯一历时良久的)之作。他必须找人编辑,而编辑们却纷纷走避;他必须集合那些较不零散的,有关连性的文本,必须从四散的手稿里(几乎没有一篇是完整的)寻回藏匿于其中的结局。这个出版,以其断简残篇的原貌而展。在长篇小说中的某些章节莫名其妙地被保留了,某些透过残篇罗织的章节,却无缘无由地被整个摘除了,如同避开明外的光芒,忽明忽灭。关于日记(大写)的部分,为了顾及在世者而删除了太明显的记录,以及,似乎无意义的注记,只维持了其主要架构,然而,究竟哪里算是主要之处呢?然而,这个整顿使得书写者的光环骤间放大,很快地就几乎是无敌了。尚未发表的稿件所剩无几。这就像一种饥渴的、无可抵挡的力量,笔直地窜往最严加保护的深处,然后,渐渐地,所有那些谈论(为了卡夫卡的、出自卡夫卡的、关于卡夫卡曾喜爱者的、关于卡夫卡不再爱的),仿佛巨大灾难地纠结着大量——失控的、矛盾的、崇敬的、放肆的、疲劳轰炸——的评论,以致于,连最厚颜的书写者都不免对如此热切的异象起疑。

然而,这团风暴的发生不该被穿凿附会。当出版的抉择已凿,渠道便成。一切必然显现,因为此即法则。凡握笔之人,皆寻此法(即便,是为了回绝此法者)。只要完整的编辑——涉及核心地——插手于作品之中,那些偶然和任意的部分就已被尽可能的缩减。在一个认识的合理程序内（必然包含可争议的部分），我们可以藉由某些例外（特指那些信件）来认识一切：例如，从某几封信中，甚至，可以区分出哪些段落，是关于哪些在世者的（即便只是转瞬之间）。战争和迫害的悲痛，在无须提及的考虑下（证据及人证仍健在）也已经删除，当然，其中有一些证词和重要作品的部分毁损，是在卡夫卡生前时，便已经执行的，另外一些，根据卡夫卡所遗留下来的一些迹象来判断，则是在他逝世以后，由多拉·狄蒙①毁去，特别是《日记》中，相关于她的部分。（《日记》当中，尤其缺少了卡夫卡晚期生活的部分，据称，暨 1923 年起，他重拾平静与和解。这仅是据称，却无以为证，而就对卡夫卡《日记》的阅读心得来谈，我们发现到，他对自己的批判，远严苛过于他的友人们及亲近之人对他的看法——我们可以从他相当晚期的记录事件中找到证据——，而截至目前为止，我们仍处于一无所知处。）

然而，谁是卡夫卡？基于他开始以他的方式（他友人的手稿，和以"对他的误解及假冒"之名，来揭开卡夫卡的神秘面纱）受人瞩目，布侯决定写一本能够更清楚阐述的传记，这也同时是诠释和评论之书，于其中，布侯尝试把作品带到正确

---

① Dora Dymant（或者 Diamant）（1898—1952）。——译注

的——以他希望我们看到的方式①——光处。一本很有帮助
的书,然而,就卡夫卡留下的零散事件来看,仍是有些许紊乱
和影射,而其余部分又太过于片段,毕竟,只握有一条证据是
不足解释全体的。布侯熟稔于这种庞杂,以及,处于其友人身
上的那天才之神秘核心,故而,总是难以接受那些偏好阴郁的
后人,总是不加思索、顺理成章地把这种过度阴暗的色彩,直
接连接上卡夫卡的形象和作品。只是,卡夫卡身上所散发的
精力充沛、快活、敏感宛如青年的灵魂以及无与伦比的正义
感,也是他其余朋友们众所皆知的事实。"卡夫卡是全然绝望
的吗?"菲利克斯·魏尔什自问自答着:"要从这样一个敞开心
扉,并且,有着乐善好施双眸的人身上看出绝望,这几乎是困
难,甚至,是不可能的。"布侯以为,"一般来说,相较于卡夫卡
在其友人眼中的形象而言,藉由他的作品所按图索骥而出的
他的影像,确实有着较灰暗色调"。这就是为何记传者意识
到,必须在其传记上积累所有证据,以便共整出一个协调的侧
像。此外,证据才是有价值,并且,能使一切确实抵定之物。
然而,是否这意味着,必须遗忘他另一张脸——"笼罩在过大
阴影中之人"——忘却其深沉的忧伤、其孤寂、其世嚣远离、那
些漠然与冷酷时刻、其焦虑、暗自折磨、精神失常而引发的抗

---

① 除了传记以外,布侯还针对好友,详细地从其观点写了几册关于卡夫卡的"信
念和教养"。

争〔尤其是在史班列弥勒（Spindlermühle）的 1922 年〕？谁识得卡夫卡？既然识他在先，又为何将他抛回他的友人们对他[1]的评断之中？为何那些卡夫卡的熟识（抱着对一个年轻、敏感、快乐者的回忆）会对其作品——是从冷酷折磨而成形的，一个夜的，并非无光而是盲目闪烁的世界，是给出一个用焦虑和绝望所制成阴暗的希望——感到震惊？为何，那位从作品中的叙事客观性，横跨到《日记》内部的人，会沈入一个比夜更深之处，并在那里，听见一个迷失者的嚎叫？为何越是靠近它的心脏，似乎便越是靠近一个无恸轴心，在那之中偶尔迸发雷驰电闪，痛苦与欢愉的过剩？如果不理解这个同时由哑谜的复杂性和单纯性所共诉的哑谜，谁有权利谈论卡夫卡？

*

在出版了卡夫卡的注疏之后，在把卡夫卡化为其小说之一里面的主人翁以后，布侯扩大一个复本的生命，开始藉由把《城堡》（可能是卡夫卡最重要的一个作品）从一个未竟之叙事改编为一出完整剧本的方式，使自己介入卡夫卡的世界之中。我们无法去比较此举与几年之前纪德和 J.L.巴侯勒[2]为《审

---

[1] 《日记》，记注于 05 月 03 号，1915 年。

[2] J. L. Barrault，(Jean-Louis Barrault)（1910—1994），法国演员暨剧场导演。——译注

判》所完成相同的工作。纪德和巴侯勒显然无意于模糊剧场空间与歧向空间（l'espace aux dimensions ambiguës），而将两者共同并展于一种——毫无前提，甚至是去根的无深度——表面上，这也因此导致再现出一个宛如无尽迷乱的《审判》的深度世界。布侯似乎流于私情：想要过主角的生活，想要更接近卡夫卡，也使他更接近我们，以一种人性的方式，卡夫卡的方式接近这个时间内生活①，进而还原出一个——不知为何而绝望的，为了寻回工作，收入以及生存而奋战的——人的生存，而也正因如此，他只能成为一个不妥的陌生者。

　　布侯，总之，把《城堡》改编成剧本。我们姑且不论此决定本身，这种方式形同绑架（改编作品形式，以作品制造作品，强迫作品以某种它不能生存的方式生存并从其中迫出一个扩建且增长的另类空间），它仍是不可能被——借自当代虚无主义结构的——狭义生存所接受。我们姑且不论卡夫卡某篇作品中的所有改编著作的确实性，即便其忠于原著，因为在某些时刻它只能是过于忠实的，故而，无法置于避开一切忠实性的作品藏匿处（其不仅必须扭曲作品，还必须用一个伪造的版本取代之，而这也导致它从此之后更难以返回被遮蔽的真理而如同原版的熄灭）。不过，我们忘了改编者被赋予的权利，正是他以为作为戏剧的必然性，正是在一个没有完结的叙事中加

---

　　①　这个人世间的生活。——译注

入一个结局，一个——曾经可能在卡夫卡的思绪里，或许，他也确实向他的友人们提过的——可能的结局，然而实际上，结局从未被书写定案，其也从未进入到著作的生命及内部：此外，剧本结束在目睹 K. 葬礼的这一幕（埋葬象征性地符应于他与他想永久滞留之土地的和解），以及大家轮番致词，并且，在终得安宁的尸体上掷坏土的这一幕，仍是此剧的几个精彩之处，就算作品整个都是布侯的发明，他所呈现的这个剧作，也获得极大的胜利而不再亏欠卡夫卡。然而，为何布侯仍以为可以藉此进入卡夫卡已经构筑完毕的著作秘密中，而不是其他任何还没有被注意到的作品？为何布侯能够如此正义凛然地批判纪德和巴侯勒（他们在夸张的部分，犯下了"难以置信的错误"），他难道不也是以一种跟他们不相上下的明显方式改变了作品的核心，并且，用一个仅共通于字面上亲缘——而且这不是为了更精确地表达其行径的精髓意含，而是从一种人性的角度减轻悲惨的层面——的角色取代了中心人物？

此始终成谜。改编者确实想要像地图般地平展故事，对他而言，这样故事才能更便利地为我们所理解，他想要证明卡夫卡并非一个古怪的书写者、荒诞捣乱者，或者，讽刺寓言式的焦虑创作者，而是一个善感的超级天才，而且其作品具有一种立即的人性意涵。这是一个令人钦佩的动机，然而，结果呢？从故事的角度来看，土地丈量员的复杂神秘被当作无工作、无身分或者流浪者的厄运，他无法成功地获得其想要融入之团体的认可。从一个面对核心主人翁的要求来看，只有当他——如同在流亡自身中——已处于彼世，他才能对他所遭遇的障碍置身事外，在这个层面上，这样一个藉由 K. 所传递的真理嘲讽，被位移为一个愤怒，尖叫，崩溃的浮夸人物，情绪高涨地展现了其所有的感受。

想要展现所谓人性当然得不惜一切付出高昂的代价。

布侯非难巴侯勒一纪德透过把其主人翁变成"无辜的被害者"以及把其小说变成"老套地描绘警探抓小偷游戏的侦探小说情节"来改编《审判》。然而，如此的影射不也同时指向他自己（这个失误或许是他注定犯下的）不仅致使 K. 的命运消失，并且，他也把一个对抗象征现代世界者的，那种既无力更无望的悲壮浩战，删减成毫无真象可言的 K. 的剧情——其本身由一个不耐烦的致命失误所标志与偏差着，然而，在这个谬误核心从未停止朝向一个巨大的目的。

何以一个非个人的不明原因，竟能使得一个人（彻底与流亡必然性相合者，离乡背井者）被迫远离其妻小，甚至抛弃对他们的记忆？完全流放，四散，分离之人吗？不再拥有世界，却还试图在这个世界的缺席中找到能真正驻留的条件者？此即 K. 的命运，大不相同于无所谓与麻木的乔瑟夫・K.（他甘处于一个对人而言不错的境地，更别提他被排除生存，而整场审判就是一个对这个彻底驱逐、这个死亡意识的逐步侵蚀），他太清楚，打从一开始他就被袭击了。

基于某种魔力，布侯的剧本隐没在人性和悲惨的矫揉造作中，这个作品精神丧失所有使它感人，而且事实上是充满人性的部分，然而，有一种退缩的，拒绝哀号、激动、徒劳呻吟的，经历寂静的回绝和某种非差异的冷酷的情绪造作，打从最初的伤害（仅被当做一个热爱作品的研究）开始，这便整个与内在生命的遗失脱不了关系。

因此，从布侯剧本里消失的，正是所有他从作品中"实际"能够获取者——不只是仅指这座城堡的背景，其甚至没有指向一种被榨干的游荡驱使（城堡所呈现的，比较像是如同专断权力的核心，是透过乡下恶棍仗城堡之影响力和人们对之的恐惧而扩展着他们恶质的小把戏）——更重要的是，遗失了所有耀眼夺目者：处无能之境的力量、在错乱底端的实质忧虑、在丧失自我核心的果断决策、在一切尽逝的模糊空夜中的闪烁。

这一切是怎么招致的？究竟是什么，使得如此深陷于作品非虚无式意义的布侯，只有借着表层的不幸，才能为此给出意义？

*

他其中一个错误就是蓄意（出于现实性和人性的考虑），把《城堡》的神秘简化成：一个在陌生国度的人徒劳地寻求工作和家庭安定幸福的故事。然而，K.难道不就是这样吗？确实,然而,他是出于一个无法满足的意愿——变质和不满意的意愿总是越过目的,并且意向彼处——才如此的。认不出其"意愿"的本质(此游荡的需求就是在他之中的极限),便会处于毫无理解(即便是叙事表面的情节)的境地。因为不那样的话,如何解释每次当 K. 得到一个回应之后,与其遵循,他却选择反其道而行?他在乡村客栈拿到一个房间,却想要留在男士们(大写)客栈里。他获得一个在学校里的小职位,却无所谓且怠慢其雇主们。旅馆老板娘想帮他调解,他拒绝;村长对他施以善意援助,他不想接受。他有了菲达(Frieda),却还想要奥乐卡(Olga)、爱茉莉亚(Amelia)、安斯(Hans)的母亲。最后,甚至当他收到秘书—— 彼赫杰勒(Bürgel)—— 的偶然召见,并同时他要把城堡的钥匙交给他(恩宠和"万皆可能的"时刻),他却沉浸在梦乡,并因此与良机失臂之交,只可能是此不满意的另类形式迫使他总是绕远路、从不说好、总是有所保留、藏有秘密,使得无任何可见承诺能足够。

在一个未收录在《城堡》的出版文内,却显然呼应同一主题的小片段里,卡夫卡写道:"若你想被安插到一个陌生的家庭里,你就去找一个共同的熟识,然后模仿其社交。如果没找到,你保持耐心并且等待一个顺势的机会。在你居处的小世界中,这种机会应该不缺。如果机会今天没来,它还处于明天,而如果它遍处难寻,也别因为太少而对世界翻箱倒柜。如果这家庭合你意,别为此感到满足。这道理昭然若揭,唯独 K.

没弄明白。他最初想到的是深入我们产业内主人的家庭，然而他拒绝采用社群生活的那些方法，而想要直达。也许这套陈规陋习对他而言太过无趣也太规矩，可是他想用的方法却是不可能的。我无意藉此吹捧我们主人的重要性。就是一个聪明的、全心全意的、体面的人而已。K.想要从他身上得到什么？在他产业上的某个职位？不，他不想要这个，他拥有自己并且带着这样的想法自由过活着。他因此爱他的女儿吗？不，不，不能这样假设。"

K.他自己也想抵达目标（这既非指他想要的职位，也不是他勾搭菲达的目的），他想要不经过那些耐心、无趣的方式，或者，社会制度而抵达目的，直接地（directement），不可能之法，而且他除了揣测（这使他拒绝所有其他方法的方法）以外，什么也不懂。所以，这就是他的谬错吗？一种追求绝对的浪漫激情？从某方面来讲，是；然而从其余方面而言，全然不是。如果K.选择不可能，这是因为透过一个最初的抉择，它就已经从所有的可能性中被排除了。如果他不能行于世界之中，也不能按其意借其道（社群生活普同之道），那是因为他已经被世界－从他的世界－所逐、被注定为世界的缺席，被迫在他无法真正驻留之处游荡。游荡，即其律法。他的不满意就是这个错误的运动本身，错误被这样表达，映射；因此它本身本质上就是错误的；然而，即便行走总是加强谬误意义，这却是唯一他所剩下的希望，唯一他决不会背叛的真理，并且在这之中,他顽固的保持忠诚,而正是这使得他成为顽石的角色。

究竟他是对的,还是错的? 他无从得知,而且我们也不会知道。然而,他造成一个臆测,就是所有我们对他让步的便利性,都是他必须躲开,以便从中可以加倍获取的欲望:客栈女主人的可疑承诺,包藏祸心的(村长善意、让他着迷的命运锁链、供他的小职位)—还有菲达的感情是真诚的吗①? 她该不会是他午夜梦回的魇影、穿梭于律法的细缝,让他屈服于笑脸秘书彼赫杰勒②的恩泽? 所有的一切是如此饱含吸引力,魅惑力并且真理的,然而,真理的有如能够使其为真的影像,虚假的有如它是一个影像,就像我们用不生存的信念逮住它,却导致更大的堕落,偶像崇拜。

K.自忖环绕着他的这一切——他自己被抛到彼处——不过只是一个影像。他知道既不能依赖,也无法触摸影像。他充满无可估量的争议之力,而他也只有一种无可估量的激情

---

① 在最后一章,贝琵(Pépi)——菲达的替代者 —— 她也试图诱惑 K.,娓娓向他说明菲达把颈子伸向陌生人是为了维系与克莱姆的友人关系,透过丑闻只为引起注意,只为了帮她虚弱的外在吸引力扳回一点威望,而就是因为她这种令人不快个性才会使她失去他。还有,她是克莱姆的朋友吗? 一切仅是出于相信一个用含混方式被惯常挑起的传言。这些就是贝琵对这个小小不幸的生存见地。而对 K.自己而言,即便他想要不掺加信赖的成分,而为这个悲惨家庭生活的底层找到借口。"你搞错了,"他说。在最后几章节,他试图——并非毫无成果的——与男士们客栈的女性建立新关系。所以一切重新开始,然而,此情景的不间断重新展现也又全然沼陷,甚至此书只能中断于此。

② 在一个片段中,一个乡村观察者嘲讽地用"奇遇"来称呼 K.与彼赫杰勒所发生的事。他说:"这太滑稽了,所以应该就是彼赫杰勒。"事实上,彼赫杰勒是城堡官员菲戴希克(Frédéric)的秘书,其长时间以来已经失宠且不再具影响力。最主要的原因就是彼赫杰勒他只是上一个命令的秘书。

才能平衡于一个特异（未定）点。如果此即其境地，如果
他——这种其个人不耐烦的行为展现——只是格守彻底一元
论，这种不耐烦确实是他的错的想法从何而来，就好像麻木是
乔瑟夫·K.的错误？因为这些影像都是作为目的相同影像，
因为它们具有其光照的特性而且它们无法辨认，这就是对着
本质闭上眼睛。不耐烦逃过那些形象的企图，也逃过它们所
代表的真理。想要无中介，直达目标的不耐烦，只有透过中
介、做不指向标的之事才有可能抵达目标，而阻挡它达到者：
是无止无尽地摊展并且繁殖的障碍物。所以，难道作势顺从
的、有耐心的、循着客栈老板娘的建议、按照菲达所说的保持
心情平静和和气就够了吗？不，因为所有这些都只是影像、空
洞、想象的不幸情状、矛盾的幻影，从自我和所有真切现实的
丧失之中而衍生者。

*

K.的死亡似乎是这逐步发展——在这之中不耐烦使他耗
竭——的必然主旨。就此意义，这个卡夫卡深沉的承受的疲
惫（疲惫，不低于身体的灵魂冷漠）是情节的动力之一，而更精
确来说，任何一种《城堡》的主人翁所处空间（只能游荡的）的
方向，都远非任何一种真理附着的处境。这个曾经尝试在剧
本中再现的疲惫，因为惊人的耗竭，以至于个性化演员无法诠

释那种朝向失败的命运滑脱。他是谜样的自己。K.的确是白费力气,因为他既不小心也没耐心的一会儿这里、一会儿那里,在所不需要的时候费尽气力,当他为了成功而汲汲的每一步,都注定其失败也不再有力量。这个疲惫——是拒绝一切不满足的下场,是接受一切愚蠢的原因——所以,是另一种内在被注定游荡的恶性无止尽的形式。枯竭的疲惫,是这种疲惫的无法停止,是这种甚至无法朝向死亡安息的疲惫,因为在这个安息中,即便超支了却仍继续作用, 就好像 K.欠缺那种为了结束必然需要的力量之微。

然而,与他同样既无法检视,而且出于天性谨慎地藏在反处的这个疲倦格外神秘,难道它不也同样就是其注定之象(le signe),其救赎之向(la pente),静默完善之像(l'approche),潜往沉睡的、单一记号的无感和温和之向? 在这个他被榨干的时刻,他曾与一个和善的秘书会晤,其过程仿佛他就要能碰触到标的了。这发生在一个晚上,就好像所有的接见都源自那里。必须在那晚—— 骗人之夜、救人之夜 —— 遗忘包裹着神秘之本。那么,在这个例子里他是什么样的? 是否在疲惫的枯竭里,他少了欠缺好机会? 还是在抚慰或者睡眠的恩赐里,他欠缺能够与之靠近? 当然是这个与那个。他睡却不够深,这样就还未及真正纯粹的睡眠。必须睡着。“睡眠是最无辜者,而不眠者是最恶者。”必须睡着,如同必须死亡,不是指我们所承受的每日疲劳的这种未完成和非现实的死亡,而是另一个死亡，未知的、不可见的、不可名状的也是不可理解的，只有在那里 K. 才得以呈显，而非在书的各种限度上：在书缺席的静默之中，因为额外的责罚，布侯的剧本不幸地已然混乱。

米莲娜的失败(1954)

　　米莲娜是一个善感并且聪慧的年轻女性,其友人将之喻为摩尔(Mole)的马蒂尔德(Mathilde)或者是松色弗希纳(Sanseverina)之类的人物。她出自一个十分古老的布拉格(Prague)家族,因为她钟情、奔放、充满自制的性格,使其终生洒脱,她是忠诚且慷慨的永恒友人,不计较身份与得失的付出,她表面上默默无闻,然而事实上,斯丹达尔(Stendhal)在某个意大利专栏中借用了她的几个明显的女性形象。她同时也是极富涵养的,传闻其具备书写天分,并且将卡夫卡的部分叙事翻译为捷克文,因而促成他们在1920年间左右的相遇。他与她交往的友谊瞬即转变为浓烈激情,然而,这份以幸福为开端的情感,终究在折磨和绝望中消耗殆尽。这段感情,对卡夫卡的一生而言,显然是独特的。是他唯一一次感受到惊心动魄、狂风骤雨般的激情。或许,他先后两次与菲莉丝(柏林人)订婚,所具备的意义更甚,因为他感受到彼此间的太过轻狂,而他有太多的矛盾、孤寂的使命,让他企图想透过婚姻以便逃离寂寞,也确实,婚姻和社会义务也是慰藉其心灵的方式。然而,他同时也在其《日记》中意识到自身情感的限度:"除了透过书信,我从未在与F.的相处上感到与所爱的女人能拥有甜蜜的关系,例如在祖克蒙黛尔(Zuckmantel)或者在希瓦(Riva)那样的,除了透过书信,我从未从F.身上感觉到,我所感受到的仅是无限的赞赏、听从、怜悯、绝望和自我鄙视。"(1915/01/24)①。在1920年,他与一个年轻的布拉格女孩第三次订婚,此女对他的影响显然较弱,而且为了取悦米莲娜,他近乎是断然地离开她。稍晚,众所皆知,他遇见多拉·迪蒙,她陪伴他度过余生:这场婚姻显然是充满恩宠的,然而他却遭死亡所俘。

为何他爱,或者,不能爱上米莲娜?1920年他为了治疗其结核病而旅居美哈诺(Merano)时,他开始用一种客套却恭维的、想要讨她欢欣的方式书信给她,就此看来,似乎是他找上她的。不久之后,他们之间的关系透过一封不完整也没标记的信件得以推知(内容从"亲爱的米莲娜夫人"变成"米莲娜",从"您"变成"你")得以推知;此外,米莲娜本来就是一个积极、果决、活泼、保含旺盛求知欲的年轻女性,她完全无视卡夫卡

---

① 他在1916年的07月期间继续记录道:"我还从未信赖过女人,除了祖克蒙黛尔。还有瑞士的希佳(Riga)。前者是个成熟女人,我却还懵懂无知;后者是个孩子,叫我手足无措。"年轻的希佳是个基督教徒,而卡夫卡在1913年的10月遇见她时就写道:"希佳的出现对我的影响很大。那是我第一次懂得一个年轻的基督教女孩,而且我已进驻到她的生活之中。"

三十八岁有无数经验,而她只有二十四岁的界线,而这样一份巨大情感的投注,却瞬间使得福兰茨·卡夫卡退怯了。为此她写信给他:"是您的恐惧在困扰着您";这番话使他尖锐、真确地感受到了:惊恐,千真万确地宛如宿命般地注定,"像那些孱弱孩童在听见呼唤声时,饱受惊恐的百般难拒"。米莲娜住在维也纳,已婚,然而她的婚姻是分崩离析的;稍晚证实这个婚姻曾经一度破裂。卡夫卡必须离开美哈诺,回归到布拉格的生活。她向他建议可由维也纳转驿,他却戒慎恐惧地推辞;她的坚持使他焦虑倍增地婉拒。"我不愿意(米莲娜,您救救我……),我不愿意(这并非结巴)我的灵魂无法承受前往维也纳的压力。我从我的灵魂上发病了,肺疾,其实是灵魂的溃堤……""我真的不会去,因为我实在太害怕,如果我在维也纳(这不会发生),我会需要的不是午餐或晚餐,而是一把让我瞬间倒下的担架。"而这使得米莲娜的激情溃堤,其书信转而汹涌,一种"爆发似的嘶吼"潜藏在书写之核。这种真情流露、她纵情的激烈,最终技巧地征服了卡夫卡:他首先延长在美哈诺的居留,而后决定造访维也纳,长达四日。

这段拜访的最后两天为他留下对幸福的强烈渴望。返回布拉格之后,他写给她的信,笼罩着欢愉的情感。"尽管我经常以为:我所需要的便是死得其所,而如果某个注定要死的人,出于幸福的缘故,还活着,那么,我就继续活着吧。"在当时,即便这段交往仍横着她是基督徒的阻碍,然而,会因为仅仅如此,便足以中断这段感情吗？或者,因为她曾与一名犹太人结过婚①,只是卡夫卡也从未鉴于这个事实而与她产生隔阂;就算卡夫卡越是对米莲娜的年少感到焦躁,他同时也就越会感受到她不受犹太过往的沉重岁月的包袱所拘束的那份天真。就算她已婚,就算在往来信件中,其丈夫似乎也扮演着阻碍他们的角色(为此,她也曾经一度与之分手,而且不久之后,他们也确实协议分手),甚至,在没有其他阻力的条件下,米莲娜似乎也对于回复自由之身无所顾忌。那么,究竟是什么使他们终究保持距离？有一次,她邀卡夫卡到维也纳,为了可以短假外出,她向他建议对办公室发一封电报,谎称:"克拉哈(Clara)姑妈病重。"一个无伤大雅的借口,然而卡夫卡不愿说谎;他想这么做,却办不到;办公室"是用无辜(innocents)之眸,处处监视我的一个活生生的存在物,一个使我发现我被莫名其妙牵涉其中的存在物,我跟它的关系,甚至是比此刻正要穿越车阵的那些人更陌生。正是这种近乎荒谬的陌生才得格外小心……所以我无法说谎"。

这个插曲为他们将会分离透露了端倪。米莲娜率直的付出激情,她知其所欲,而她所要的既不容犹豫,也不能切割、受限。他们在格明德(Gmünd)再次相遇数小时,然而,那番相会已不复维也纳之约曾有的愉快,也没有拉近距离,反而使他们

---

① 然而,这个婚姻使她在家族里的位置艰难。

几乎是毫无转圜余地分开了。困境接踵而至。如同米莲娜曾
经忌妒过卡夫卡的未婚妻一般,卡夫卡也同样忌妒着米莲娜
的友人(他们试图说服米莲娜背弃卡夫卡)。误会如雪球般地
越滚越大。这段岁月,使卡夫卡重新体认到自己有如丛林动
物般,对尘世生活感到陌生的宿命。无论这个年轻女孩如何
计划未来,抚慰他的绝望,使他重拾希望,都将是徒劳;甚至,
想要继续每日的书信交往都是种徒劳:因为服膺于绝望、孤独
的力量所形成的沉默、退缩、乖僻使得他们冲突不断。她热烈
的激情无力对抗卡夫卡用来保护自己,内化为缄默的力量。
他不再写信、收信,用这种伤害朋友的暴力获取离开:"这就是
我求你让我保持沉默的原因……""这些信件只是折磨,从无
可救药之处而来,也只通往无可救药之处的折磨。而,保持沉
默,这是能持续活着的唯一方法。"①

　　那么,到底米莲娜的失败,是因为她热情耀眼的情感;或
者说,是这份情感解释了她的失败?合理的推测,起初应是才
能的威力使卡夫卡备受吸引,然而,卡夫卡也同时被这个威力
本身所改变,为此他倍感恐惧、焦虑、极度惊吓,而末了,当他
们的关系越来越混乱,他便跌入为了逃离那些窒息的失控行
径,不惜牺牲此女孩的痛苦深渊。

---

　　① 后来,米莲娜和卡夫卡转往布拉格。日记中稍微涉及。米莲娜在 1944 年 5
月 11 日死于拉芬斯布吕克(Ravensbrück)集中营。布伯-努曼(Buber-Neumann)夫人
曾动容地谈到与她为伴的那些日子。

米莲娜的失败(1954)

卡夫卡与女性间的关系总是非常含混的：从其叙事可见
一斑；而《日记》中的记载也为此证实，而在致米莲娜的信中所
展现出来的卡夫卡，意味着某种同时使他面对世界，也被他所
排拒的吸引力。米莲娜，这个自由也思路清晰的年轻女性，在
维也纳之旅（他们仅出于林间漫步）后，当她感觉到他在格明
德(Gmünd)前一晚的迟疑，她便猜想到这可能是某种焦虑的
爆发。然后，他跟她谈起他的初夜。在他二十岁那年，为了他
首次的国家考试，他研读着某些无意义的东西。是时为夏，天
候燥热，他倚靠着窗，并且和某个坐在对面成衣店的女雇员相
处愉快（仅是一些默契，却未交换只字片语）。那晚约莫八点
间，他想去找她，下楼之际，已有别人抢先。"这并无改变任何
事情，我害怕整个世界，当然也包括在那里的男人；即便他不
曾出现在那里，我也已经对他有所惧怕了。"然而，那年轻女孩
向他作势，要他跟上来，当她与其他同伴喝酒时，他就坐在邻
近的桌子等着。最后，这个年轻的女孩回到她家，又匆匆和卡
夫卡出门，他带她到旅馆。"包含旅馆前的所有这一切是吸引
人的、兴奋却又讨厌的。在旅馆里，也并没有什么不同，直到
早上，天气依然晴朗并且炙热，我们在返途中重新经过查理大
桥(la Karlsbrücke)，我还是很开心，这个因为休息所感到的幸

福(先于一切混淆来临之前，在还没有生厌、肮脏之前)，最终使我徒剩永恒痛苦之躯。"而在另一次见面之时，卡夫卡却为了避免见到她，不顾她眼神里的不明就里还朝向店里的另一位小姐走去。"我不认为我的敌意出自某一个特殊的理由(这确实不生存)，或许是这个年轻小姐在旅馆时，无意间形构成一个细微的恶感(不值一提)，曾讲了些下流话(不值一提)，然而记忆已将其驻留，在那瞬间，我意识到我将永远不会把这些忘记，并且同时我知道——或者我想我知道——这件讨厌且肮脏的事，表面上看似偶然，却内在地如此必然与整个事件深层地相嵌，而所谓讨厌且肮脏的事(就是她那些只如同微小信号而生存的小动作、只字片语)夹带着某种荒诞的暴力，确确实实曾发生在这个旅馆里(在那里，我被盗光我的所有力量)并导致此刻的我。而正如同曾在，永在。我的身体——好些年来经常是沉静的——再度因为某个具体陋习的、某种轻微抗拒并且艰难和肮脏的这种欲望而被翻搅；好处是这使我重回此实体，还残留着些微恶臭、硫磺、地狱之味……"他对米莲娜强调，这是他首次进入到另一个世界："这就是为何这不只是你的身体的邻近，也是你自身透过我来操练某种混乱－安宁的效力……同样的，我'焦虑'并非为格明德(Gmünd)的那晚，而是习惯'焦虑'－喔，习惯足矣……"

然而，不久之前与米莲娜一起在维也纳森林度过数个小时的氛围犹存，当他头依偎在此年轻女性的肩膀上时(这是美

好的一个片断;卡夫卡的语言里少数与幸福相关的),他强调
着:"然而,正是介于这白昼世界,以及你曾在信上蔑然向我提
及男人的'床笫半小时'〔此处所谓蔑视无疑只是为了使卡夫
卡安心;至少,这是信件编辑者的想法〕之间,对我而言,有个
我无法跨越的断层,也有可能是我不愿意。那里(自另一边)
是以全然并且彻底的意义作为夜晚之物,黑夜事务;此处即
(我所有的)世界,而且,我得自另一边跳入夜里,以便再次控
管?……我得因为爱自另一边走出来,为了一个诡诈、戏法、
试炼石、炼金、魔法戒指? 这些离我太过遥远,叫我戒慎恐惧。
想要用魔法缚住这一切,在沉酣的、卸甲的、附着的一夜匆匆
里,想要奇迹地构住那个每天使你睁开双眼者('也许'除了有
孩子以外没别的了;'也许'这些孩子也是魔法。暂且保留此
问题)。这就是为何我是如此感激你(对你,也对一切),而这
是为何我在你那边时,总是自然油生既是极度冷静也极度躁
动、极度拘束又极度自由;这也是为何经此试炼,我已弃守其
余生活。请读我的眼。"

　　卡夫卡说得简单,如此铿锵地几乎信以为真没有其余解
释了。倘若对他而言,欲望世界即那种叫他语带哆嗦之夜物,
那么去强调他想遁逃之意,显然是多余的,他很清楚在这近乎
全夜的占领中,他与此不祥的奇异性也脱不了干系;这是为何
他无法与之保持距离;这就是为何即便他入夜迷途,他都仍有
预感——就好像被卷入一个与夜共谋之中——其中有个骗人

的、虚幻的、折磨人的威力，然而也可能也是催生的、一个卡夫卡渴于痛饮之泉，和一个使乔瑟夫·K.面对比荷丝奈(Bürstner)小姐的寒颜不再感到枯竭的渴望。此外，对卡夫卡而言，书写也是与危险之夜的协定："在黑暗力量中卸甲"、"边缘于惯性威力的脱轨"、"非纯之迫"所有这些在书写之时都混杂在一起了，他如斯说道。"写故事之余还知道某事，在天上，在全光、太阳笼罩之中？"寂静与神秘之禀赋，而本质非纯的魔法，难道，更甚于卡夫卡地，被视为一种仪式之殊形，此种禀赋与魔法？而且，很有可能，他也意欲如此。

*

在给米莲娜的信中最常重复焦虑字词，最生动表达的部分莫过于他被焦虑所攻克。也是在这些信中，他似乎时而卑躬屈膝，并且尤其是当从希望转向绝望之际，他似乎几无止尽地陷溺于中伤的情绪中，那些极端的表达对信件编辑者——威利·哈斯(Willy Haas)——似乎同样值得怀疑：卡夫卡，面对这个年轻女性又不仅是面对她，也包括所有围绕着她而形变者，他真的认为这个缺乏、残渣的存在就是他想要重新再现于眼前的那个人吗？难道此处他没有越过此真诚之界线？当他带着某种苦涩的欢愉，猛然陷入这个因为试图弃卸而自诋的低潮瞬间，他仍确确实实是出于己之物吗？

卡夫卡确实有相当混乱的顾虑,也许是其所声称的痛苦偏好,而此如同一个在预先自曝险境的残酷①中逃脱命运的诡计。然而,切不能遭此所蔽:当他自觉焦虑交缠,当他向米莲娜说:"我们两个皆已婚,你在维也纳,我在布拉格与焦虑结合,因而你不是我俩之中唯一那个在我们婚姻里白费工夫的人。"这并非仅是出于虚无的不满和他被牵卷的恐惧所纠缠,它的内在还要更为丰裕。他必须给焦虑找理由,将之合理化,甚至是多过于焦虑本身,而如果米莲娜爱他,则要归功于焦虑,也即她所爱的是焦虑。"你的信里最美的部分……是你为我的'焦虑'给出理由,所有的寻求都是为了向我解释我不必如此。因为同如我,即便我偶尔看似利用'我的焦虑',对之毫无抵抗,这多半是更深层的我给了它借口;的确,我视之为我的基础[我为它所造]而且它可能是我所能拥有之中最美好的部分。此外,因为它是我最好的部分,也可能是唯一你所爱之处。因为,除了它之外,在我身上还有什么值得爱的?而此物值得爱。"

"此物值得爱"卡夫卡此番解释并无自豪之意,他并不意图否认在它心底的这个部分,此担忧的和痛苦的命运,无疑地使他必然意识到自己同如一个毁损的、虚无回荡的存在,令他发颤的庞然物,而其并不减损其所值得爱的部分,就好像爱或

---

① 在最后几封信的其中一封,卡夫卡写道:"的确,痛苦对我来说是极其重要的。我唯独专注于被折磨和痛苦习练。为何?"

者欲望一度是中心本身——焦虑的纯粹内在。

在他最后几封信之中的一封,他向米莲娜描述他和她的样子:"有点像是如此:我,一个几乎都在森林里过活的丛林动物,藏身在泥泞坑里的某处;(泥坑显然仅意味着我的在场);然后,我看见你在外界的自由中,那是我前所未见的美好,我忘了一切、忘了自己,我在这崭新的自由里站起来,仓皇的,这确实为真,甚至如此相似,而我仍靠近直到你跟前,你是如此美好,我蜷曲在你身边,仿佛我有这权利,我把我的脸放进你手中,我是如此快乐、如此自信、如此自由、如此强大、形同自家,又总是更甚于此:形同自家,然而,究竟我只是一只动物,我只会永远属于丛林,而如果我能活在这个全然自由中,这不过是因为你的恩泽;我却对此一无所知(因为我已全然遗忘),我从你的双眸中读见自己的命运。这无法持久。即便你对我伸出援手,也必须记住我烙着宣示丛林的殊印,其显示出此根源与我真正的故乡。从'焦虑'衍生无可避免的话语,也无可避免地重复,折磨我(同如你,只是你以一种无性的方式)直到神经过敏,我被迫总要看见过多的脏污伤口、过多障碍、过多我处处为你的局促……我想起我曾所是,从你双眸中我读见幻想之尽,我饱受噩梦之魇(宛如误闯其所,意味着我们无权存在),处于现实中我同样畏惧,我必须回到黑暗之中,我再无力承受太阳,我绝望,实际是犹如歧途动物,我上气不接下气地开始狂奔,思绪无息:'我能否带她一起走!'而另一个想法是:'她所在之处是否也有黑暗?'你向我问过得如何:我活如这般!"

必须阅读此片断如同其早已被写,在此字词的通俗意含中非关影像的去思考,然而,卡夫卡确属丛林深处,而其世界是他只能藉稍纵即逝之机以逃的黑暗之界。因此,从世界、从应许之地(大写)遭流放,删除希望,是否其注定绝望? 注定在荒漠中、在空无的深处迷途,难道他不能将此迷途化为其途,把荒漠当作另许之地,把流放当作其新居? 他有在日记里的一个注释中谈到此疑问,记载的时间稍晚一些[1],而面对米莲娜,他针对此谈论也同样充满神秘词汇使推想到一个丛林动物见其所未见者,识其所不识之世间之乐:"米莲娜,你无法完完全全地理解这会如何或者又被如何瓦解,我自己也无法明白,我只能在失控之后颤抖,我受苦直至疯狂,然而,那是什么以及我要什么都远不可知。我仅知道我想要的咫尺天涯:寂静、黑暗、埋葬,此即我途,别无他法[2]。这或者先或者后于失控——其已过境,成为部分过去,却仍旧使我发颤之力;是的,我的一生,我的存在产于此秘密的胁迫;如它不在,我也不在。这就是我活着的方式;若此不复,抛弃吾生只是轻而易举,同阖眼般自然。从我们相识开始,不就总是如此吗,而若非如

---

① 1922/01/28—29,于史斑列米勒(Spindlermühle)。

② 此即路德语录:吾孤立,束手无策。＊德原文:(Hier stehe ich, ich kann nicht anders.)

此,你还会多看我一眼吗?"

这就是为何卡夫卡似乎用一种贬抑其天分的方式展现对自己的对抗,他所谈的不只是一种摧毁力的严苛,而是仿佛在记忆中、在不断超越日常经验的迫近中,摇撼让他惊骇、恐惧,却也因为他早已预见这狂热骇人威力的运动:"然而,这仍非最惊人之处,最吓人的是,若你想要向我走来,如果你想要—斟酌词意而论—放弃整个世界只为靠近我,到那样一个你什么也看不见的深渊里,为了达到这个目的—奇异,奇异—你必须不只是沉浸其中,而是要以一种非人之姿挺立于上——于你之上——如此奋力地以至于你可能被撕裂,直至你崩塌且消失(那么我便确然与你一起)。"而这是为了抵达无诱之处,于此我既无幸福、无不幸、无欲也无误地驻留,只因我被置于此。(这些书信确实早在忧郁困境以前便已书写,而其所表述的正是同样的真理:为了回到卡夫卡所在的那个黑暗深渊里,必须无止尽地坠落却同时又腾起,激狂直至消亡——"奇异,奇异"。)

*

布侯以为卡夫卡在《城堡》一书诠释与米莲娜的关系。的确,在这种直观下有几分确实性,然而,米莲娜是菲达吗? 克莱姆是米莲娜的丈夫吗? 奥乐卡是卡夫卡的未婚妻——这个

米莲娜的失败（1954）

单纯的年轻女孩，并且鲜少隐藏她对米莲娜的忌妒（以一种
非正常的暴力爆发——吗？而米莲娜的朋友——这些酒肉之
交插手对抗卡夫卡——让我们连想到客栈老板娘的形象，正
如她们忽而暗地里、忽而公开显露的敌意？不能确认是意味
着：真人时事并不澄清作品，却也从不比我们更接近作品。所
有的揣测也许是确有之实在作品中的扩增，但这并非为了诠
释为转移之效，而是为了形构另一个不可化约的经验（这种经
验透过其经验本身的需求和细微的特质而展开），另一种在卡
夫卡的命运中，份量不轻于其悲情过往的经验。然而，阅读信
件、回忆《城堡》，如果只是不断在这两个世界之间制造相近之
处，我们会近乎害怕地讶然于这个米莲娜——其耀眼的形象，
以及被卡夫卡真情剖白为至上者——就作品的真理而言，可
能不比这个几乎是微不足道的菲达（除了她保有与克莱姆的
联系的联系以外，毫无巨大的魅力也没有其他人的优点）有更
多的生存—而此外，这份如此美丽的激情（透过那些信件向我
们倾诉的方式，我们几乎可以像斯丹尔达(Stendhal)一样称其
为崇高的，是否已在徘徊在一个无忠诚的陌生者与不忠诚的
服务生之间，藉由作品、作品经验，召唤这段悲惨关系、这种可
鄙之迫、不幸并且毫无未来可言的流变？而就一个如此狂烈
仰慕着米莲娜的他而言，要如何能够压抑、控制其情感，以便
直指核心地去说明导致 K.与菲达结合的运动，其内在是如此
空洞、如此冷酷？那么，这是否在说明，真理只彰显于阅读信

223

件里的那些绚烂词句？而若真象为此，这难道不是以一种，我
们难以想象的冷酷方式，在说明米莲娜的失败吗？

　　或许事实正是如此。而倘若我们确有可能想要从书中重
新掌握卡夫卡真理情感的反射，也必须把阅读迫升的更深远
而且不受限于某种人物关系的分析。此即，在其精巧现实中
的完整作品，其必须向我们表明一种痛苦的、黑暗的、扣人心
弦的力量，并且穿越真人时事。如此一来，也许一切都变了，
这不再只是必须考虑到卡夫卡交往的惨淡关系的悲剧，而同
样也是《城堡》耀眼的神秘，甚至，是一种未曾满足、未曾止息，
即便在一切威力尽失之馀，依旧奋力，永不止歇的那种寻觅的
巨大激情。也就是说，《城堡》正是一本极致激情之书，而其在
这个激情（在《审判》中所欠缺的）中所展现的冲劲，其不幸地
在某日将这个莫哈诺（Merano）的年少男人带往这个维也纳的
年少夫人。巨大的激情，这种失败，是为了超越目的才不能抵
达目标的激情。卡夫卡不停地谈论着其脆弱，已然感受到这
个——一切尽有可能——猛烈力量足以侵吞他。他向米莲娜
说："……在此棋盘上的我还称不上是个棋中棋（我还差的远）
此刻，既违规又搅局离开，我既想要扮演皇后的位置－我，这
样一枚因为生在剧本以外而无法进入游戏中的棋中棋——也
同时想要扮演国王的位置，甚至是整个棋局，而若我确实想要
如此，那么就要藉由其他更非人的方法来达到。"而此即卡夫
卡的的激情，这份神奇威力，在他想要靠近米莲娜的时候，活

化了他(然而过于强大,以致于无法永恒地置身事外),而这同样也是 K.的冷酷激情,他也是此棋中棋,一个弄乱了所有的规则,处于局外却又想要玩的非存之象,而若其确实意欲介入,那必然就是以一种外于所有人世的方法,来超越一切目的,然而,也正因为这同一种过度、不耐、永恒麻木的意志,他什么也无法成功,什么也办不到。

说书之声(1964)

　　我书写(我发声)这个句子:"生命的力量直到某个点才能满足。"我念着这个句子,并且把事情想的很简单:疲惫的经验在每一瞬间给予我们受限生命之感;我们在路上走了几步,可能是七步或者八步,然后跌跤了。界线(la limite)意味着生命中的弱化之线。以便进而,生命的意义受此线而界:有限生命的限定意义。然而,从很多层面来看,此意义也意味着翻转。语言移动了情境。我所讲的这个句子,企图从生命中提取出界线(其只能从外部描述生命)的内在本身。生命可谓有限的。此界限不会消失,然而,它从语言中(可能是毫无节制的)撷取到它可以划界的意义:界线的意义,以此看来,便与意义的局限性背道而驰,或者,至少是变动了意义的局限性;然而,这样一来,将冒着失去对理解界线的已知的风险,如同意义局限性的丧失。那么,如何在意义并非无止尽的情况下,谈论这个界限(就其意义而言)呢? 为此,我们必须进入到语言的其他类别之中,以等待能够重新思考类似这种:"生命的力量……"的句子并非绝对可能的。

*

我们仍暂留此句。我们书写叙事,于其中,句子如同一个叙事自身的完整性,取而代之。这两个同一的(identiques)句子,有何差别? 确实是天差地别。我尽可能大致上如此再释之:此叙事,如同抵消生活之圈(是不想说的并与生活无关之物),也是透过一个中性关系与生活互动之物。在此圆圈中,意义其所是与其所言,确实是本然的,然而,却是开始在收拢、划距(此两者,早先是不区分意义和整体意义缺乏的)。超过所有意义的保留,既不会被视为是丰富,或者纯粹或单调的贫乏。这宛如一段既不明示也无暗喻的话语。

通常,所谓糟糕的叙事(假设有,而非一定有),是指可以很明显地感觉到这是某人背地里窃窃私语,或者是对人物的吹嘘,或是众人所谈论的某事件,这种张扬并且突梯的插入感,就是一个作者在说话,一个权威,并甚而是扎根于生活中,妄断的"我"。这的确不够谨慎——也因为如此,抹除了此圈。然而,也确实,某人"背地里"说话的这个印象,属于一种说书的特异性和圆圈的真理:就好像这个圆圈,具有外于此圈(可以无限后推)的中核,就好像此域外(le dehors)实际上一度是这个所有核心缺席中的唯存中心。然而,这个域外、这个"向后",全然并非一个支配空间,或者,是一个我们足够综归一观,并且配置事件(于此圆圈)的临高空间,这也并非指那种语言把其自身欠缺视为其界限的距离本身,距离确实是全然外在的,然而,其寄生于界限,并且,以某种方式使界限继续,无限距离造成在语言中的延续,就是总已在彼处。而假设其有可能接触,像这样在其特有意义之"详述"中,会因而产生能够谈论此距离,也即把界限经验(une expérience des limites)和经验——界限(l'expérience-limite)直导向话语之中吗?从这个角度来思考,叙事便会是偶然空间,于此空间中,句子:"生命的力量……"得以在其真理中显现,又相对地,于此空间中,所有的句子和最无关紧要者,同样都冒着接受同等含混——在其界限中接收语言——程度的风险。界限可能会是中性。

*

我不重提"在小说中藉由人物发声的使用"这已有许多出色的研究①。我想必须越过其上。假设,正如我于《文学空间》一书中所已经提过的:书写是从"我"到"他"的穿越,即便假设此"他"被"我"取代,也并不仅为意味着一个他者的我,或美学的置外性——这种非纯粹的反思快感,其使得读者及观赏者

---

① 我所参考的是米歇尔·彼托(Michel Butor)的书:《目录二》(*Répertoire Ⅱ*)(午夜出版社编辑)。

能不专注于戏剧之中——,在书写响应这个无特征的"他"的
要求时,便已经知道重点为何了。在这个说书的形式里,我们
理解到——而且好像总是外加的——谈论某未明之物,其这
种形式的衍变描绘、孤立直到其逐渐显露,即便是一种欺骗的
方式。此"他"是在我们谈论时所出现的未明事件。古老的史
诗传述者——无论是否身历其境——皆讲述那些似乎被重制
而成的辉煌事迹。然而,传述者并非历史学家。其诗歌是一
种他从传颂中理解到事件回忆在场的延伸;记忆本身成为真
理[同如谬斯(muse)与谬斯之母的关系般],也就是说,发生即
现实;在俄耳普斯(Orphée)的诗歌中确实陷入地狱;而经由不
停增添翻译的唱颂,成为他往下坠落之力,而这样诗歌工具
化,已经意味着一个说书结构的转型。陈述是神秘的。急速
的,史诗结构的神秘"他"裂解:此"他"变成一个**故事**的(就其
全面性及此字词的魔幻意含)无人称和谐;**故事**了然一身在造
物主的思考中预先构成,并且只能故事为己生存的陈述。而
又**故事**即刻幻灭。藉由《唐·吉诃德》(*Don Quichotte*)的文学
诠释出的幻灭世界经验便是对抗日常生活性(长久以来现实
主义者便是从此其中萃取小说形式,而使其逐渐沦为一种资
本阶级的有效性)的这样一种在己的故事消散。此"他",于
是,是无功之日常,显现于无关紧要中,这样一种无感知的世
界节奏,流逝的时间,单一与扼要的生命。同时,并且用一种
更清楚的方式来说,此"他"意味着角色的介入:小说家是放弃

说"我"者,而把这个权力交付他者;小说由小"自我"们的痛苦、奢望、不幸,甚至总是沉浸在其不幸中而满足所构成;个人在其主体的丰富性、内在自由、心里状态中呈显;小说的说书(即这般的个体性,也是其共同内容中的建构抽象)已被视为一种意识形态——就其假设有着特殊性及界限的个体,便足以道尽世界而言——也即,假设此流川世界,乃意指其个别的特殊性。

我们因而看见此"他"一分为二:一方面,有某物要讲,此即其在涉入的观看中即刻给出的**客观**现实,而另一方面,这个现实退缩回作为个体生命的、**主体性**的团块,复数性且个别化的"他","自我"显露在一个现形"他"的纱幕底下。在叙事间隔中或多或少确实听到说书者之声,时而虚幻,时而不藏。

什么在这个深刻的建构中渡让了?几乎全数渡让了。我无法把自己留在这里。

*

还需一提的是,我们把所有粗陋特征(因其过分简化)被刻意留下来的这种方式喻为——无论对错——出自福娄拜和卡夫卡之手的小说之无人称性。无人称小说的无人称性即是一种美学的距离。遣词用字是专断的:小说家无权介入。作者——即便包法利夫人(Madame Bovary),就是我——删除介

于他和小说之间的所有直接关系;反省、评论,这种仍旧被殖
的道德化僭越的光灿夺目,却在斯汤达尔①或巴尔扎克
(Balzac)的作品中变成成原罪。为何?因为两个几乎是相互
融混的差异理由。第一个是:其所讲述,就一个把与特性保持
距离当作特性的角度来看,具有一个美学价值;此置外性——
从康德(Kant),甚至亚里士多德(Aristote)以降,审美判断之
基本范畴——意味着,如果想要为美学行为制造一个合法的
中性特性(大写),美学行为便不能根基于任何特性之上。此
外,作者必须断然采用,并且,保有其距离,如此一来,读者与
观赏者才能也与作者保持距离。观念留下经典剧场的再现:
说书者不是为了拉起幕帘而在的;事实上整个剧本从头至尾
的演出如同无他;他不陈述,他呈现,而读者不读,他观赏,出
席,不参与地占位。另一个理由全然差异地近乎相同:作者无
权涉入,因为小说是一个艺术作品,而又艺术作品作为非现实
之物,孤独地生存于世界之外的世界,必须使艺术作品自由,
去其框架、切其缆绳,以便使他持存于其想象物之身份(而这
也即马拉美早已宣称的,一个全然他者的要求)。

我们即刻想到托马斯·曼(Thomas Mann)。他的例子相
当有趣,因为他并未遵守无涉入之规约:他总是不断卷入其所
陈述——有时是透过人物安插,或者,更直接的方式。这个不

---

① Marie-Henri Beyle (1783—1842),笔名"Stendhal",19 世纪法国现实主义作
家。——译注

规则僭越的目的为何？这并非伦理着书（采取某个立场去攻讦某种人物），其目的也非为了描述事物之外部状态（那种创造者瞬间就能按其意愿塑成形象）。这种无由越界凸显出说书者的涉入，将会使说书本身的可能性遭到质疑——因此，涉入仅为表述和戏谑的层面上来说，基本上是遭批的。福娄拜式的无人称性，即便令人生厌且困难，却肯定说书模式的有效性：陈述，除了已作为——即便已有许多质疑——说书程序的方式，和一种位于界限上的自忖之外，也曾被当做呈现、使生存或促成生存。托马斯·曼很清楚纯然（naïveté）不在。他因此试图回复之，但并非透过寂静，来制造一种幻象，而是相反地，制造之，使之回复到一种它表现纯然的明显可见，如同其与读者共同表现，而藉此将纯然引入表演之中。使说书如同盛宴般具备巨大意义的托马斯·曼，因此成功地，藉由说书幻象之盛宴，把纯然重构到我们之中，使我们重回第二层次的素朴（ingénuité），此也即素朴的缺席。故而可说，如果美学的距离遭揭露自身，其也同样透过随主旨而选定的说书意识被宣告、被断言，即便在较传统的无人称小说里，美学的距离置入括号中被视为消失。陈述可能是由衷而发。

陈述并非由衷而发。确实，说书的行为通常由某个人物所控制的直接讲述，而非说书者的即席说故事，或者这故事还在边说边发生中，因为它是一段从叙事结构作为其核心的陈述：从这个观点发展出一连串事件。因此，有一个特权的

"我",此即发展为第三人称的人物,他小心地不要越过其所知晓的可能性以及其场域之种种界限:这是詹姆士(James)大使的支配,也是一种主体公式的支配,为了一个自由主体的生存而造的说书真确性、正确公式,因为正如其所代表的,是部分受限的(一旦涉及书写时,固定或甚至固着是可能强置的规范之——形式被固定,此乃其危险)、公正的却又绝非确定之决定,正确公式误将说书行为和意识的透明性等而视之(就好像陈述只是具有一种意识、投射、揭露、揭露的隐蔽)而另一方面,其维持只能是第二现场的首要个别意识,或者更次等的是一个说话的意识。

*

同时,卡夫卡书写。卡夫卡赞扬福娄拜。其所书写的小说有一种特殊的素朴性,这点使得粗心的读者得以将他们整理进一条福娄拜之线。然而,这是大相径庭之别的。这些差异之一,即操控我们的实体,是本质的。此距离——创作的置外性(在福娄拜奋力以持之中,尤其明显)——,这个距离也是书写者和读者对作品的距离,即刻藉一种不可缩减的奇异类种,在此作品的同一领域中享受沈思之乐。不再是存疑,重建即是揭示就像是托马斯·曼(或者纪德)的作品,距离是小说世界的中间,一个在独特的单纯性中开展说书经验的空间,也即不在陈述之列,却在陈述中核者。距离不只是过去经验,那种宛如主角与其自身间永恒的距离,宛如他与他所生活的事件、他所陈述的生存物(这仍仅是一个特异我的标志)始终保持的距离;自己将主角排开的距离,从中心将之隔开,因为距离永恒地潜移默化作品核心,同时距离在极度严谨的说书中插入其他话语或者话语(书写)般他者的更替(altération)。

有着这样变换的数个结论,通常很难诠释。因为每一种都是显见的醒目。自认为随着故事的节奏亦步亦趋跟进的读者(其实还差得远),然而,一旦那种隐约的奇异感,如同故事的要旨般,突然逼近眼前,读者便无法在与之保持无关,也即,读者无法仅是置身事外地欣赏故事。发生了什么事?基于哪一种新的要求,使得读者被推落到故事中?这显然没有如此单纯:相反地,这跟读者毫无相关,甚或,与任何人无关;从某种层面来说,此即非关(le non-concernant),反过来说,是因为与什么相关,使得他无法再轻易地保有其距离,这个他,只能处于某种相对于根本未稳定之物的状态。那么,他是如何在无损于绝对距离的情况下,从中逃开?无支撑点、阅读特性的褫夺,使他无法置外以观物,无法保持物与己身的这种观看的距离,因为,这个作为非在场之在场般的遥远,无论是远是近,皆无法现身,以致,其无法作为观体(objet de regard)。如此之后,这不再涉及视线之议。说书,停止作为某个提供某物可看之人,无论是以一个中介者的身份,或者,是以一个演员——

观众所选择的角度而言。基于说书的慎重（这是一个环顾周遭之后，并保持其视线的"我"）而衍生出的这种审慎意识的掌控，在还未真正理解之余，便已遭潜移。

这即我们从卡夫卡身上学到的——即便这个公式不直接从属于他——，这即中性(le neutre)内核地陈述。中性决定的说书藉由"他"——既非某个第三者，也非无人称之简易外壳的第三者——的保护持存。言谈中性之说书的"他"并非为了在其无人称象征意义①中占据一个普遍作为主体的、一个声称或影射"我"的或者事件发生的——位置。此说书的"他"撤销所有的实体，也剥夺所有传递活动或者客观可能性之所有权。藉由两种形式：1) 叙事的话语总是使我们觉得陈述者并非透过人称在陈述：其在中性中说话；2) 在叙事的中性空间中，话语的承载者、活动的实体（他们过去藉由人物角色们来维持其所）陷入与自身的——某物朝他们而来，而那唯有在放弃说"我"的权力之后，他们才能重新对之有所掌握，并且那些朝他们而来者，总已是他们（他们只能间接地省思，就像是对他们自身的遗忘，这个遗忘把他们插入作为说书话语的表面无记忆中）——非——同一性(non-identification)关系中。

---

① 此"他"不单是透过实体占据了过去以为的位置，他改变了(可动的碎片)所谓对位置——藉其身份而固定、单一、确定之域——的理解。此处必须重申(混杂地)：此"他"，以一种运动空间和各种空乏的欠缺的方式，在共时的复数性——重复——中消失，指出其位置，同时既是一个永恒缺失以至于使其保持空洞的位置，并且又是一个多余之位、一个永远过剩的位置：过剩。

当然,这样并不意味着叙事必然相连于一个遗忘的事件,或者遗忘的这个事件,因为这涉及分裂(甚至是,异化)生存和社群所是,就好像在睡眠中寻求自制一样。此即作为与其内容无关地叙事,以致于陈述就是对这个最初遗忘——其先于、合并也摧毁所有的记忆——的检查。就这个意义而言,陈述是一种语言的痛苦,其无限性的无尽重寻。而此叙事只会是一个包藏在书写中最初迂回的暗示,此暗示放逐书写,并且使我们投身于一种永恒转向的书写。

书写,性命攸关,迂回之关透过与之无关而定。

此说书的"他",无论缺席或在场、肯定或回避、改变或非书写惯例——直线性、持续性、阅读性——因而,在其不可减损之奇异性中、弯曲的反常中标记着他者的僭越——以中性立场理解。他者说话。然而,当他者说话时,无人说话,因为他者——必须维持一个大写(视同一个首要名词)的实现——如同有某个主体的在场(甚至是唯一的),实际上从未只是一个他者,而比较像是:非此非彼,而作为其标志的中性将其从非此非彼的两者之中取回,如同一个整体,总是在语词、行动或者其意图自成的主体之外建立。说书之声(我不称之为说书人)处于其失音症(aphoine)中。在作品之中,声(La voix)没有位置却也不是无法使其突出,远与陷入某个最高超越性(大写),宛如神的保证般的无关:此"他"并非雅士培之全并(l'englobant de Jaspers),而比较像是在作品中的空洞——这个缺席-词(le mot-absence)令人想起玛格丽特·多哈(Marguerite Duras)在她的其中一个短篇里提到的,"一个词——洞(mot-tiou),在一个洞的中心挖掘的,这个洞里所有其他词都会被埋葬的",而接着补充:"或无能称之,然却能使之回响——无尽地,无止地,一个空螺①……"这是说书之声,一个诉说着,作品始于作品缄默之无处之处的中性之声。

*

　说书之声是中性的。我们很快会发现,几个先被它特征化的模样。一方面,其什么也没说,非但因其未在要说之中,添油加醋(其一无所知),更是因为其作为这个无(rien)——此"沉默"(taire)和此"使沉默"(se taire)——之处,话语已然涉入;以致于,它并非第一个被听见,反而,所有加诸于他之上的,皆始于叛离的清楚现实。另一方面,它没有本身的生存、什么也没说、所有叙事的中断,其既无法就地消失,也无法依循光线从不可见到可见的模式:它是生于同一个外在的彻底外在,而此域外,是在书写中,语言本身之谜。然而,我们再细思其余的样式,剩余的相同者。说书之声,是仅存于内在却如同域外,是在无距离的距离中的无法具体化:他当然可以借用

---

　① 《史坦的狂喜(劳儿之劫)》(Le Ravissement de Lol. V. Stein)(伽力玛出版)。

某个精心挑选的人物之声,甚至是创造媒介者(其阻断所有媒介)的混合使用,他总是相异于其对他所说者,他是非差异的-差异(différence-indifférente),改变了个别人之声。我们称之(透过幻想)为光谱、幽灵。并非因为他从死后来,也并非因为他为了所有那些本质的缺席而再次再现,而是因为它总是企图从其载体中消失,并且就像中心一样删除自身,得以在其非为中心的清楚条件下成为中性,不制造中心,从某中心开始停止说话,而相反地,他在有限中阻碍作品具有中心,把中心从所有殊征之灶中抽回,这即所谓失焦者,因而对其生存毫无保证,如同完整的一,同时并在从未完成中。

默示,其拐弯地、间接地吸引语言,而因为这个吸引,迂回的话语者,得以中性说话。这是什么意思呢?说书之声载着中性。他这样以载之:1)以中性开口,即保持距离而谈,在这段距离的维持中,甚至是在经受此距离的无限距离性、其非相互性、非笔直性或者非对称 既无媒介(médiation)也无共通性(communauté),因为距离越大,造成非对称性,如果是此或彼词汇之特性,那确实是中性(我们不能中和中性);2)中性话语既不揭示也不隐讳。这并非意指其没有任何意义(就好像把放弃之意视为无意义之畴),而是要说,就一种表现可见——不可见而言,他没有意义,然而,他在语言中以照亮(或者调暗)、理解(或者误解)之力打开了其余者的奇异权力。他不是在视觉上的指向;而是外于参照地留在光亮——黑暗——其

说书之声(1964)

似乎作为所有认知与交往之极限参照——以便,使我们遗忘古谚(同义于长远流传之言)是话语唯一的价值;3)中性的要求企图质疑语言的从属结构,这个关系相较于生存,当某物被说时,即是在我们的口语中或者暗喻或明指立即置入的。经常发现——那些哲学家,语言学家,政治评论家——如果其不是事前已经被置入的话,没有什么是被否定的。换句话说,所有的语言始于发表,并且在发表中,肯定。而语言可能陈述(书写),这会是在一种说的可能性(其不说地说生存,并且无不再对之否认——或者是更加清楚地、过于清楚地,建立他处话语的引力核心,在那里讲话,不能肯定生存,以致于,不再需要否认、去质疑这个在所有表达形式中,寻常完成之生存的作品)之中吸引语言。在这层关系下,说书之声是就其理解所能给出的——非理解的——最大批判。因此我们在听见它之余,有意与不幸的、疯狂的迂回之声共赴混淆①。

---

① 正是这声——说书之声——那即是我从玛格丽特·多哈的叙事中理解到的,那即是我——也许是不经思考地,或者带着理性地——瞬间地呐念者。无光未夜——这个舞池是乍然无法描述(我们既想不起来也忘不掉,只剩下遗忘本身的)事件之处——回头想看看那既非可见或不可见之属的,也即用观看在最接近奇异(那运动萌生——隐匿之处)的瞬间抓住的,夜行之欲丧失其自制之力量——而即便,透过他者来肯定的、借他者重生的、三分之一、斗争关系、诱惑关系、非异关系、众媒介中不可缩减之关系、中性关系的此需求(人性永恒的愿望)暗示着欲望的无尽空洞——最终,曾经发生过的迫切确实性一再重演,一再流露并且摆脱:如此无疑,我觉得就好像那些说书空间的"谐和",这个我们不断进入外面的进入循环。而谁在此刻陈述? 并非告发者,那个表面上取得——稍微羞耻地——话语权,而事实上是篡夺的,为了向我们如是展现僭越,而话语所不能陈述的正因其所载着——这既是他的聪明也是愚蠢——不可能说书的痛苦,知道(理性——非理性,先于分裂的一种封闭的知晓)这域外通行着的样子,我们冒着被话语吸引而掉到彻底外面的危险:纯粹的荒谬。

木桥(1964)

在中性引文的前提下,假设所有叙事尽属荒谬之域,我们便可理解,为何《唐·吉诃德》以如此显著之式,开启了属于我们的痛苦时代,并非因其摆脱了某种诡异的方式,而是因为其素朴地信赖着发言的单一运动,他深陷"荒谬"之中,并瞬间(或许还要再更短的时间里),他亲身验证(宣告)着我们所谓的文学①。多蠢的骑士啊?我们的疯狂,全是这种疯狂。他大量阅读,并信其所阅。出于正义的一致性精神,他决定忠于其信仰(这显然是狂热者)抛弃其书柜,贯彻一种书本的生命,以便理解是否此世,正如文学之魅力。我们也因此(而且,这无疑也是首次)具有一个蓄意为了模仿的创作作品。把以模仿(能够像其对偶般地达成任务)为核心的角色视做活动人物而

---

① "以如此显著之式"。其于著作中专指《唐·吉诃德》,然而,还有在卡夫卡的《城堡》其中的第二部分,这是玛特·侯贝(Marthe Robert)应这两本书的模式而生的一个在文学上的反思,其优于其他所有的评论者的脱离了塞万提斯(Cervantes)的破坏王国,由此,华丽词藻的黄金岁月才终了或者开始终告。我所指的正是这个——我现下"重选"此运动的——丰富的著作:《老与新:从唐·吉诃德到福兰茨·卡夫卡》(富饶出版)[*L'Ancien et le Nouveau*; *de Don Quichotte à Franz Kafka* (Grasset)]。

呈,是徒劳的,其所为,总已是反射,并且,其唯有成为复本,才能作为自己,然而,行迹自诉的文本并非某本书,而是其余书之参照。

这么说来,如果唐·吉诃德疯了,那么,塞万堤斯显然疯得更彻底。唐·吉诃德毫无理性,然而,他认为书本的真理有益生活却是合乎逻辑的;此外,让他决定如同书(美好与幻灭交织的冒险生活)那样活着的,正因为书的真理就是失望。对塞万堤斯而言,对象走样了,因为其目的并非在于诉说唐·吉诃德,在现实中实践书里的生活,而是,他仍在书中挣扎而没离开书库,只有在毫无生活、无动静也不死去的书写之中,他才能有所动静的活着,甚至死去。他期望证明或者向自己证实什么?难道,他在心里把自己化为其角色,然而不是作为一个人,而是作为书的角色,而且,是一本非关被阅读,而是关乎于被活着的书?这样的极端疯狂、可笑,以及反常的非理性被遮蔽在所有的文化背后,然而这却也是其隐匿之真理,缺之,文化无以为立,而应此,文化沦为浩荡也图劳。

我们从另个角度更单纯地看待这一切。我们阅读一本书,并衍生评论。在这评论中,我们意会到,这本书仅作为其余书之评论的评论,并借此方,此书得以返回书本之列。亦即,评论书写如同著作般。然后,乔装像出版物与公共物,吸引另一波的评论书写,再依此类推……我们习以为常地认为在这种序列的情况中,似乎隐约地有某种不对劲。就好像我们因为坏习惯使然泄漏了家族秘辛。我们得承认可能会有这种偏颇。然而,我倾向这种将我们导向双重提问或者可以二次重构的询问(这是在玛特·侯贝的书里,其中一个卓越贡献):评论的话语是什么模样的?为何我们能一方面以话语对谈,又一方面近乎污辱性地,把话语当做无声般地无视,这所意指的是作品,难道我们所谓的杰作,是无法自己发声的吗?那么,作为注释本身的那些创作作品又是什么呢?它们是否在宣告着文学的贫瘠,干枯迟缓并且衰退的文明降临,这种"情感"了无新意地重复"单调",或者说,它们不再如此遥远,而是更贴近文学之谜,不再是反思的,而是更内嵌于思考运动的,因而,文学并未倍增,而是实现一种更原初的(即指,先于并在把"文学"和"生活"当做同一假设之前)倍增?

*

评论的话语:就一个广泛的意义而言,会被全然地视为批判,是因为混淆了其字义之故。这实际上(用一种可能可以囊括所有批判的方法来说)与重复作品相关。而此重复,即是从作品中掌握(理解)到那个使作品成为独一无二的关键重复。又这个重复(以双重方式生存的原初可能性)并不会被简化为是一种内在或者外在形式的模仿:此形式可能包括,是其他书写者之书,或者生命,世间的生活,作者的生活,抑或是在已经完成的作品中(不过,是以简化的模式)可能有类似的零碎想望,再或者,逐步偏离的想望,甚至是复制某种心声(即指上帝)的想望。这个反复假设了另种方式的双重性,即:作品所说之物,作品透过使某物沉默来说它(然而,并非透过一个秘密的位置:作品和作者必须永远说出所有其所知晓的;因此,文学不能忍受任何使它可能成为外部的玄密;文学唯一的一个秘密主义,就是文学)。更甚,文学使自己静默以便谈它。在文学之中,有一个组成它的空洞。这个被表述屏蔽掉距离的欠缺,便是作品的开始(只说了一次,完美地说了,被重述的无能),作品无可避免地想要被重述,压榨着评论的无尽话语,并在其中,透过分析的精美残酷与自身分离[事实上,并非分析随意区隔作品,而是此种分裂本来就作用于作品之中,如同它极端微弱心搏的非——等拍(non-coïncidence)],并在属于它的寂静中等待可能的结束。

这种等待当然是不可能的。藉由评论所展开书的重复,便是这种在评论中展开新话语的运动——介入到使作品(新作品却又是同一个作品)发言的欠缺中,想要占满、填满欠缺。重要的话语:我们终究将知道它是什么,我们将会知道在这个大城堡后面有什么,还有,是否在《螺旋塔》(Tour d'Écrou) ①里的鬼魂,只是一个年轻女孩发烧时的幻觉。评论是揭发,侵占的话语。这很明显是基于评论能填满所有的空隙,或者说,评论,作为一种完整的话语,使作品完满,然而,这也使得作品沉默,并且取消了其共鸣空间,最终导致,评论自身也遭沉默袭

---

① 亨利·詹姆士(Henry James)于1898年出版的小说。关于此概念的详细分析,可参见布朗肖其他专文(《螺旋塔》,《未来之书》)。——译注

击;也可能,重复作品的评论,专注于对作品的重复,而导致在评论中作品优先的鸿沟(其不妨碍评论却使其空洞化),作品因而对评论而言,如同一道遥远的界线,或者,评论以其含混的方式,将作品表现为一种更为含混的询问(因为其本质的不清楚,以至于它也将被这种不清楚所取消)。那么,为何还需要评论?

的确,哪里好。然而,这个"哪里好"也是评论的过剩:因为我们将这个完全无法规避的重复必然性,视为无效的、或者危险的,因为其既未被多加(或者强加)以共通为由的单项惯性到著作中。只要评论者还未加载其支配(例如史诗时期)就是加倍实现于作品内部,而我们拥有碎片构成之法(这个逐渐增强的永恒重复,就地发展,同一的无尽扩大),使得每个碎片并非忠实的再制、固定的再生器,而是已具重复之物透过重复(众多新的曲折方法)对空洞的填补和扩大(打开或者塞住裂缝),到最后由于不断塞爆诗篇,使之膨胀直到消失。重复之法的危险并不少于他法。要知道:批判,便是一种史诗吟唱人的模式;史诗吟唱人,是那个为了能从作品身上抽出这个再重复的权力(具备其所保有之原貌,和其流于己身之无限混乱的危险),而被重置入、已成作品中之物;也是那个指出文学空间边界的牺牲品,充满作品所有错的版本,因为作品,始终是未被碰触并且纯粹的,在唯一持存的范本中为了在文化的档案里保存原样的(既可能是未知,也可能是不生存的)而显现:独特之作,便是那只有在欠缺某物才完整之物,因为欠缺,就一种缺乏模式的完满性而言,正是它与自身的永恒关连。

　　然则,这些现代著作(作为评论本身,不仅反映其所是,也反映另一本书,甚而,反映所有书所源自的那不断的、萦绕的、无名的运动)是什么样的? 难道这些作品,就像内在评论(例如《唐·吉诃德》不只是某个叙事诗,而是所有叙事诗的重复,因而继续其叙事本质之重复——和嘲讽),借着不断讲述事实(作品就第二层次上地自述),便可以避开它将导致其馀评论的习练,变得困难、不可能,或者徒劳的风险(究竟该称为风险:还是机会)吗? 而难道,这类型作品的激增,不会导致批判的某种终结吗? 答案是令人放心的:正好相反。一个作品越被评论,就越能召唤评论;它越是与其"反思"(加倍地)关系之核交流,越是因为这个双重性而高深莫测。这就是《唐·吉诃德》的例子。《城堡》一例更加明显。此刻,对于这样添注,谁会不留神,或者,谁会无所顾忌? 无论是一条解释的抛弃、诠释混淆、强势的注脚,皆可能事关神学、哲学、社会学、政治学、自传式的分析、寓言式、象征、结构的形式,而且,皆从字面上发生。重点是:他们每一个,都只对其本身的缔造者有用,并且,只会为关上其它门,才会另辟一门。这个妄想由何处衍生? 为何阅读从未止于其所阅读之物,而不断用另一个——也会诱引再另一个——文本取代之?

　　玛特·侯贝以为福兰茨·卡夫卡的书正如同米凯尔·塞万堤斯之书。这并非意味着它们是一个直接叙事的被造,而是,透过这个叙事与所有同此类型的对照(无论年代,根源,象征意义或者不同风格)皆预先占据叙事,也意欲占有其文学领域。换句话说,土地测量员不丈量想象或纯粹之域,而是文学的无限空间,且他不自禁地模仿(并且,就地反省)在这空间里,所有已经越过他的角色,以至于《城堡》不再只是一个孤独书写者的单一作品,而是如同可被读、并置、交缠、尔时清楚的隐形字迹,千年冒险的各种面向,K.因此正是呈现在包罗万象丛书中的总和又是简略的角色,时而是道德小说式的(企图透过女人们达到目的的一事无成),时而是连载——小说式的(野心勃勃的角色、在特权阶级之专制中的衰弱护卫者),时而是仙女童话式,而更确实说来,一个阿瑟王(roi Arthur)姿态的新循环,在等待中寻回其真理角色[奥德塞(l'Odyssée)之重蹈者、尤里西斯(l'Ulysse)之继任者]在等待中考验众史诗中之史诗,以及与之一道的那美丽的荷马式秩序,亦即,奥林匹斯(olympienne)的真理。让玛特·侯贝能如此大胆归结的原因,并非出于一种阅读的忠实性(认定所有文化者只能带着文化分裂的偏见而理解),而是卡夫卡本人(一个如此深受文化浸润者),使她以为,希腊的壮澜招致他生命的关键时刻(适时,他归依犹太复国主义,并准备朝巴基斯坦启程),他以理解和归类西方文化众多档案而自命,而这个要务,将致使他不能把自己的作品排除于外。

*

让我们就这个惊人的主题上稍纵反思,而我以为,所有的

木桥(1964)

短篇小说(这就好像会让《城堡》的意义,成为其最终的秘密?
如同《奥狄赛》的仿作,一个奥林匹亚式①官僚主义的批判;这
点,首先奇异作响)比较不是为了迎接或者拒绝短篇小说,而
比较是为了在其中重新掌握原则,并且,向我们追问,是否差
异地援引之是不可能的。假设土地丈量员是被支配的,以一
种非直接,也不可见的方式,不只是以一种再现城堡和小镇的
威力,而是透过它们以及背于他们,以一种书的高度瞬间,还
有,透过口传和书写的批注所构造其靠近的无限模态:然而,
这个书(大写)的空间,我们太清楚对卡夫卡而言那是什么,就
其所从属的传统,尤其是其书写叙事的痛苦时期,一个空间同
时是神圣的、可疑的、遗忘的,也是询问的,研究的,无限钻研
的,因为,这是千年以来,犹太人生存的同一条绳索。倘若,有
一个不断寻找真理和生命规律的世界,而在那之中所遇见的,
并非此世,而是一本书的神秘和诚律,那这应当是犹太主义,
在那一切开端之中,呈显了话语(大写)和注释(大写)之威力,
一切从文本出发并重回文本,单一本的书,在犹太主义之中,
盘绕一连串书之奇妙,丛书(大写)不只是包罗万象的,而是其
占住此包罗万象之域,并且更宽、更深、更比其自身更加高深
莫测。其所避开的或者所呈现的,一个带着自己众多偏见,并
且,处于卡夫卡处境的书写者,无法逃开这个问题:无责之文

---

① 玛特·侯贝明确地指出:"晚年的诱惑,如同唐·吉诃德,藉由最稀薄唐·吉
诃德式和最高纯粹的模式而成,甚至,或许是一个立即有用的准则,卡夫卡,因此,企图
与荷马式思考相仿,并且,奉献其最新的小说在这个任务之上。"

人,如何能够进入书写之封闭(神圣)世界,无优位权之作者,如何意图添加一绝对个人之话语,到一种其他话语(大写)中——这般巨大,远之又远的其他话语所遮蔽、理解并含括所有始终处于剥离根源处之物,于中,语言可能消失,然而在总是预先道尽的无限话语之上,再没有作为缄默代理者之话语的男士们(大写),而是藉重复话语将之保存和藉诠释将之聆听的其余者? 书写者必须走到书写之源(这是不可简化的要求)因为他只有在成功与某个原初话语卷入直接关系,才能开始书写;然而,为了靠近这个高处,他除了已说,别无他法,也即书写处于险境,因为这个过早的、非传统的、非证实的话语,遮掩甚至加深话语(大写)和其意义(大写)对之的难以理解关系。

然而,我立即加以补充,关于这些批注,我并非想要提供一个《城堡》的新诠释,也并非直接假设 K.确实就是书写者法蓝兹·卡夫卡,而城堡即是圣经的话语,办公室(大写)即是犹太法典评论者,小镇(大写)即是信徒之域,因为这会使得重复的话语,同时是死的也是活的,或者,如同控管和原著似的:无论是打从心底的服从于他(而非失望的对抗),或者企图以一种更批判,或者,不着边际地无偏见的谈论,从外部理解他,两者都显得荒谬(如同认定他一定是那种把书写索求——其既不在参照,也不在承诺的保护下——当作唯一可能的当代书写者,即便在书写索求并不满足任何合理条件的情况下)。唯一能够说的是:1) 他书写和提出书写的问题(是重要且严肃的),首先这些并非因为卡夫卡承袭了荷马史诗的学派而成,而是犹太书写的三千年历史;2) 即便《城堡》,相反于《唐·吉诃德》,并没有一个为了明显实体之书的预想世界(K.是一个土地丈量员,而非读者或者书写者),即便他因此没有直接地提出书写(大写)问题,然而在他的**结构**本身当中(因为叙事本质)仍会具有这个问题,也即,K.的漂移本质与从某处走到某处无关,而是从一个批注到另一个批注,从一个评论者到另一个评论者,带有情绪地专注聆听之,并且透过较接近犹太法典辩证之确实循环的彻底检验方法(如此称之,同时是为了单纯化并且详指出,透过那些主事者,或许才能够更精细地表现出K.被迫必须要符应的所有条件)。

而这使我觉得有深究的必要。《城堡》并非建构于多少相连的序列之事件或者剧情,而是建构于脚注总是更加松散序列的版本(这些确实只在批注的共同——书写(和诠释)《城堡》——可能性之上)。而如果此书中断、待续或者未尽,这是因为它崁陷于那些评论里,那种每分每秒都要求着一条无可完毕的注疏,而每则诠释所给出的,不仅是一个反思(《米德拉什——哈拉哈》①)而是一个经过消化过后的说书(《米德拉

---

① *midrash halachat*《米德拉什——哈拉哈》,是犹太教对律法和伦理进行通俗阐述的经籍。《米德拉什》(*midrash*)是希伯来文מדרש的音译,意思是解释、阐释,即《圣经注释》。雏形在公元 2 世纪时已出现,全部在公元 6 至 10 世纪成书。犹太拉比们通过《米德拉什》将不同的观念引入犹太教,声称乃揭示早已生存卷内的观念。全书按《塔纳赫》的卷序编排而讲解,称呼是在每书卷加上"米德拉什",例如《出埃及记》的解释,称呼为"出埃及记米德拉什"。《米德拉什》的内容分为两部分:《哈拉哈》(Halachah)和《哈加达》(Haggadah),但两者的主题思想并不是严格划一。《哈拉哈》意为规则,是犹太教口传法规的文献,为阐释经文的律法、教义、礼仪与行为规范,说明其生活应用。《哈加达》则意为宣讲,是阐述经文的寓意、历史传奇和含义等,并对逾越节的仪式和祈祷进行指导。约在公元 2 世纪,《哈加达》的内容已见雏形,而最早的单行本则出现于 8 世纪。——译注

什——哈加达》①)也即,重重差异诠释,每位人物再现着某种位阶的话语,而每句话语(在其位阶上)无法说明真理的真正地发言。我们半信半疑地以为 K.的死亡能够使此叙事结束,然而,他得有什么样的死亡,才确实能死去? 与其说是他美丽的死亡,不如说是批注的死亡、其死亡之评论,并且只有他自己能够预先讨论与反驳,所有在某个永恒的,并且是永恒遗忘的文本中(其步伐朝向死亡,并且其步伐朝向奠基于同种步伐的话语,每一步都先于,并且取消另一步)的,这个非私人的(私底下),而是普遍的(官方的),被记载之结局的可能诠释。某夜(叙事的最后一晚),当他猛然意识到得救就在咫尺的可能性时,是否他是真的面对其就赎? 当然不是,而是一个得救批注——他唯有藉无限疲惫符应于某种无尽话语——的现形。并且没有不值一提者:"得救"不能出现,如果它出现,也只是因为某话语的决定,然而,此得救之话语仅是用讲的得救,仅是寻常有据(这是题外话),因而,无法适用于生存的独特性——藉生命本身和生活的疲惫简化而成的缄默。

当然,我再次强调,《城堡》不仅如此,而这当然也是影像的威力、形象的吸引力、叙事的简洁魅力共同建构城堡的唯一真理,如是——仿佛总是说城堡超过于城堡所能说,而从

---

① midrash haggadah,参照前注。——译注

此,读者从首先仅是说书者,而牵扯进一个无尽评论的痛苦中①

---

① 我会小心避免再次进入由这些注疏所搭建的《城堡》。必须时时注意,是否所有的诠释皆是(或多或少)其来有自的,它们唯有坚持依赖其已建立于自身之中的方法,才有可能成为城堡,也就是说,不断表述为无城堡之貌。同样地,详细研究所有作品的前例,所有作品重复的神话,所有书中的作品回返,然而,这个重复(其就自身以及我们这些阅读者为真)若因此被当做是与此书一样真的东西(就好像它把自己当做是卡夫卡本身或者未来投射),则其实并非和城堡成为同一种方式的生存。实际上,我们很清楚城堡的故事是卡夫卡采自一个他在青少年时期所读到的小说。标题为《祖母》(La Grand-mère)的小说,出自捷克作家波采娜·涅姆科娃(Bozena Nemcova),讲述城堡和赖其维持的小镇之间的纠葛关系。在小镇里讲捷克语;在城堡里讲德语,分离的第一个迹象。城堡由一个亲切却无法靠近的公主掌管:在她和农民之间充斥着说谎的仆役,目光短浅的官员,虚伪的办事员之阴暗匪帮。而以下是几个令人印象深刻的片段:一个年轻的意大利朝臣殷勤地追求旅馆主人的年轻女儿——克莉丝黛尔——并对她提出一些下流的要求。克莉丝黛尔感到迷惘:其父亲是一个勇敢却内向的人,他如何能对抗城堡里的那些人?公主是正直却无法靠近,或是被联系上的人;而且,她大部分的时间都是缺席的,从来没人知道她在哪;这个年轻的女孩被这个找上她并且觊觎她的错误所袭击,最终因罪恶感而死。唯一的希望寄托在其他的公务员身上,只要能成功使他们对此案件感兴趣。她说:"这是我们唯一的希望。因为他们已经审问过他,也许他们会帮助我们。然而,经过通盘考虑后,结果通常是没有人出来帮忙。不可能和永恒地不知足被纯粹地披露。"而在涅姆科娃的小说中,这个不道德的朝臣叫什么名字?这正是叫我们意外之处。他顶着索堤尼(Sortini)之姓。故我们滞留于此的目的,同时因为城堡最初的几个本质和有关阿玛丽亚的怪异段落的最初草图而豁然开朗,而卡夫卡想藉由保留索堤尼的姓来唤回其原型之记忆的企图也同样清楚。显然在这两个作品间差异是巨大的。捷克的叙事是一种牧歌式的叙事:祖母,此书的中心人物,破解魔法,战胜那些障碍并且找到公主(大写),其为被迫害者取得正义与补偿。简而言之,她在 K. 的失败处取得胜利,扮演的正是(如同藉由马克斯·布侯的提醒,我们对此情况有所理解)K. 所拒绝之错误矫正者的角色,同时也是作为 K. 的无能。我以为,比较这两个著作有助于理解:在卡夫卡的作品里,明显而且是最神秘的创作,也许并不由城堡所支撑而是小镇。如果 K. 如同祖母(从属于小镇)角色和其鲜明的特性就会很清楚,或者是反叛的,决心在高层的非正义中了结,或者是得救者,想要象征性地立下从此处和从高处之无限距离的考验。然而,K. 来自第三世界。他是双倍、三倍的奇异——在城堡的奇异中的奇异,在小镇的奇异中的奇异,也是在他自身中的奇异——因为他难以理解地决定切断与自身的亲密,如同被这些领域所牵引而前进却不被任何需求所吸引,这导致他无法自圆其说。顺此前提下,几乎不得不说,此书的所有意义早被第一段——通往小镇主要道路的**木桥**——所夹带,而在木桥上"K. 逗留了许久,仰视着苍茫之境"。

——的真理。从那里我们返回我们的出发点,其询问着我们这个——作品在其确然沉默之处容纳自身与其未知之处,并支撑着评论的话语,话语上的话语,由那被长久掩盖,甚至遗忘的空洞(墓灵)所建造起的晕眩金字塔——重新重复的必然性。确实,介于内在评论和外在评论间,有个不证自明的差异:前者与后者服膺于同样的逻辑,然而,这是在一个由文学诱惑力所划定的圆圈之内;其以魅力成理而喻,后者言而成理,则出自于魅力及顺此交错于魅力之上的逻辑。然而,(但也同时因为如此,造就如《城堡》这样作品的威力)似乎这种逻辑(作为作品核心),拥有更"内在"与更"外在"的、涉及辩证之艺术与声称包含艺术之辩证的积极与未明之关系,也就是说,这种辩证具备所有含混性的原则,因而此含混性如同原则(含混性:同一的差异,同一种非——同一性),所有语言的和语言相对于他种语言之无限面向的原则,就好像在理智中的艺术和艺术中的理智一样。而这导致,藉由这本书所能发展的各种假设,只要在众假设保存并且延续书的无限特性的条件上,必然呈显出各种假设所形构之内部,既是合宜也是无效之貌。而就某种角度,反而言之,经此之后,众书必行经此书。

我们从中尝试更好地理解此其所指。一般而言,阅读这个叙事,便是使神秘性更加可见,此神秘降生于不可捉摸之域,那也许是在伯爵的山上,仿佛所有的秘密——空洞便由此评论的建立而生——早已矗立于此。然而,若更小心地阅读,须臾便得领悟此空洞无所在,并且其从此叙事的各处一致地往询问再出发。为何所有在 K. 和城堡关系上的回应总是不足的,就好像是其意义的无限高或者无限低(这里,既包含也不包含最崇高与最诋劣之评价)? 这很是奇异:去寻找终极之定名(这件人类花了几千年来致力定名于一统 (大写)之事)是枉然的,去辩称:"然而,此城堡意味着荣耀(大写);盖夫(le Graf)(伯爵)意味着高特(Gott)[1],如同那些大写的同一性对他的证明;又亦或是生存(大写)或者虚无(大写)的超验性(大写),或者奥林匹(大写),或者众官僚主义之姿。"[2]只是白费唇舌。确实,所言如斯尽皆枉然,以致当然可以用深化它的方式不断地谈此,而且其不短少于这些我们所能置入之深度的、极致的、极丰沛的同等辨识,也同样能使我们再次意识到:如同城堡(大写)总是更无限过于此,无限多,即意味着无限少。所以,究竟是什么处于超验性(大写)之上与之下? 那么(仓促以应,唯独仓促授权此应),此皆端看于什么与所有评价(有高有低)相抵,也因此,以非差异攻击所有估算的可能性,并且以其排拒所有道德之把关(可能绝顶、可能俗化或者附魔,而且他

---

[1] "神"的意思。——译注

[2] 我附带一提,对卡夫卡而言,官僚主义并不只是一个近代事件(如同众神——首要之威力——转升为公务员以便拙劣地达成其统治),也不仅是一个负面之象,更不是因为不能使其成为由话语来阐明之批注。在致其友人——奥斯卡·包姆(Oskar Baum)——的信中,他写信以求建议:"官僚主义,照我看来,比所有其他的社会结构更接近人的原初本性。"(1922 年 6 月,《城堡》时期)

们从理性、非理性或者超理性之中握有其权）。此番言论是否太玄奥？肯定是的，然而，同时又是毫无秘密的（我如此以为），因为，每当我们言谈而专注于其中，便是甘冒使其退却之危险，一旦我们倾力以谈之，便是冒着透过我们谈之的表达本身将之重掩的危险。我们暂时选择一个最保守的，最模糊的，最中性的名字去命名它，更仔细地去谈的话，便会称其为中性——因为以中性称之——有可能——确实地它会消失，然而必然地再次受惠于中性。在这些条件下，我们是否有权去假设城堡（大写）——公爵的居所——除了是一个中性至高权和这个奇异至高权之域之外，不能是别的了吗？可惜，我们无法如此轻易地说，因为在其书中最深的部分——可能如玛特·侯贝所指出的（至少藉此，我们可以较清楚的理解）最高威力既不在此也非超验的或者内在的[①]——作为中性，仅局限于"记载事实、先于与尾随事实之判断、思想，梦想，所有这些带着一种个人异样感受到——如同负担与非正义的——中和性和被动性"。重要的是，可能决定的（décisive peut-être）。不过，我们无可掌握，因为中性，并不是作为再现的或者象征的，甚至也不是意符的，此外，其乘载于整个叙事的无限非差异里，充斥于叙事中（正如同奥乐卡（Olga）所说，全世界属于城

---

① 玛特·侯贝谈到，城堡（大写）确实没有任何超验性，并且其构造一内在威力。然而这只是一种类似的说法。事实上，中性的本征之一，即无法以内在性或者超越性之字词来理解，并且把我们拉进一种彻底他样的关系中。

堡,因而,从此必然导致无城堡的结论),同如中性是一个逃往无限的点,从这之中展开了叙事的话语以及话语本身(包含所有针对此叙述能接受和丧失其前提的所有叙述和话语、关系的无尽距离、其永恒的翻转,其废触)。然而,在这里我们停止对轮到我们卷入一个无限运动的恐惧。然而,如果《城堡》如同其中心(以及所有中心之缺席)就是我们所称呼之中性,则此称名的事实也不可能是毫无后果的。此名何谓?

*

"此名何谓? 而此确为名吗?

——或者是一个形象?

——那么,是一个只形容此名之形象。

——然而,为何独白、独语——虚有其表——却从未能成功地称其名? 为了言之,必须至少为二者。

——我明白。我们必须作为二者。

——然而为何是二者? 为何讲同一个东西,需要两种话语?

——因为所言如是者,永为它者。"

定论（1959）

那些以卡夫卡作品全集之中最新一册的身份，在德国编辑社出版的"信件集"（1958年间），似乎被视为是卡夫卡的定论。我们期待着在这个最新之作里，如同最后审判（大写）日那样，能得到一个把卡夫卡谜题具体化的最终启示。而这也致使我们的阅读变得深刻的迫切，也轻易失望。因为这里既没有最终审判（大写），也无终结。遗作出版本质的奇异处，正在于它是不可竭尽的（复数）。

无论是战争，迫害或者政体转移，都确实成为围绕他的空洞——摧毁着证人和证据——，不停制造大量，也许重要或者毫无意义的文献。与过去针对其儿童和青年时期研究的那些结论重新整合。就某方面而言，传记仍持续书写①。直到现在，我们所认知的卡夫卡，其实是马克思·布侯所熟悉的卡夫

———————

① 这个由克鲁思·瓦根巴赫（Klaus Wagenbach）所编纂之传记，是一个十分工整之作［《福兰茨·卡夫卡，青年传记》（*Franz Kafka, Eine Biographie seiner Jugend*），1958］。参考以下文本，关于卡夫卡致其首任未婚妻——菲莉丝·鲍尔——之书信，信件不包含首册书信集（基于出版商安排的结果）。

卡的面孔与生活；此认识却是无从替换的。而这些信件也一再使我们相信：他是唯一一个和卡夫卡长久以来保持信赖关系之人，我不认为这是相生的运动。"马克斯和我彻底地差异"。然而，正是这个差异建立起他们之间坚实和成熟的友谊；尽管，卡夫卡羡慕着布侯对生命的威力、行动力、书写的力量，尽管，他真心认为布侯比自己优秀，他也从未因为这个人尽皆知的谦逊，而在面对布侯，或者与他相处时，显得气弱。仔细来说，他与他人相处时，显然又是另一种样貌；那么，与自己独处时，他会是什么样的呢？关于此点，始终对我们保持隐密，不可见的他自己，变成我们唯一好奇的对象，并且也是在我们的研究中，必然会落空的对象。

这些信件涵盖了其二十年的生命。如果，它们不如我们所预期之丰硕，其中必有多层因故。首先，部分的信件已经耳熟能详，因为布侯把它们用在卡夫卡的传记和他其余的书中。此外，它们仍旧相当程度的零碎，以致于，这类出版的书信集，总是会有些显得是莫名其妙偶然留下的，或者，疑似被摧毁的勉强拼凑。这也是为何我们几乎没有与他的家族的往来信件。他的青年时期，可稍微藉由——与同学，奥斯卡·波拉克（Oskar Pollak）的，以及稍晚的一位在 1907 年间（卡夫卡与女性世界痛苦关系的开端）于摩拉维亚（Moravie）所认识的年轻女孩，爱德维吉·W.（Hedwige W.），此两者——热络往返的信件来稍加修复。稍晚一点的时期，基本上是建立于与布侯、

F. 魏尔什、O. 包姆①这些毕生友人之间的通信（几乎完全没有给魏尔菲的信件）；再更往后推及的岁月，是和 R.克洛斯道格（R. Klopstock）——那个在多拉·狄蒙身边，同时，目睹他过世的年轻医学院学生——的通信。幸运的是，在那些鲜少以日记（大写）记载的年间，正好是其重要信件最丰沛的时期：在折湖（Zürau）——当时爆发结核病——的期间，在马地里亚历（Matliary）、在布兰纳（Plana），以及 1921,1922 年起，而且此时遭逢他企图放弃书写《城堡》，我们却开始从他的书写中，似乎能掌握某种清楚的关系；无论是暗喻明示，晦涩深潜；我们会在某些时刻里，藉由某些神秘特征而感到确认。这种极少生存的起伏，使人更加容易去猜疑，如同，启示的否认，只会让我们更加处处小心翼翼。

而出于始料未及之助，致米莲娜②之书信几乎所向披靡。这种几乎要越过边界的生存感，如同阅读他的日记（大写）。正因为这种人同其信的贴切，使得这些信件仿佛藏有更深的秘密，仿佛正以一种无贷真理的方式披露他，故而，无论是卡夫卡和他信件间的真相，甚至和他自己真正的想法，都离有一段注定迁移的无感距离。"你不该说你理解我"，他向布侯重申。理解卡夫卡的友人们，总可以轻松地指出他不需要如此绝望的理由。然而，实际上，他们正是他绝望的原因：这不只

---

① Oscar Baum (1883—1941)，编辑暨作家。——译注
② 我注明《致米莲娜的信》（*Lettres à Milena*）已经于 1952 年被分别出版成册。

是因为他只有在彻底的不幸中，才会感到幸福，而是因为所有的诠释（对最了解他的人来说，都太过顺理成章）只显露出其本恶(不幸与折磨)之无从入内的本质，也指出此恶之深度，以及解决之道(安慰他)的低劣判准。"所有你针对我的状况而说的，都是中肯的；而这看似很好；这是一种慰藉，却也正是一种绝望；因为这表示着不可能穿过这些恫吓之物，也即，一切仍只留吾衷。我孤独一人的黑暗可见，而我的这个黑暗自身却不总是可见——光是今日之翌，我便无法再见之。然而，我知道黑暗就在此处，而且它等着我。"

必须顺道一提的是，卡夫卡一向十分尊重其余者的真象性；他尽量使这些人远离他所谈的那些阴郁的经验，无论是他针对他们所提出的建议，或者他从他们身上所看到实貌，都只像是一道微带戏谑的光辉，在他们开始以为被指涉的同时，就已经为他所否决。我在一封给克洛斯道格的信末处（1922年07月）寻迹："如果我们寻着对的路径，放弃会是无限的绝望，然而，因为我们所寻的是一条只会将我们导引到第二条路的路径，而且此路会是第三条，如此接续下去；因为真理之道已经良久未显，而且很有可能是从未出现，从那时起，我们便彻底地掷入非确实之中，而又同时是在一个难以置信的美丽分裂、那些希冀的实现中……徒剩总是意外的奇迹，而又补偿总是可能的。"藉由这番卡夫卡少见的诉说，使我们可以从那段使卡夫卡与朋友产生距离，令人气馁的安慰中，找到一个状似全盘否定的积极向度(因为,那唯一,非出自我们的真理之道,并无途径,而是无限性,而且,为我们提供美学欢愉的,正是我们所具备某个会无限庞杂与闪耀之物的灿烂至极的反射),我怀疑卡夫卡会认同这种将其道还治其身①之法。另举一例。布侯总是慎重地把这句格言视同为卡夫卡信念的核心:"按理而言,有一个尘世幸福的完美可能性:笃信在己,既是无坚不摧,也莫须倾力以逮。"然而,透过此书信,我们可以看出这个思想涉及马克思·布侯(异教,基督教,犹太教)的一个分析:"这样的说法也许会更接近他的概念:'一个尘世幸福的完满可能性逻辑地生存:笃信此必然神圣者,并且莫须倾力以逮。'这个幸福的可能性,既是大逆不道的也是无可捉摸的,然而,希腊人(大写)也许会比任何人都接近之。"那么,是否此言正是卡夫卡——关于希腊人(大写)——的本真之真理,以

① 他写信给布侯:"我异常地讨厌自己。然而,这个评价却成为我唯一的价值,当然,这绝非是我,而是因为它,我的日常生活才能保持正常:它在我身上订定秩序,使我这个无力自处之人能勉强处于平静。"这是于1912年写下的省思:这种厌恶尚处于方法层面,如同外在或者测度。他在同一封信里谈及:"我所写下的,早在沐浴中被写着了,我没有经历真正书写者的永恒地狱。"这些信证实了我们的揣测:也即,这些戏剧性的关系,跟着生活,开始迈向第30个年头,也正是这个时候,一方面,书写变成一种绝对的要求,而另一方面,他认识他的未婚妻。1912年详细地标注了这个断裂。在历经饱受父亲控制的那些年后,直到那时,他确实已经是"绝望"的,然而,这是一个透过才华盈溢和近乎诙谐的、戒备的幽默,以及透过美学享乐才彰显的绝望,如同下述此例:"因为我是——当我今天早上在如厕前所见到的那个——历经两年来的绝望者,而只有这个多少类似于界限的绝望才能定义我当时的心境。而此身处咖啡厅的我,我读到几个美丽之物,带着相当程度——我想要回我的绝望——的坚信,我十足是——并且我拒谈及——我的绝望……"(1908)。其与此呐喊有着共通处:"在这个领域里,我的脑子和数个夜晚并没有发疯。我是如此的生存,我是如此的生存。我既折磨它也折磨自己,到死为止。"(1916)

及"诨话"？这个评论足以提醒我们当心那——偶尔使布侯遗忘某些事的——宽宏乐观。

*

卡夫卡的生活，是一场被晦涩所保护的黑暗征战，然而，我们仍可以清楚地看到四个面相（与父亲的、与文学的、与女性世界的三层关系，以及，衍自这三重角力，被更深刻地重新诠释而给出之精神征战的形式）。显然，这些关系中的每一个都与其他三者息息相关。此危机总是整体的。每个部分都道尽全体，并且持留全体。其身体的顾忌是对其全体生存的顾忌。失眠（这种他每晚的戏剧性艰难）显露其所有艰难。因而，环绕着这四个隐晦中心所建构的卡夫卡的生平，其实，只能是一种（透过这些谜团上彼此差异的每一块，所几乎拼凑出的巨大提示）对于我们了解其生平的暂时性帮助。例如，我们有可能会觉得父亲的问题可能是最不私密，并且与他的纠缠关系最为轻浅的——关于这个部分，他处理的态度十分清楚，而且即便此关系与另外三层关系共时发展（我们瞬间便可感受到他如何极端复杂化其婚姻的问题，他是如何形构他的叙事纠缠主旨之其一，还有他如何最终地在所有犹太问题中发现相关的）。而最被延伸的是书写者的问题。最具戏剧张力的，也是瞬间为他制造最多阴郁的，是他与女性之间的关系。

而其中最晦涩的,便是为了逃脱直接认定而必定潜藏的精神世界:"我无法谈论本质;即便是对我而言,他也被监禁于我胸口的黑暗中:他活在疾病之侧,躺在同一张床上。"

藉由每一个他自身的形式,我们所倚赖的那些信件,甚至是提示,至少都是一个更谨慎,并且更细腻之理解的可能性。尤其,我们更能捉摸所有这个生命的律动,甚至是从年轻时期便展现的异常坚定——此从未动摇,却也从未停止转化。就是这个在不动之中的运动,使生活变得丰富,并且高深莫测。青少年时期与成年后的话语交迭呈显,它们是差别甚巨又毫无差异的同样话语,就好像是它们——在理解层次上或深或浅——的回响;而同时,此流变并非纯粹地内在,此故事包含:一方面是其个人的故事,他与菲莉丝·包尔、茱莉·瓦力札、米莲娜、多拉·狄蒙,与他的家庭、与主荷(Zürau)的乡间、那些书、这个疾病之间的交往;而还有另一方面是众声涌现之世界的故事——经历犹太文化的悲剧问题——不停息地越过他。

这个故事和运动确实很像是总是执着于自以为是的真理之中的文学创造活动。直到终了,他始终是一个书写者。躺在待死的床上,随着气力、声音、呼吸的逐步丧失,他仍修改着他其中一本书的细节[《一个饥饿的艺术家》(*Un artiste de la faim*)]。他因为无法发言,便把言论写在纸上,交给陪伴者:"现在,我要开始读它们了。这也许会使我过于激动;然而,我必须再次这样活着。"而据克洛斯道格所描述,他读完之时,眼泪缓缓顺颊而下："这是我第一次看见，总是如此自制的卡夫卡，如此放纵的情绪激动。"而唯———封严峻，甚至是冷酷的信件（在此书信集中占有重要地位），是他为了捍卫其书写者的孤独而写。我引用此信以便说明，就算卡夫卡总是对人体贴，他仍有一个不容侵犯的底线。克洛斯道格——这个年轻的医学院学生——与卡夫卡在马地里亚历（Matliary）相识，甚至卡夫卡俨然希望（带着几乎是亲热的态度）与之建立一个非常亲昵的友谊，想要更频繁地见面，并且，意识到从他们第一次认识之后，他便有所改变："我承认介于马地里亚历和布拉格之间是有差异。当时，在经历过疯狂时期的折磨后，我又开始书写，而从某方面来看，这个活动对我周遭的人而言，是非常残酷的（难以言喻的冷酷，我无言以对之），对我而言，是世上最重要的，就像对疯子而言，发疯就是成就他的疯狂（如果疯子失去疯狂，他就'疯'了）或者像是女人跟怀孕的关系。这与写作的判准毫不相干，我太清楚这个判准（然而，是指我所谓的判准）。而这就是为什么在焦虑的颤抖中，我捍卫书写（不只是书写，还包括属于书写的孤独）以便远离所有可能使之混乱者。而在我们昨天往返的言谈中，我跟您说，您星期天晚上不必过来，而只须要星期一再来，您问道：'所以，晚上不用？'这使我必须回复你：'所以，您好好休息吧'，这是一个完美的谎言，至少在第二次响应的时候，因为我唯一所要意指的是独处。"

*

　　延续此书写必须性(既是注定也是胁迫)的中心问题,从
这些信(大写)中,我们找到两个重要的文本。其分别标记于
1922 年的 07 月和 09 月。信件本身(也等同于他)的重要性在
于:它们向我们透露,是在什么样的情况下《城堡》被放弃。我
简述一部分,再选取部分长度适宜的文本。我从最近期的部
分开始:"我在这里(在布兰纳(Plana))又度过了一个星期;我
没有过的太开心,因为我必须放弃(显然是永远的意思)城堡
(大写)这个故事,自从它'崩塌'以后,便无法在被重建,这事
发生于前往布拉格之旅的前一周,虽然,我在布兰纳所写的部
分,可能没有你所想的那样糟糕……"卡夫卡谈到当时他的妹
妹奥德拉(Ottla)(她与卡夫卡住在一起),被迫立刻,并且是永
远地返回布拉格,而他如何接受佣人的为他准备其三餐的提
议,以便他得以继续留在这个他所喜爱的地方。一切大抵决
定。"我将留下来过冬,我再次感恩……""正当我在阶梯上要
走向房间的时候,'崩塌'瞬间爆发……我不该描述那境地的
表面(这你很清楚)然而,你必须想想,这里有比在你经验中更
加极端的……全部,我知道我难以成眠。睡眠的力量被啃噬
入核。我早已习惯失眠,忍受着如同昨夜已然无眠。我抽离,
再也无法思考,除了一个巨大的焦虑将我笼罩,而在较清醒的

时刻，则是此焦虑的焦虑……而这是什么？作为我藉思考潜入睡眠中的唯一之物。你说，我应该试着用更大的实体来体会自己。确实……，然而，我也能在我空洞的笑里体会到自己。而这唯一之物，就是：彻底孤独的恐惧。如果我单独地留在这里，我就是完全孤独的。我无法与人们说话，而如果我试着说话，孤独只会益形扩大。而我认识，至少就某种比较相近的说法，孤独的惊恐——不是那种穿梭在人们中间，如此汹涌的孤单孤独，像是初到马地里亚历的那段时间，或在史班列弥勒（Spindlermühle）的那几日，然而我不是要谈那种孤独。与孤独相处是怎样的？孤独是我唯一的目的，我最大的吸引力，我的可能性，而假设能够说我已经'整顿'我的生活，则它被整顿，是为了使孤独能被清楚的感受到。而即便如此，焦虑仍旧先于此我所愿……"

如果孤独就在此处，则这个焦虑的欲望在它面前焦虑着，如果孤独不在此处，则这个焦虑的欲望仍旧在所有的折衷之道面前焦虑着，这便是我们以为它看起来的样子，然而，不要急着去理解。在一封稍早的信中，卡夫卡澄清（然而，是以一种更高深莫测的方式）所有关系的错综复杂。这仍旧涉及一个大危机。他必须返回乔治丹尔（Georgetal）以便与其友人包姆比邻。他才刚给他写了封同意的信。他在这整个行程当中相当愉快，至少他未显出拒绝。然而，"崩塌"是无限焦虑，无眠之夜。"在这无眠夜里持续时，这些思绪徘徊于我的痛苦时刻,我重新意识到那个我在最近这段相当平静的时间里几乎遗忘的:在如此贫瘠,甚至未生存之地,我在非己所愿的冥暗之上看见一种——无顾我的摸索而摧毁我生活的——黑暗威力。书写使我存留,而这难道不正是在说明书写维持这种生活方式?我当然不想要一个用不书写所换来更好的生活。那绝对会更糟,完全无法忍受,而且只有发疯才得以结束。然而,确实,这些肇因于我,即便我不书写(现下,先暂且把此当作原因)却仍作为一个书写者;而一个不书写的书写者也还是名为疯子的畸形。然而在这个情况下,他要如何成为书写者?书写是一种甜蜜而美好的报偿,可是我们要以何偿之?夜晚——出于孩提训诫直觉——我很明白这是恶魔服务的代价。这个趋于黑暗威力的沉沦,这个精神躁动的正常化操控,这些怀疑的驱迫和所有能从底部穿越的,那些只要笼罩在阳光下书写,便居高的无法察觉。也许还有别种书写方法,我却只识得这种;在夜里,当焦虑不让我成眠时,我只识得这种。而这是因为我很清楚夜晚如同恶魔一般的。这种虚浮与贪恋对我或者陌生人缠扰不休,透过一个只会造成虚浮之真理阳光的系统繁衍下的活动而耍弄。无辜者的心愿是:"我想要死去,并且看见人们将如何为我哭泣",而这正是书写者不断地实现的心愿,他死去(或者他不活着)且不断地哭泣。其对死亡的巨大焦虑缘此而生,其未必透过死亡的恐惧以显,然而却表白在一个改变的恐惧中,害怕前往乔治丹尔（Georgental）。

然而，为何是这个死亡的恐惧？卡夫卡区分了两种序列的理智，他说，此两者也许相互混淆了。而事实上，它们似乎归结为这样的想法：书写者害怕死亡，因其尚未实现，而且不只是因为他没有和太太，小孩还有财富生活在一起的这等幸福，而是因为与其走入家庭，他必然更满足于外在的赞美和桂冠加顶，因为未拥有的凝思而排拒对象所带来之欢畅。以下，就是这个书写者内心的独白之貌："吾剧即将告终，我却未被书写所拯救。我已在死里渡生并将真正死去。我的生命比起别人所有更加地温柔，以致我的死亡比之只会更加强烈。在我体内的书写者也一定会随之死去，因为这种形象既没有土，也没有现实，甚至连灰尘也无法使之成形；它唯一的希望，是在它所生存之处被视为最荒谬，只能作为一个欲念结构，而除此之外，它毫无可能。是这样才称为书写者。然而，对我来说，我无法持续活着，因为我没活过，我还是黏土，而不懂得经火遂形，而只是用之以照显我的尸体。"卡夫卡强调着："这将是一个诡异的葬礼，把一直以尸体生存的这个陈旧的尸体（书写者犹如某种不生存之物）运送到墓穴中。我是这样一个在全然忘我（而且并非有意识的，遗忘本身就是书写者的首要条件——或至少，回来是为了要说遗忘；然而，这将不会发生）之中可以尽情享受这一切的书写者。那又为何只谈现实死亡？在生活中，这是同一回事……"卡夫卡随后又做了这两个说明："我必须强调，我对旅行的恐惧，也包括：将会有数日，我被迫与我的书桌分离。这个可笑的想法，事实上，是唯一合理的，因为书写者的生存，确实仰赖着他的书桌，所以，即便他想要从疯狂中逃逸，也没有理由离开书桌，只能咬牙，在原地忍着。而这就是书写者所意味着的，这样的书写者，以及，对他所作所为的解释（如果有的话）：他是人性的代罪羔羊，他使人类得以无辜地享受罪行，近乎是无辜地。"

*

不意图去评论这些线索（只是点出），这一连串的肯定并不全来自同样层级。有些肯定是明显的：书写，即是度生命于外，即是用会变成恫吓现实的玩笑享乐死亡；一个小旅行的提议，对诚然可怜的我而言，就像遭恶魔凌迟、折磨和碾碎一样的只字不差；至此之后，世界是禁止的，生命是不可能的，孤独是无可避免的："……因为这样，注定我再无权离开波西米亚（Bohême），瞬刻，我得把自己拘禁在布拉格，然后，是我房里，再来，是我床上，跟着，是某种身体的姿势，最后，是在空无之中。也许，我因此能自由地放弃书写的幸福——确实是的，自由地而且满心乐意，这就是重要之处。"孤身一人的焦虑被如此贴近地勾勒。书写，因而是一个糟糕的活动，却又不单是出自于这个理由：还有其他更深沉之故。正因为书写是夜晚之物；此即耽溺于阴暗威力，坠入底层地带，沉湎于混杂之迫。所有这些表达，对卡夫卡而言，都具备一个立即的真理。它们在藉彻底死亡以尽逝的夜里，激发神秘之魅诱，欲望之黯芒，失控之激情。而他从底层的力量中领悟什么？我们不清楚。然而，逐步地，他编排那些字词，而字词的运用近乎幽灵般的的非现实——贪求所有活物并且足以耗尽所有真象。这就是为何在最后的一年里，他几乎停止书写，甚至是致信于其友人，尤其是他停止自我剖析："的确，我什么也没写，并非因为我有什么要隐藏的（因为这并非我活着的使命）……首先，出于策略之由，近些年来我给自己订下了规矩，我不信赖这些字词与字母（我的字词或者我的字母）；我很愿意与人分享我的心意，却并非是与卖弄字词和读字母的游魂，双面之言。"

因此，结论确该如此：不再写。然而，却终成他样（而且，历经 20 年，结论未曾稍改）："书写之于我，乃最必然与最重要之物。"而与必然性的关系，我们不乏理解之由，甚至，在其不同的信中，对我们再三重复者：如果他不书写，他会发疯。书写即疯狂——是他的疯狂——然而，这个疯狂乃其理性。这是他的诅咒，然而，诅咒乃其唯一救赎（如果有的话）之道。介于此二者消失的确然性中——书写亦逝，不写亦逝——，他仍试图借道书写，另辟新境，然而，书写在驱散游魂的指望中引渡游魂。在一封致布侯的信中,他忧心重重地谈到他被幽灵^①所纠缠的文字,而后他附带地补充了以下这句话,而这或许使我们藉由他这个书写者的想望,获益良多:"偶尔,我觉得艺术的本质,艺术的生存唯得明鉴于如是之'策略性考虑':使人与人之间的真切话语,成为可能的^②。"

*

我想要说明在最后一年间,那些信件所留下的震撼。他为轻微地动荡感到躁乱,于是决定在柏林(Berlin)定居——远离其家庭和友人——在多拉·狄蒙附近,那位卡夫卡于 1923 年 07 月在米提斯(Müritz)认识的女孩(他死于 1924 年的 06 月,他只与她生活了几个月的时间)。那时他似乎过得很好,尽管病着却不至于危急性命。病越来越重,却是缓慢地。而留在柏林使他必死无疑。严酷寒冬,不利的天候,不稳定的生存条件，大城市的饥荒问题，因为内战所引发的饥饿与动荡，意味着他再清楚不过的威胁，然而他仍枉顾友人之劝，拒绝离去；非得由其叔父，"乡村医生"，插手替他决定在肺结核还没有发作以前，更移住所几周。这种对其健康的漠不关心是一种新的迹象。也能从这里找到蛛丝马迹：直到1923年病灶急剧以前，他近乎克制地在谈论其病况，直到状态濒危，而正是这种惊人的审慎与隐匿，使其状况陷入危急："如果只看肺结核的部分，我的状态还过得去，然后，我继续忍着，暂时性地……"而在他最后一封致布侯的信末（在这之后，布侯前往布拉格与他见最后一次面），他坚持仍有片刻欢愉："在这些牢骚之余，自然还是有一些小小的欢乐，然而，要把它们讲出来是不可能的，或者该说是，必须把它们保留到见面之时，如此它们才不至于被我的过错所拙劣地损害。别了。一切谢了。"在它们的缄默里（牢骚回拒本身的寂静），似乎所有在柏林的信件都只是一个——在他的生活中被制造出来的——改变之兆。寂静延持着，戒备着，顽强着。"至于我，没什么好说的，有点阴郁的生活；没有办法直视的没有什么好留念的。""事实上，在我周遭如此安静，而且从未太过安静。"而致米莲娜的信："我的健康状态基本上无异于在布拉格。就是这样。我不冒险再讲得更多；所说的已经太多……"

我们可诠释这个寂静①。是否他拒谈自己,是因为其命运太近似于另一种无法仅是说明的生存吗?以至于他想要保留其秘密?或者,他被自己长久以来,甚至益发强大的孤独的力量所囚禁,就算是面对自己,他也变成这个"用殊异之锁而自我幽禁的葬己者"(他曾在 1922 年与克洛斯道格提及)?他真的怀疑书写的字词和此幽灵式的沟通——那种对真理充满信心的用来验证欺瞒的和不老实的讯息?这最后一点,即便无法全部解释清楚,却是肯定的。甚至在其文学写作的主题中,他也注意到虚构为现实绘途。就像他在《乡村医生》(*Le Médecin de compaque*)的故事中所描述到的那个流血的奇异伤口,仿佛他已预见,不久之后,他的咳血之兆。还有更惊人的巧合,在 1924 年 05 月绝症宣判了其发声的丧失,适时,他刚完成其叙事《乔瑟芬》(*Joséphine*),在故事之中,他谈到这只唱歌的老鼠相信她拥有嚎叫的独特天分,因为她没有办法再使用其天分在她的族人面前表演。卡夫卡因而对克洛斯道格说:"我想我刚好逮到个好时机,去研究动物的叫声。"此处,当他到最后心知肚明自己是透过现实而用字,一个书写者的焦虑症状如何可能不引起他的关注?"吾剧即将告终。"此话同时也指向他自己吗?说话的表演明显地并且痛苦地告终,关

---

① 必须一提当时的情况:在此时期,马克思·布侯陷于一个情感折磨之境地:即已在布拉格结婚,他疯狂地被一个住在柏林的年轻女孩所吸引。卡夫卡与这个年轻女孩经常见面,而且他很清楚,她才是他首先应该要跟他的朋友谈的。

于这方面，他是否拒绝再谈，并且从此之后，将其全部的注意力集中到在寂静中迎接事件的沉默迫近？然而，这个对字词的质疑，并没有阻挡他继续他的书写任务，直到终了。正相反地，无法再说话，书写是他唯一仅存的保证，而被书写的末日也难得地如同他自己的一般。仿佛死亡，是因他独特的幽默，才以将他整个变成书写者（"不生存之物①"）的方式显现。

---

① 在最后的日子里，卡夫卡严格厉行不发一语，这是喃喃自语。一直到最后，他都坚持与他的朋友以短句书写来沟通，从中以持续表露其语言永远活着之敏感性和原初性。

最终定论（1968）

那天，在评论那些刚以卡夫卡书信的原件而问世的作品时，我思忖着，为何那些遗作出版的本质，注定使它们成为不可竭尽的（复数），为何作品全集里，总是少了最新的一册？首先，这是一个既定的事实。致未婚妻，菲莉丝·包尔的书信集，基于信件渡让的困难，一时之间无法完整。另外，也是一直以来从缺的（此尚无法视为永恒），当然就是那能清楚指出从卡夫卡与多拉·狄蒙相遇，一直到他在此女身边结束生命的线索。（我所意指的并非那些还能继续整合的外在证据，而是对卡夫卡以及其话语和其日记所记载事件的判断。）

这个评论迄今约莫十年①。现今（从 1967 年的 10 月开始），在所有致菲莉丝·包尔的出版信件集中，加入致葛特·布劳许（Grete Bloch，这对未婚夫妻的谜样友人）的（除了少数例外），超过七百页而结集成册的信件集；透过由克鲁思·瓦

---

① 参照前篇文本。——译注

根巴赫耗时且严谨地搜取资料中［克鲁思·瓦根巴赫所编辑的第一本传记，由法国信使①整译后，出版于 1958 年；接续，他又与几位作者共同编辑《卡夫卡——专题论文集》(le *Kafka-Symposion*)，资料收集着重于几个阐述未明的分歧点，尤其另加入文本的年表，以及，一封写给茱莉·瓦力札（Julie Wohryzeck，他第二个未婚妻）的姊姊的重要长信；最后由汉姆（Rowohlt）②出版的小书——收录出自卡夫卡手笔（还有，出自瓦根巴赫）一类的——既定模态，便是这些资讯，使我们从这个至此之后便闪耀不已的生命中，去判别那些已知、未知，或者是未曾理解的资料］，我们似乎更专精，也几乎可说是，透过与生平传记（它透过一种满足感来吸引我们，并淹没真正的问题）的距离保持（以避开任由数据生冷不忌的操弄），转向地去提出一些真正的问题。

一，我们试图搜集解放我们自身的线索。经过把信件视为单独运动的阅读以后，也许必须反躬自省，是否它们唯一从我们身上获取的新意，便是一再地透过如此明证的意向性把其运动隐藏在其所诉说之中。首先被确认的是：每次，当卡夫

---

① *Mercure de France*，法国信使杂志，最早在 1672 年以"文雅信使"（Mercure galant）之名成立于多诺维泽（Jean Donneau de Visé），创刊于里昂。1724 年更名为"法国信使"（Mercure de France），由外交部赞助，成为巴黎最富权威之文学刊物。——译注

② 1908 年由爱因汉姆（Ernst Rowohlt）先生创立之德国出版社，于 1982 年合并于德国霍尔茨布尔克出版集团（Verlagsgruppe Georg von Holtzbrinck GmbH）。——译注

卡介入女性世界时，总是以一种恩赐、轻松，诱人魅力和诱导者的身分。他的第一封信总是饱含魅力的迷人欲望。即便，他仅以友谊或者信赖为由（至少，一开始是如此），书写给布劳许小姐（他很擅长写这种信给年轻——甚至更年轻的——女孩），显而易见地，这使她感到（无论出于本意与否）对他们初次订婚的破裂而有所亏欠，甚至在之后，杜撰一个奇怪的情境：幻想有一个卡夫卡的孩子。（我们仅把这件被 K. 瓦根巴赫误为确定之事，维持在可能与不可能的界线上①。）

即便困境很快（且，以某种方式而言，几乎是同时出现）降临，它们最初也同属于这段无瑕年少激情运动的部分。相较于未来，在这段较为快乐的时期，他创作了《变形记》[他向 F.谈起这个叙事："多么令人反感的故事（我得用想念你来忘却它，并得以喘息）：它超过一半又多一点，而就整体而言，我并非不满意它，只是反感，它作为一个无限的故事，而你看，这般的诸多之事竟是出于同一颗——存在与怀疑等量的——心。"]1912 年的 08 月（布拉格，在友人马克思·布侯的父母家里），他认识这个会两度成为他未婚妻的 F.：几个星期之后（九月底），他开始写信给她，并且很快地变成几乎是每天一封，或是每天数封。在 1913 年初，那些关系突然间变得很隐讳。卡夫卡也多次承认这个改变："在最初和你通信的几个月里，我

变成另一个不像我的人；这并非是一个新的转变，却比较像是转向背面，而且这可能会持续……你也知道我一开始曾是不同地，这不是什么无可挽回的，只是这并非一种把我从那里导引到此处的人性发展，而相反地，是在我的旧道上，我已被整个移转，而在那些道路间，彼此并无直接关系，甚至没有迂回的关系，而是划过空气中的一条有幽灵相随的抑郁之途……"为何？在这个难题上，我们只能提出未定的答复。

约莫在这个时期，因为感觉使然（无疑地，也是受到其女性友人的怂恿），卡夫卡在避开一个圣诞节的会面后，想回到柏林；他心念旅行，故而促成 03 月 23 号的旅程。而几乎所有的会面，都令人失望。透过读信（我们除了揣测，实际上并不清楚这些年轻女孩是谁），我们察觉到菲莉丝变得较为保留而非亲热的，当有其他人在场时，她顿而显露社交的活力，然而，一旦卡夫卡加入他们时，她便萎而阴郁、手足无措或者显露疲态，此外，他们鲜少独处。这些至少是卡夫卡的感觉，他对她的描述（然而，不能太轻易的信以为真，因为，一旦卡夫卡对社交关系感到无力时，他便会反驳朋友们对菲莉丝——她是亲切，自在并且经常是充满热情——的描述，他有时确实很固执，又古怪地三心二意）。他总是因为菲莉丝，而显露出某些他所不认识的特质，藉此重识自己：这是一个自信的年轻女孩，积极，勇敢，懂事；在她身边，他会过的太舒服，而且，一定是谎话百出的，这也就意味着，她吸引卡夫卡，因为她正是他所匮乏处；就外貌而言，她并不属于会让卡夫卡一见钟情之类；在他的《日记》里，他描绘她的词汇，总是客观到近乎冷酷的地步，甚至，他用一种厌恶的态度，向布劳许小姐评论她（她的一口烂牙，斑斑点点与粗糙的皮肤，削瘦的骨架）。然而，他却同时激情也绝望地爱着她。同时：在同样的时间里；这是避开心理学上的无趣的唯一之法。还需要强调她所意味的生活吗（活着的好运，一种与世界和解的可能性）？这些确实都是理由，然而，这是什么样的真理？我以为多半，这种真理［无论是与：米莲娜或者和茱莉·瓦力札克当然还有在祖克蒙黛尔的神秘夫人和在希瓦的少女，都有共通之处］，就好像记忆一样，意味着痕迹不再的痕迹（la trace de l'absence de trace），也即，一种无——罪感（non-culpabilité），而这并不全然意味着无辜（l'innocence）。在初次会面的头一天，他便在日记写下："F. B.小姐……削瘦而空洞的脸，并且其空洞坦然以显"，于此，空洞之字眼不只是重复，而是解脱，并非如同无意义的描写，而是如同谜样可能性的开展，使他预感到这个如同错误缺席般，缺陷的吸引力，这个被女性世界具体证成的"错误以外"，又因为他的在场，显现为模糊分裂。因为这世上，确实包含各种欲念（然而，不能纯然用天主教面对肉身诱惑的意义来解释，因为我们很清楚，卡夫卡仍然还有其余困顿在[1]）。而应该说他

---

[1] 我意指那封卡夫卡——他毫不讳言地坦承"其第一晚"——致米莲娜的信（《米莲娜的失败》）。

被一个活着的欲念吸引着，正因为这似乎是在一个不识罪的奇异点上吸引了他，然而，这个吸引他之处，也同时把前所未有的罪恶转向他跟前，故而致使他，从此之后，开始拐弯抹角的欺瞒，并且等待遗忘的魅力：这便是《审判》的其中一个意义，并且，有一部分也是属于《城堡》的意义，作品一个接着一个都是在女性的奇异性驱策下书写。

（卡夫卡在困厄之时，曾给魏尔什发了封信，在这个慧诘的友人面前，卡夫卡向来戏谑地谈论他的罪恶感："你认为我的罪恶感，对我而言，是一种帮助、一种解决方法，不，我只会对我的生存具有罪恶感，因为这是最高贵的内疚形式，而并不需要太仔细去思考，便能领会罪恶感只是一种重回索求后面。而在这瞬时，一种超越内疚，或者说是在所有内疚之上的恐怖，已经凌驾在所有自由、解放、知足之感……"感到有罪，是为了变成无辜的，因为内疚使然而意图抹除时间之作，错误中解放，然而，却也因此，罪加一等，因为这就是投入于时间缺席的去作品化（désœuvrement），于其处什么也不再发生，即是地狱，或者正如同卡夫卡在此封信中重提的，地狱苑。）

二，为何在热烈寻求相互理解的前几个月过后，这一切会导致他的更加不幸？我已谈过柏林之行；却无法针对此，提出解释。他自己又作何解释（因为我们的任务，只是对此行的重复）？同时，他以一种近乎永恒的规律性，痛苦又狂热的急切书写〔每夜，在夜的无尽中：在与菲莉丝·包尔相逢的一个月后，他刚好完成《判决》，并在两天后寄出给她的第一封信；接着，他写完小说，《美国（*Amerika*）》；同时还有《变形记》]，而就在此时，书写突然中断，并非因为书写已到尾声，而是因为经过重读那些"小说笔记"以后，他认为，除了第一章没有远离内部的真理之外，"所有剩余的章节只是借用对第一章的一个巨大却彻底缺席之感的回忆而书写，所以必须放弃它，也即，在超过四百页之中，只该留下其中的五十六页"。

　　普遍认为卡夫卡为了书写的孤独，而对抗于社会网络，又为了活命的索求，而对抗俗世的婚姻与规范。在信件中有数量相当的段落——数量相当：我们也可说，几乎是不胜枚举的——可以却认出他的态度。在初期书信给还未熟捻的菲莉丝，卡夫卡便已毫无保留的吐露心声："一直以来，我的生命便在于，或者，早已根基于尝试书写，而且，绝大部分是失败的。然而，如果我不书写，我便再无顾忌倒地就死……我是如此枯竭……，除了书写，我没什么多余，这是一种好的多余（superflu）……即便对您的思考，也与书写相关，只有书写的模糊运动能定义我，而当然，在耗竭书写之时，我从来没有勇气给您写信……"菲莉丝立刻被这样的激烈所惊吓，并且，不加思索地规劝他，而他为此回应道："相对地，我的心完全是完好的，然而，一个人类的心要去抵抗劣质书写的抑郁，就如同抵抗优质书写的幸福般，并不容易……如果你明白我实际书

写的关系，那么请停止说服我'衡量与界限'①，衡量与界限
（mesure et limite）：人类唯一的缺点，就是太专注于对一切划
界。难道我不该从我能活着的唯一角度，把自己卷入我所有
的世界？……可能，我的书写没什么，然而，实际的结果是，我
真的什么也不是②。"1913 年 01 月 15 日，捎来一封始料未及
的信件，在其中，卡夫卡已将她视同其此生的伴侣，他向她描
绘他们理想生活的蓝图："你那天在信中提到，你想要作为我
书写时刻的盘石；思及若此，我便无法续写（或者说，我早已无
力以继），随后，我彻底不能再写了。书写，意味着张开直到过
度；极度的张开会使得里面的生存者误以为迷失在人际之中，
并且在这个极度的张开面前，任何人都会想逃（因为大家都想
要拚命想要活着），因而这总是吓人的，是无论怎么书写都填
不满（甚至相差甚远）这个心的本质与张开的。这个底部被书
写置换的表面（至少是一种无法前往他处，根源深处的蠢蠢欲
动），状似无物，并且在一个略真感觉刚萌芽的瞬间便自毁。
这是为什么，无从得知书写当下是否够孤独；这就是为什么，
书写当下总觉周遭不够安静；夜晚仍不够夜晚……我经常觉
得，对我而言，最好活着的方法就是：带着我的书写工具和一

<hr>

① *mass und ziel*，德文原文。此处，布朗肖先后用德文与法文各写一次。——
译注
② 某天，菲莉丝提及其"书写嗜好"："并非一个嗜好，或者无嗜好，唯独书写——
即我。嗜好，可以改掉或者减少。然而，那就是我。当然，把我删掉也是能够的，然而，
那你还留有什么？"

只灯管,处于一个封闭而不见底的,最内在的地窖空间,建立自我。为我取来食物的人,总是只停在地窖最外层的门后,远离我所居处之处。而我独自通过所有地窖的拱顶,以便寻找粮食(带皮土豆)。然后再回到餐桌前,一本正经地从容进餐,随即,又进入书写。那么,我在写什么啊! 我挖土豆挖得多深啊! 不费吹灰之力! 因为极端地专注便是对耗竭的无知! 而就算我对我的无以为继和我将陷入的巨大疯狂有所堤防,要躲避首次的失败仍旧毫无可能。你觉得如何,亲爱的,别从地窖的居所抽身!"

　　这个叙事(因为这是一个叙事)令人印象深刻,然而,青涩的幻想,在这个时期里,依旧明显:首先,卡夫卡似乎认为(他认为如此吗?)菲莉丝会因为理解这种地底生活的必须性,而感到快活,地窖的快活,因为地窖是属于他和她的("一个地窖,他稍后叙谈一些,仍是你的悲伤物"),此外,他似乎认为(然而,他认为如此吗?)地窖等同他的隔绝,并且给他带来一些好处:宜居且舒适的地窖,私藏彻底在场的空洞;换句话说,疯狂本身,却是善加整理的并且如同被珍视的(在 1915 和 1916 年间,当卡夫卡要在城市中寻找一个可供工作的房间时,他甚至无法忍受没有视野的房间,然而,那却是使他真正地处于孤独之中,而非仅是在其幻想里)。确实,几乎所有他与菲莉丝相处的行为,似乎能透过想要保障工作,以及——基于他们共同未来(如果未来真有其事)的原由——不欺骗其未婚妻

的欲望得以说明：他说，他们每天勉强相见一小时。稍晚，在
经历 1914 年的 07 月 12 号关系破裂后（他充满评断的论述），
11 月间，他对此年轻女孩重申其词，这是卡夫卡以一个崭新的
权威，并且对她坦承的真相："你无法理解工作对我的威力，你
所能见到的仍不完整，太不完整……你已经不只是最重要的
朋友，也是我工作的最大敌人，至少是对那些被视为工作之
物，而因为那个为你所爱的核心处于所有界线以外的，所以，
为了自保，他必须倾力对你狡辩……你要我解释为何我这样
做①，而这个解释便是这样的：在我眼前，总是看见你的害怕及
厌恶。我有责任去保护——唯一使我有权活着的——我的工
作，而你的害怕向我彰显恐惧，或者说是使我恐惧（带着恐惧，
便更加难以承受），而这就是我工作的最大危机……这就是为
何我写那封信给布劳许小姐……现在，你想重翻旧账，又说你
受你本性的驱使不下于我，而你的害怕并不比我的恐惧无理。
我不以为然。我在你现实的生存中爱过你，而这只发生在你
的现实生存饱含敌意地侵犯到我的工作时（也即我的疑虑）
……不重要，因为这也不全是真的。你被威胁。然而，你从来
不想吗？你从来不想，不计任何代价地，也要生存吗？"〔充满

---

① 尤其遭受指责的那天，卡夫卡放弃自我辩解，并且当时他为此原由而又向布
劳许小姐致信（在此信中，他枉顾其近期的婚约并谈及其可怕的婚姻），而此封信上的
讯息被误传给菲莉丝，以至于她产生一种艰难的双重感，因为每当她辗转从他人之处
得到他的消息，真相——她已经多次直接遭卡夫卡提醒——便以一种谋杀客观性的威
力停滞（就像它总是会发生）。

操控运动的诘问,这也是卡夫卡的一部分(能见度较低、争议较少):书写者的他。]

三,简而言之,以生活和书写的冲突也难以做出确切根本的说明,即便在此处,解释只意味着一种肯定的扩充,也即其幻化各异,是为了彼此无休止地试炼。书写,活着:我们如何能使这两个,实际上如此难以定义的,词汇保持互峙?书写既摧毁生活,延续生活,以生活为偿又无视生活,而反过来说,生活也这般对待书写。书写,实际上,并非全然与生活无关,如果是因为欠缺安全感,则这并非书写的必然(即书写包含生活,就像生活包含书写):这样一种关系欠缺(基于其聚集如同消失)的书写,从未就地与自身产生关连,而是和它以外(中断,甚至是扰乱)的他者产生关连。因为这个"外于"(autre que)——中性的他者——属于书写,从书写并非自由、定义从属性的角度上来看,卡夫卡在胶着的、未竟的、从未止息的、从未背驰的分析论评中,展开与菲莉丝的结合、重聚(破镜重圆)。他与此年轻女孩的关系,首先并且主要建立于文字书写的层面,故而导致处于字词掌控之域,以及字词必然引发的幻想的真理底下。当他对她说(而这是发生在他们还未相约于柏林以前的第一次):"有时,我觉得这种信件的交往(我尽全力使它超脱现实),是唯一能回应我的悲惨的(当然,这并非我完全以为悲惨的悲惨)交往,并且,这个交往超越交往强加于我身上的界线,将使我们走向一个共同的不幸",这样一个从

最终定论（1968）

各层面来看都过度的解释仍无法说明他对邂逅的恐惧，然而，他所展现的矛盾却是可感的：卡夫卡藉由信件——这种既非直接也非间接、既非在场也非缺席的混杂联系（他用混合体或者折衷来说明之，Zwitter①）——而现身，然而，却是现身于某个看不见他的人面前（有一晚，他梦见菲莉丝失明了），而如果他因此掳获这个年轻女孩，那必然也是因为，他处于一个非——占有和非——表明的世界，也即，非——真理的世界［"我前往柏林，只为告诉你并让你知道，我的信（真正的我）丢了"］。

就某种角度而言，至少，在发生了第一次破裂（即便是在先前维持正式未婚夫妻的状况下）的 1913 年间的一连串悲剧里，他唯一关心的就是真理：他的真理，或者更精确来说，为真的可能性。如何避免欺骗此年轻女孩？如何使她承认他所是如同他处于的孤独深渊（只有藉由在书写的夜晚里才能抵达）？如何藉用观察的方法，揭露他藉由不可见性去寻找之物，也即，要摘除所有的遮掩和揭露？"我今天的信将令你心痛，在前往车站的途中，我将信撕毁，这是出于一个无能的愤怒之举：每当我写信给你，总无法成真或者精准，因为在我写信给你的过程里，我甚至无法坚固你的生存，也无法让你知道我的心跳，从此刻起，书写便毫无指望。"而在稍早之前，以一

_____
① 雌雄同体（德文）。——译注

285

种更动人的方式:"当我写信给你时,显然没发觉把你忘了,因为无论如何,我都不能把你忘记,然而,就某种程度而言,我确实要发梦般的晕眩(就像对喊你的名字毫无无反应一样)才能给你写信。"而实际上,此举也被这样诠释:所言即所象(不仅是她,连这个年轻女子的父亲也是如同直观般地这样想):无论去谈他使她何等不幸,或者更确切一些,他将害她遭遇多么不可能的夫妻生活,而就算她能够接纳他,或者认真地视他如同不可能,故而对他毫无反应,一切都是无用的,也无法使他满足,因为只要她对他说话时,就算是轻描淡写的,充满感情的,或者仅是稍显忧虑:"你对自己太严苛"或者"一切也许正如你所说的那样,然而,你不知道当我们在一起之后,是否一切仍旧毫无转圜",只要她仍怀抱着希望,便是如此使他绝望:"我该怎么做? 如何能使你相信所谓的难以置信?""你蜻蜓点水似的对某些阻碍似懂非懂,然而,这正因为你不够严以待之,甚至,是因为你不够严肃地去面对它们对你的彻底理解。我周遭没有人够严肃去对待它们(或者出于对我的友谊,而忽略它们)……当你在我身畔时,我目睹你的改变有多少,还有多少地疲惫无妨牢牢捆绑着你,而你这个总是思考敏捷而大胆,对自己自信满满的年轻女孩……如今竟如此下场,故而:我无法承担这个责任,因为我把它看得太严肃,而你远担不起它,因为你只是勉强瞥见它。"

这是一方面。然而,还有另一方面,无论是出于被说服,还是因为长久以来的伤害，一旦她开始疏远，变得迟疑，充满怀疑，鲜少书信，他则更加绝望，因为他觉得她真的把他错认为她所以为他的样子，而又决定（与其说，这个决定是非盲目地决定，或者，经由理性考虑，不如说，这是屈服在不可能诱惑底下的通盘领悟）遵从这个——他自己告诉她的——说法。他用三种方式响应；说明他并非那些根据她所形塑的样子：
"因为这是不可能的，所以我也不想要如此。""因为这是不可能的，故而我暂时无意如此。""正因为这是不可能的，所以我才想要如此。"其中第三个应答是唯一合情理的[这个回答，受路德（Luther）①启发，等同这个形式："尽管如此，我也别无他法"]，卡夫卡——出于同样的心灰意冷——在某天收到一封仅署名为他的"亲爱的未婚妻"的信时所作的回应："我最后一次说明我疯狂地害怕着我们的未来，以及会随着我的本性而增长的不幸，还有，我害怕在我们共同生活中而诱发出我的缺点，会冲着你来的伤害你，因为我骨子底是一个冷漠、自私且无情感的生存——即便我努力隐藏所有的弱点，我仍害怕。"
此处所谓的不可能，导致一种奇异（指无法被如此指称的）的关系（先验的？），在此关系之中，一切如同漫天撒谎（以一种小说的方式），然而，就一个现实层面来看，卡夫卡不接受现实理性的关照。当菲莉丝写信给他（她退让的，而且可能是出于好

---

① Martin Luther(1483—1546)，马丁·路德，德国神父。——译注

意的)："这段婚订关系,迫使我们各自放弃很多东西;我们都不愿去衡量孰轻孰重;然而对两个人来说,便已意味着很多",他深感受伤,确切来说,是因为她把此处的不可能简化成一个可能的总和,随时可以置换成一种会计式的议价。"你说得对,必须清算;不过这不是不公平的问题,而是意义被褫夺的问题……总之,这就是我的意见。"而最后总是回归到真理的要求："一个持续的共同生活,对我来说是不可能毫无谎言的,同样也是不可能毫无真理的。从我第一眼向你父母看去开始,便已经是扯谎的。"①

四,在继续深究以前,我想要引述二到三个皆十分重要的文本。我对它们的引用如同置入括号,并非因为他们都是断简残篇,而是因为这正是它们的重点。它们将说明为何(这并非唯一的理由,然而这是卡夫卡在某些关键时刻才表态的理由)卡夫卡认为只要失去这个与他非常不同的年轻女人,他便重新获得迷失的确定性。"在我的信里,我永恒的顾忌就是你离开我,而在这瞬间我便知道我疯了。"这并非出于爱慕的疯

---

① 基于与此"真理"的关系,必须援引至 1917 年 09 月 20 号的这封信件——应该是倒数第二部分——已经部分放在日记中出版了："经历五年来的连续争吵,无论是透过文字、冷战或者两者兼具,你已经成为,在日常生活中,我最常痛苦的原因。如果你追问这是否总是因为真理的毕露,我仅能说我对任何人都跟对你一样,我已经竭尽全力在避免刻意的谎言。有某种——以假设能够的方式——作为小谎言的缓和(Verschleierungen),而如此所谓谎言,指的正是'小'。我是由谎言所构成的。我没有其他维持平衡的方法。我的小舟是如此脆弱。"接续的部分可以在《日记》里读到,只有将之放在一起,才得以使得语句完成并完整,如下："简而言之,这是我唯一觉得重要的人类审判,此外,我想要欺瞒的这个审判始终是毫无欺骗的。"

狂而所引发的冲突激烈之举，这就是疯狂本质，菲莉丝本身（因为她构成了他唯一的并且是本源的人类关系）如同一种权力，能够在他不书写（甚至，有时是在他书写时）时保护他，使他远离那个装在他脑子里的，并且他只有在书写的夜里才胆敢与之抗衡的庞大世界。"我想要经受这些在书写脱序里的夜晚。我也想要沉沦于此或者变成疯子，因为这就是长久以来所预期的结果。"然而，同时有另一个相反于此威胁的陈述，是从她身上发现的欲望：一个依靠，一个保护，一个未来："一个在我脑海中盘旋着，希望你来布拉格的清晰焦躁；然而，几乎是清晰过了界的，一种庞大焦虑：如果我们没有立刻在一起，我便畏惧死亡。因为如果我们没有立刻在一起——在我心中充斥着我对你的爱，而完全容不下其他思考——，想要寻着一个看法，思考，甚至是对象去生活是完全办不到的，也是彻底的并且从来没有必要的，而这便是使我脱离世界的有效真理。此外，在我写下这些的同时，颤抖不已。"我将此解释为：我害怕书写。然而，什么书写？"你不明白，菲莉丝，在某些脑子里的某种文学。这样永恒追逐的，是如同树顶的猴子而非走在地上的。只会是毫无希望的。我们该怎如何是好？"此处，再次翻转：不再是由菲莉丝保护的欲望或者希望生存，而是在这个保护中衍生的恐惧生存——被暴露在一个更严重的威胁之下，以及，把他和她弃置于一个他无法名状危险的终极恐惧："此刻，我只在我的信件里折磨你，然而一旦我们在一起,我会将变成一个使我俩玉石俱焚的危险疯子……或许是宿命要我背负这样使我俩终无宁日的焦虑;所有我觉得至关重要的——我的健康,不稳固的经济来源,悲惨的生存,所有这些确实具有某种证实性的,只要一靠近这个焦虑,便会全数消失——完全无法跟这个焦虑相提并论,也无法跟它沾上任何关系 ……因为(为了完全地诚实,并且为了让你明白我疯狂的程度)害怕被那个我最爱,并且,确实喜爱与她相处的生存相连……而因为这个婚姻,因为这个关连,因为我所处的这个虚无的腐化(不只是我,还有我的妻子,而我爱她越多,这一切便降临的越快且越恐怖①),我有一种被迫沉沦的真切感受。"

五,继第一次见面之后,直到在柏林,他才又重新与她会面:早先他只透过信件的迂回与她交往,推拒着所有实体的关系。而当他回来之后,他写信给她:"我真正的恐惧(没有什么比不能说,或者,不能理解更严重的):我将永远无法拥有你。最好的情况是我必须满足于亲吻你那会漫不经心伸向我的手

---

① 卡夫卡透过"文学"和其所再现的危险来回复——认为一切不如他的——菲莉丝:"我会'一切多于你'吗? 仅是视为人类,并且善意地把我归于其中,我可以理解……我没有记忆,不管是对所学之物,所阅读的,所经历的,所理解的,就好像我毫无经验;我从大部分东西里所得到的知识比最年幼的初学者还稀少。我无法思考;在我的思绪里,我不断地冲撞着界限与瞬间,我还是能抓到某些单独的点,然而,一个协调的思考,发展的可能性,对我而言是不可能的。我甚至不会真正地陈述,或者谈话……我唯一有的,是在某种寻常状态里无法辨识出的深度文学的力量,并且,在这个深度文学中,我不敢信赖自己所处的这个我的当前专业关系和物质关系,因为朝向这些力量的内部整体,并没有可掉以轻心之处。我确实深信只要我能够投入这些力量之中,它们便会瞬间带我脱离这内在荒芜处。"(还要说得更清楚吗? 脱离生命)。

（我像一只极度蠢笨的狗），这不是爱的符号，而是你从一个注定瘖哑并且永世相隔的野兽身上感受到的绝望符号…… 总而言之，我始终在你心里，而这将促使你深陷险境地靠近我。"翌日，他向布侯坦承："昨天我送出了一个重大的告白。"所以，这是一个告白。然而，因为这与我们所知的——他那些（透过其友人们口中所说出的）各种短暂的交往关系——相矛盾，使得我们无法对此赋予如此简单的意义。1916 年，在玛利亚温泉市（marienbad），他从菲莉丝身上，重新找到一个他能够亲爱的生存（更甚过往），他把这个消息写信告诉布侯。而他刻意把那些如此纯熟反省的想法书信给有人的方式，我举三例①。"我完全不了解她（直到这近些天来，他与她建立了亲密的关系②）；仍然参杂在其他顾忌中，而真正让我介意的（阻挡我的），是要坚信信中之物为真的恐惧。"此处，因而十分巨细靡遗地展现面对在场现实的退缩，然而非但如此，而是因为书写的关系（书写的非——在场），是此拒绝的一体两面，此面向的不可能性。第二个线索："当（适逢正式订婚式时）她穿越偌大会场，并朝着我前来接受订婚之吻时，我激动地遍体战栗；与我父母一起的婚约长征（因为我而无止尽地生存），每一步都是一种折磨。"那时，必须坚守，然而，真正使他痛苦至极的，并

---

① 于下述三例之引文中，所有括号内文皆为布朗肖本人附加之说明。——译注
② 因为这些崭新的关系，在他的日记里有一个脚注，非常简短以至于马克思·布侯并未授权出版，然而，瓦根巴赫从其手稿中曾读到此脚注。

非是要与一张女性面庞朝夕相处,而是随之而来的那种夫妻关系的迫近,他们共筑义务的谎言,当然还有,扣着结婚这个字眼儿而在他身上引发的一切,而首先,夫妻间的亲密,总是让他联想到他的父母而觉得厌恶,因为那让他想起,他就是在这样环境下出生的,以及,他总是仰赖这些"憎恶之物①"而诞生。这是结婚的看法本身,换句话说,律法,同时既是庄严并且至高的,也是绝对不纯粹的(且因其不纯粹而至高)——而当菲莉丝穿过此大厅的硕大空间,并意图左右他之时——,无可跨越的无限空间立刻高竖,并对他强施其制裁,就像过往的惩罚②一样。最终,而这也正是第三个线索,也许是导致他与菲莉丝之间展开新亲密关系的终极因素,他跟布侯讲到:"此刻,我已经从一个女人的视线里看到信赖的亲密性,而我无法把我自己囚禁在那里。在这痛苦中寻回白昼之义(aufgerissen③,拔除我)找到许多我想要永远保存之物,并非其中有什么特殊点,而是一个整体,并且,我知道透过这个裂缝(Riss④)也涌现相当程度的不幸,因为人的一生是无法满足的,而这个不幸并非我自找的,而是它早已强加于我。"在我看来,此片断

---

① 我(基于他与家人的关系上)重申这封非常重要的,已出版于《日记》一书当中的这封信(1916/10/18)。

② 根据习俗——习俗!——显然卡夫卡——穿过这个巨大的空间——就必须正面面对其未婚妻,然而卡夫卡"如同一个被俘绑的囚犯;就好像我被用一条真正的锁链囚困在角落……而这还不是最糟的部分"(《日记》,1914 年 06 月)。

③ 撕裂(德文)。——译注

④ 裂缝(德文)。——译注

具有相当程度的重要性。因为透过这里所说明的，不仅是他在 1916 年[①]伫留在玛丽亚温泉市所具备之意义（事实上，这件事完全无法改变他们关系的困难，因而可以肯定，关系的困顿，仍另有他因），也可能是他与此年轻女孩之间过往的所有意义，即便这状似感情抒发，然而，卡夫卡在意的正是这些枝微末节，因为正是这些点点滴滴使得他们的过往变得使得他们的过往变得绝对，也因如此，他们之间的过往，对卡夫卡而言，才会如此历历在目，并且如同醒钟般地，永生难忘。卡夫卡，实际上，把这段过往当做一种"破裂"的试炼；他认为，透过这样的划分，他才能纯粹的保有之，就像保有孤绝的束缚和书写榨取一样——所谓的，纯粹，意即：无谎言，此并非说明为：真的（此意，他从来没想过，顶多就是在谎言之外，就像在真理之外一样）——是被切断的，并且保留这个中断，也即，这个中断不因为某种时刻，或者，某些曲折的缘故而发生，而是好像预兆一般，这个中断只有在已经发生处显现（以一种预先于所发生处与所有事件的姿态）。启示的发生，并非源自某特定时刻，或者渐次累进，它不再是经验或内在可靠的，而是导引的，

---

① 有关玛丽亚温泉市的居留，卡夫卡仍持续记载在《日记》里，1922 年 01 月 29 日，即便是想到米莲娜可能会前来都令他害怕："始终猜不透这个谜：为何连续十五天以来，我待在玛丽亚温泉市是如此愉快，又为何，在最折磨的断裂和界限突破后，我就理所当然地地可以与米莲娜在这里继续生活。然而，这恐怕比留在玛丽亚温泉市更困难，意识形态更加冥顽，经验更稀薄。因此而谓之的分离关系，此刻，是一堵墙或者一座山，或者说得更精确点：一个墓碑。"

发生在其造作以及与此造作之间的关系中。

六,这正是此处最大的"醒钟"。就我看来,致信给菲莉丝就是为了说明这件事,理由为二。

其一,在他的青年书写时期——青年时期以其青涩小说(《美国》[①])失败告结(能标志出时期是比较好的,然而这些时期正如它们本身一般的未定与错误的)——对书写充满自信:某种矫饰的自信,最常陷入不幸却又总能再次纯化;他认为书写使他得救(如果他真能写的话),这个字词的理解并非在一种积极的意义上,而是负面地,也即差异或者延迟此语句以便予之一个可能性,然而,谁知? 打开一个出口,谁知? 谁知? 活在地窖里,无止尽的相信书写,并且以书写为唯一目标,成为地窖居民,也因此只能处在(活,死)书写以外(然而,对卡夫卡而言,此刻此域外仍是域内,某个私密处——某个"热情"——如同他以如此启发性的句子描写之:"我无法被抛到书写之外,因为我尔时以为被栽种于其核之中,于其最灼热之处")。"喔,如果我能够书写。这个欲望焚毁我。我最想要有足够的自由与健康以便书写。我想你无法理解,书写是我生存的唯一可能性。这并不意外,我是如此不善表达,我只有在我自己内在形象的空间里,才开始显露自我……"从这段话来思考,似乎可以说,卡夫卡始终希望能够获得某种醒觉。然

---

　① Amerika(德原文)。——译注

而，逐渐地，或者也总是突如其来地，在他从未放弃书写索求中，他总是被迫抛弃似乎与这个索求有关的希望：不只是因为书写本质上是不确定的，也因为书写不再是处于封闭圈线里那种纯粹性的未经碰触，而是吸引高处的黑暗威力，专注于它们反常的奇异性，也可能与摧毁者相结合。我并非暗示着这便是导致他与菲莉丝之间的不断挫败（他当然是导致他们关系大幅增减的原因）的原因，从他这个书写者的潜能来判断，为了使故事成为焦点，其馀之处总必须是相对黯淡，而使这两股运动互为辉映的，并非因为它们直接地被连结，而是因为它们重复着——在差异的层次上——缺席的条件——相异性——（断裂，然而在此断裂里，是中断的不可能性）其先于或者破坏，或者支持着所有关系的可能性——即是关系自身被卷入在此运动中——规避着所有在场的肯定性，这便是书写的运动。

其二，他才刚开始与菲莉丝通信时，便对她毫无保留："我的痛苦之一，便是，我似乎是透过一种预先的秩序被整合出来的，因而在这个持续韵律中只要错了一个拍子，我便再也无法书写。我的记忆显然很糟，然而再好的记忆也无法帮助我确实地书写，这是已经预定（预先思考）并且只稍标记的一个部分，因为在每个句子内部，都有一种——在书写以前——必须保持暂停的（悬而未决地生存）转折。"事实上，他会如此仰赖着那时还未直称菲莉丝之名的她，是因为在六天以前，他成功地达成无间断书写,在接连八小时内写完《判决》,一个独特的晚上,对他而言,这是决定性的经验,使他获得与一个与不可靠近空间可能接触的确定性,而他也立即在他的《日记》里写到:"我的确定性得到确认,只有如此才能书写:以一个如此为序的协调,以一个身体和灵魂同等完美的开场。"绝对连续性的研究——各种意义下的无间性:除了藉由某个无分裂的永恒,如何维持书写域外(这个只欠缺其缺乏的欠缺,如同某个类似扎实的透明性或压缩性的这种通透,如同外于时间的时间内材料,如同无限重复之仅此一次的材料)?"我需要孤立以便书写,并非同如'隐士',而是同如死者。在这层意义上,书写是一种更深的睡眠,是死亡,此外,死者不会被从坟墓里揪出来,夜里,我也不会被从我的书桌前拉开。此乍看之下,与我和人们维持的关系无关,然而,只有因为这样严谨的并且持续的和系统化的方式,我才得以书写,并因而活着。"不过,一个如此运动的描绘——从各个方向皆无休止的——最先让他以为这仅是让他(与办公室工作)保持距离的活命之法,然而,因为此运动,他必须清楚辨识到:这个距离与"本质"相关(由持续所导致的永恒差异,而这样的持续性集合了差异),卡夫卡逐步领会(并且认为)要拥有这个距离,唯有将之视同欠缺(断裂或缺乏),而也只能透过从这个如同欠缺(其也——可能——从书写中赋予给他)的运动开始:因此在其流变中,不再有无间性,而是间断的流变。此即其永恒之战。他的所有未尽之作，以及初本小说，它的未完整性，正是卡夫卡（既为书写者，又同为血肉之躯）的宿命，与菲莉丝①之间的不合适，从某种表面层次来看是显而易见的结局，然而，这种（基于断简残篇的魔力）透过或者处于断裂中来实践的新方法，只对两种人有效：要不就是对此处该被读到之物视若无睹者，要不就是因为某种必须毁灭而非确认的索求而导致自戈者，他被迫（并且他时时如此，以便作为一个非顺从的书写者）接受意识到自己理解能力的丧失，对他以为尚未书写的，或者他以为注定毁灭的书始终毫无头绪（使得那些书，因此近乎得到从它们自身被解放的能力），并且，不再具有任何对杰作或者作品，甚至自认为是书的缺席（l'absence de livre）的看法，这样便仿佛瞬间为我们的本质植入一种阅读无能，而使得书的缺席自身跟着被剥夺，并且被翻转，而最终——重新成为作品——重建在我们赞扬以及文化判准的不可动摇的保证上。

　　七，从信件的证据来看，卡夫卡并未做任何切断与菲莉丝关系的事（除了他欠缺力量的某些时刻）：相反于传记里的某些判断，当他在柏林的阿思茨尼谢沃夫（Askanisher Hof）遭受其未婚妻，未婚妻的姊姊（爱荷娜②），他未婚妻的朋友（葛特·

---

　　①　我回到卡夫卡放弃《美国》的某晚，且无心修改［除了写于1914年10月的最后一章，可能，布须奈儿塔（Brunelda）的段落也是在同一时间完成］，那时，就算重读过他已经完成的四百页，他也无法重新从中掌握整体的真理。

　　②　Erna.——译注

布劳许)还有他唯一的姻亲也是友人安思特·卫斯①(但因为
菲莉丝和这桩婚姻之故而反目)的连手指责之时,他从未蓄意
用某段历史②事(那种他早在其中他早被定罪)来结束关系,而
正是历史泄漏蛛丝马迹。在前往柏林之前,他致信给他的妹
妹奥德拉:"我到柏林之后定会写信给你;此刻,没有什么事情
说得准的,甚至连我也是。我写有别于我说,我说有别于我思
考,我思考有别于我必须思考,就这样直到黑暗的最深处。"什
么也无法中断,什么也无法中止③。疾病本身(几乎就在他第
二次订婚之后,疾病④迸发,而正式的订婚关系从未超过几个
星期),他于其中赋予一个精神征兆过于清楚的意义,什么也
无法决定:一切还是有赖于那个年轻女人。("不要问我为何
抓着栏杆。不要这般羞辱我。只要这样的一个字眼,我就又
重新被你踩在脚下。")结核病只是在这场战争里的某个武器,
一个有效武器,正好拿来对付所谓"不可胜数"——其从过去
一直被使用至今,并且卡夫卡将此列举在其最后倒数第二封
回信,内容摘要着这五年来的各种波折:在这些名词中,他为
它们挑选意义,无刻意讽刺地,提及"物理的无能","工作",
"吝啬",这些称呼朝向所有意想不到之意义处,甚至,他补充

---

① Ernst Weiss.——译注
② 此处所指涉的是卡夫卡与希瓦的一段亲密关系,可参见后文。——译注
③ 参照文末。
④ 结核病。——译注

道："此外，我告诉你一个秘密，直到此时此刻我仍不相信（而
且为了说服我，晦涩在我试图工作和思考的时候笼罩着我），
不过，这应该是真的：我再也受不了了。主要是因为倒在长椅
上爬不起来，而要接受治疗的不再是结核病，而是我始终活着
的坚持。究竟，此两者无法共生。"

　　然而，他也说：最大的可能会是：永恒之战；是的，告终的
不可能性。一年后，他在谢勒生的（Schelesen）史库德（Stüdl）
膳宿公寓认识 茉莉·瓦力札，并在下一季与她一起过着，不管
在物质上或者精神上（由于新的婚约又再次破裂），都十分贫
瘠的生活；几乎是同时，他沦陷在米莲娜的热情以及他对她的
狂热里，他想要使这个年轻女性离开她那桩暧昧的婚姻；最后
是和多拉·狄蒙，他托请一名相当显赫的拉比①（哲赫·罕
柏②，此年轻女孩父亲的友人）向上天征求这桩婚姻的许可，
而此拉比却摇头以拒，一个沉默的拒绝，最后的回答，并且，从
某种角度看来，是很合俗宜的（此处，在否定的形式下，一个作
为否定性地回应，仍然指涉某种上天形式的认识），卡夫卡所
展现的总是同样的断裂，每一次的感受——在界限上——如
同中止的不可能性，或者更深一层来说，如同一种驱逐的要
求，他在总是已被说出的情况下，总是需要再次被撩拨、重复，

----

　　①　Rabbi：古代犹太教中原指精通经典、律法的学者。后为执行或主持宗教仪式
即教规者之称呼。——译注
　　②　Gerer Rebbe。——译注

并且透过此重复而删除，以便在此无限无能里永续、重现，并且在其欠缺之中永恒为新。而在他对婚姻的渴望（他所作的一切都是为了预先穷尽现实特征）里，是否是为了与此世界、生活达成妥协？这比较可能是跟他所寻着悲剧剧码（煽动与询问）的律法有关，律法的坚实性——温和的，也即拗执的——是自现的，而非授权给他或者对他迎头痛击，而是如同无指向的说明，因而使得卡夫卡似乎能知道书写的原因（他希望把这种运动当做拯救的方式），而能使他（永远也是从未）逃离于律法之外（hors），或者更精确来说，使他居处于这个域外的空间，彻底外部性（无限性[①]），在律则的实体中，除了在书写中，以及，在书写中直到抵达非——书写，他无法知道是否，是律则的外部说明着界线，或者，在这个界线中被指向自身，或甚至——那些触发的触发——它自曝如同搞乱或者干犯众法。令人诧异的是，即便是在他与多拉·狄蒙的婚姻没有被最高委员会所拒以前，卡夫卡仍另辟其径，违于社会风俗，并与青少女公然生活在一起。多拉十九岁时，他已经四十岁了：几乎等于是他女儿或者他最小的妹妹（确实地来说，他从未隐藏他对小奥德拉的偏爱，他甚至用最简洁的词汇表示，她如同其妹，其母与其妻。）侵犯——这种不该生存的欠缺决定——总是先于禁令，因而使禁令成为可能的，就像界线，只有当其

---

① aorgique，选自荷尔德林的解释。——译注

同时等于跨越的不可能时,才能被跨越,并且因而其藉由跨越自身彰显为无法跨越的。拉比的这个"否决"（Non）终究离其死亡未远。然而,这是否意味着屏除卡夫卡? 或者,他能够,自由,书写(也即,死去)吗? 终于。然而,永恒已然开展:死后地狱,讽刺的荣耀,惊奇的或者矫饰的注释,文化的宏伟隐匿,而甚至于此,此定论重演只为了模仿并且掩饰对最终的等待。

　　★不幸与未明的故事。以下是所知——至少——是就我所知的线索。葛特·布劳许,年约 22 岁,也是菲莉丝新交的朋友,于 1913 年 10 月造访其布拉格的住所并结识卡夫卡。她原本住在维也纳并在那里工作。卡夫卡开始写信给她,并且最后大约集结了 70 封信出版成册,从 1913 年 10 月 29 日到 1914 年 07 月 03 日。07 月 12 日订婚破裂。1914 年的 10 月,这个年轻女孩致信卡夫卡,意图修补——她曾介入破坏的——这对未婚夫妻的关系;10 月 15 号卡夫卡回信;这是我们所能拥有的最后一封信(致葛特·布劳许的)。就编辑者——艾希克·艾略（Erich Heller）,强强·保恩（Jürgen Born）——推断,没有任何证据显示卡夫卡有继续与她通信。(我发现在《日记》里的这个日期—1917 年 10 月 08 日,当时卡夫卡正发病着,他必须向其未婚妻收回"他的话":"攻讦菲莉丝的信;葛特·布劳许威胁我写的"。)他有几次对菲莉丝提起她,要不是为了探听她的近况,就是请菲莉丝代为向她问候,甚至是在痛苦的时候,想要一些建议或者一些友善的回应等等。我们得知菲莉丝,葛特·布劳许和卡夫卡曾于1915年的05月23和24日一起到波希米亚(Bohême)度假。此外,现今已出版的信件,因为经常是充满情感的字词(近乎是挑逗的,却又同时秉持相当的礼教),而被解释为某种欢愉的欲望:"亲爱的葛特小姐"显露出最多的温情。还知道些什么呢?这事。在马克思·布侯已出版葛特·布劳许的部分信件中,1940年04月21日,从佛罗伦萨(Florence)寄给一个在巴勒斯坦(Palestine)的朋友。她向他提起,她先前有一个儿子,1921年于幕尼黑(Munich)骤逝,该年七岁:父不详的"私生"儿子,然而,致信对象(布侯在这段历史里唯一确认的部分)肯定葛特·布劳许视卡夫卡身为孩子的父亲。这意味着什么?从某种角度看来,显然毫无意义。我们合理的质疑,因为它们自相矛盾。瓦根巴赫确认从1914年的秋天开始,连续且私密的信件往返于葛特·布劳许与卡夫卡;他显然搞错了;唯一公开的信件是从1913年的秋天持续到1914年的夏天,并且她从来没有权力定义他们俩个之间的通信关系。当然,我们并非全盘了解。对照于卡夫卡坚持的绝对坦承原则(正值第一次与菲莉丝关系破裂,当时他与一个年轻的瑞士女孩在希瓦亲密共度数日,卡夫卡从未避而不谈此事,自他与菲莉丝关系修复后,他对大家说她只是不再是他的未婚妻而已)因此,如果真的生存一个双重背叛的关系,他不大可能会保持沉默。总之,

我们可以想见如果他保持缄默，便是不愿损害到葛特·布劳
许的名誉。多么奇异暧昧的情形。以下这个证据也必须一
提：葛特·布劳许的友人们曾说过这个年轻女孩在居留于佛
罗伦萨期间（正值她谈论小孩的故事）总带着深沉的忧郁或谵
妄的悲苦。然而，这样的证词价值何在？其既是模糊也是重
要的。想像还是真相，一个卡夫卡的未知之子，幽灵般地活
着，现实——非现实，无法瞬间保证能使想像的孩子处在幻想
之外。葛特·布劳许和菲莉丝终生维持朋友关系。当她必须
离开德国时，葛特把卡夫卡寄给她的信，部分（几乎接近一半）
委托其友人。剩下的信，她放在一个事务员家里，稍后，此事
务员将它们备份寄给马克思·布侯。其中有十二封信，在出
于"难解的情绪"之下，被撕成两半，然而，只有有一封例外，那
些信件能够被修复，是因为其中有一半在菲莉丝的手上，另一
半则在佛罗伦萨的事务员手上。葛特·布劳许，自从离开德
国境内，移居巴基斯坦，其不幸在返回意大利（适时该国正沦
陷纳粹铁幕）的途中，和其余许多犹太人一同逮捕，并且死于
集中营或者军营里：一份红十字会未经确认的报告。菲莉丝
以结婚为由逃亡，首先她生活于瑞士，而后定居美国直至 1960
年逝世。我再次强调：在卡夫卡的《日记》里，1922 年的 1—2
月间，适逢其相当悲惨地独居留于史班列弥勒期间——他，一
方面仍绝望地与米莲娜保持联系——另一方面，我们也可以
读到某些仅简写为字母 G 之处；该年到 01 月 18 日："些许的

平静;相对地,G来了。拯救抑是恶化,随欲。"02月10号:"G
的新攻击。遭强而有力的敌手左右夹攻,我不想逃……"此
外,01月29日,没有提及任何名字并且是一种似曾相识的哑
谜方式,在几近"神秘的"未明之光中——或许是鲁莽地——
去阅读这几个段落,:"雪夜,半路遭袭。""我已经逃开他们
……"而稍晚,记于03月24号:"如同这样窥伺:例如前往医
生家的路上,挥之不去。"笼罩奇异性的文本。见过《日记》手
稿的瓦根巴赫似乎曾读到过:"葛特的新攻击。"碍于所知,仅
志以标。

　　★★为了更确实的理解,我要建立一个小小的断代史,至
少在最初两年间。其几乎是与信件同时展开,我回到卡夫卡
的1912年的09月20号。从11月中开始,卡夫卡写到(这个
年轻女孩完全没意识到自己总是不了解他,或者——从某些
角度来看——他对她的态度很奇怪):"结束吧,如果我们的生
命对我们索价太高。"惊慌失措地,可怜的菲莉丝转而求助布
侯,而布侯向她回应道:"我恳请您看在福兰茨善感的毛病上
理解他许多事,他此刻正遭其情绪(stimmung)摆布着。他是
一个想要尽皆绝对的生存……毫无妥协之处。"11月20号,卡
夫卡再次来信:"然而,我之后一直没有你的消息。因此,我必
须坦然地重复着再会,这个你已然静默地向我诉说之词。"接
着书信的关系又重拾其热烈之途。

　　1913年01月初,卡夫卡开始有所转变,他丧失其亲切或

者幽默，而是持续毫无留余地加剧恶化关系。03 月 23 日，于
柏林相遇。之后，来了一封信："我真正的恐惧：我将永远无法
拥有你……"，这封信，对他而言，从不意味着他远离他的友
人，然而，她却似乎不做如是观：她逃开那些信，享受——被那
信件打断的——在法兰克福（Francfort）的旅行，而她这样轻
松的态度几乎把卡夫卡逼疯。05 月 11 日，在圣灵降临节
（Pentecôte）的休假期间，再次相遇于柏林。这次重逢带给他
一点希望，是这样的一个希望：至少有一天他"能与她（在他们
的未来里）促膝长谈那些恐怖的事，进而逐步抵达自由之境"。
他仍然强调："当我在柏林整理行李时，我的脑子里有了个全
然不同的想法：'没有她，我无法活，同如与她一起我无法活一
样。'"透显了一个真理的痛苦，而同时写在在 06 月 10 号信件
的开头，话题中断，直到 16 号又热烈地谈起："你能否考虑一
下，是否你想成为我的妻子吗？你愿意吗？"顺着这样起了头，
07 月 01 号（1913）话题以这些字词告终："所以，从一开始你就
要自己选择吗，菲莉丝？试探不可能？"因而第一次重大的关
系破裂须臾以降。两次的订婚——非正式订婚的私定终
生——都没有因为一起渡假后而挽回。威斯坦路时期（west-
erland）菲莉丝过的很愉快（"等着你的，并非如同你在威斯坦
路所见到的那种幸福，也不是那种搭肩的热闹欢愉，而是一种
修道院似的生活，近乎是抑郁，悲伤，寂寥，不满，善感的生存，
被一条看不见的锁链与文学连在一起……"）卡夫卡以开会为

由前往维也纳，接着在意大利的时候，他来信说他将停止给她写信："我再也无法往前走了，我好像被绳子绊住了。我们必须分开。"（1913年09月16号）。他在希瓦停留了一段时间，和一个相当年轻的G.W.在一起，即"瑞士女孩"。

回到布拉格之后，他接受葛特·布劳许的拜访（受菲莉丝之托，前来试图澄清误会）。此信已经读不出等同当时的惊心动魄。11月08日，他回到柏林开会，但实际上只是为了见菲莉丝一面，然而，菲莉丝正好离开了，究竟是刻意或是疏忽，我们无从得知。1914年的03月初，始终留在柏林，一个托辞使他彻底气馁，他认为菲莉丝难以再忍受他。同时，与布劳许小姐之间的持续通信益发热忱："您对我来说太重要了……您的小卡片比任何我在柏林收到的一切都更叫我欢欣，亲爱的葛特小姐，我是如此热烈渴望见到您，就像一场货真价实的思乡病……是的，在柏林，命中注定的爱情，除了触摸，您还想得到别种渴望吗？"而当菲莉丝跟他说："你好像很看重葛特？"他毫不辩驳。然而，就在05月12—13日卡夫卡与布劳许小姐见面的同时，正式订婚的事宜已经敲定。（包含宣告的亲吻和祝福的慎重仪式将在06月01号举行。）卡夫卡向葛特评论起这个事件："在柏林什么事也没发生，既没有好事也没有坏事，然而，总之这必须是在我的感觉是毋庸置疑的前提下。"又对菲莉丝说道："精神上，我是与你合一的，比任何犹太教士所以为能赐福的更多。"然而，卡夫卡还是继续给葛特写信，跟她分享其绝望，向她表现其反感："有时候——您是此刻唯一知道的人——我真不知道我怎么能答应这样的责任，还有我怎么会陷入要结婚的处境？"这是葛特（出于什么样的意图？）向菲莉丝谈起的其中一封信，同如所得知的一般，1914 年 07 月 03 号，卡夫卡致信给布劳许小姐，也几乎就在同时，或者稍晚一些，便与她中断书信："您不该转述这些信……好，所以我已经说服您而您开始视我如同——并非菲莉丝的未婚夫——是菲莉丝的危机。"这里也有一些关于他们未来物质条件的痛苦争吵，菲莉丝想要一个与她相衬的，并且是附带便利家具的公寓（其他人的公寓是用租的），此外，她并不想放弃正常的社交生活。最后，1914 年的 07 月 12 号卡夫卡在阿思茨尼谢沃夫（*Askanischer Hof*）遭到众人指摘，事后对两大家族的恐惧暴增终而导致婚约的正式破裂。

我停笔于这个中断的小故事之处。书信又重新在 1914 年的 11 月开始，再次藉由葛特·布劳许的撮和[《日记》]里写着，10 月 15 号："今天礼拜四……，布劳许小姐的信，我不知道该怎么办，我只确定我将会陷于孤独……，我甚至不再清楚我是否还爱着 F.（我回想起当我看她跳舞时所感觉到的厌恶……），然而，无论如何一切又回到无止尽的渴望……"]，然而，来往的信件将再也寻不回最初的时刻。卡夫卡既已变了，也被改变了；打从 07 月 29 号开始（也即他被众亲友攻讦的十五天之后）他开始写《审判》，每个傍晚与夜晚，连着书写长达

三个月。1915 年的 01 月间,他与菲莉丝重逢于巴登温泉
(Bodenbach),亲密不再。一直要到 1916 年 07 月间,于马林
巴德(Marienbad)庆典而重逢之时,他才又再次陷入订婚的难
题(夹杂着过去种种的婚约)里,而新的破裂难题也随之重生。

莫理斯·布朗肖

1907 09/22，出生于索恩——罗亚尔省勃艮地区的奎恩村
    （Quain，Saône-et-Loire，Devrouze）。

1922 十二指肠外科手术引发败血症，稍后，布朗肖将此段经
    历写入《死刑》和《白昼的疯狂》中。

1923 "银制手杖柄年代"：进入斯特拉斯堡（Strasbourg）大
    学，学习德文与哲学。

1925 结识埃曼纽埃尔·列维纳斯（Emmanuel Levinas）。

1927 开始阅读马丁·海德格（Martin Heidegger）之《生存与
    时间》（*Sein und Zeit*）。

1929 前往巴黎。

1930 6 月，于索邦（Sorbonne）大学以《怀疑论者的独断主义
    概念（*La conception du dogmatisme chez les scep-
    tiques*)》进行高等教育文凭论文答辩。

1931 "智性革命年代"：投入杂志与报社工作：《法兰西杂志》
    （*La revue franèaise*），《反动》（*Réaction*），《世纪杂志》

(*Le revue du siècle*),《论坛报》(*Le Journal des débats*)。

1931　出版第一篇作品《莫罕达斯·甘地》(*Mahatma Gandhi*)。

1932　开始撰写《黑暗托马》(*Thomas l'obscur*)草稿。

1933　为《防御报》(*Rempart*)（保罗·莱维(Paul Lévy)主编）撰稿。

1933　年底,离开《防御报》转战往同为保罗·莱维麾下的《窃听》(*Aux écoutes*),1934—1937 年间担任主编。

1935—1936　书写《睦》(L'idylle)与《定论》(Le dernier mot)（草稿）。

1936　3 月,父亲过世。

1936　12 月,在《论战》(*Combat*)发表《驿站》(Caravansérail)谴责反共党员畏惧亲近希特勒等亲共派党员而导致国家认同的丧失。

1937　"爱国主义的顶峰":01/13,发行《起义者》(*L'Insurgé*)。

1938　"转向文学批评": 将 1937 年的事件写入《死刑》(*L'arrêts de mort*)（草稿）。

1940　结识勒内·夏尔(René Char)。

1941　完成《黑暗托马》(*Thomas l'obscur*)（小说）。

1941　结识乔治·巴塔耶（George Baille）及丹尼丝·霍兰(Denise Rollin)。

1941—1944　于《论坛报》定期发表文学评论专栏。

1942　加入维希政府支持的年轻法兰西(Jeune France)组织。

1942　出版《文学如何可能?》(*Comment la littérature est-elle possible?*);1943 年收录于《失足》一书中。

1942　出版《雅米拿达》(*Aminadab*)(小说)。

1943　出版《失足》(*Faux pas*)(论文)。

1943　10 月,巴塔耶与丹尼丝・霍兰分手,后者与布朗肖的书信交往转而频繁。

1944　03/5,参与"论罪孽(Discussion sur le Péché)"研讨会。

1944　05 月,回到奎恩村(鉴于二战德军占领法国期间,此地区的房舍近半数遭焚毁),约略 06/29(或者在几天前)险遭德军枪决;该日,于《论坛报》上发表《死去的各种方法》(Des diverses façons de mourir)。

1944　11 月法国解放后,返回巴黎。

1945　离开巴黎,并与霍兰发展为情人关系,然而这段恋情并未持续太久。

1946　在《方舟》(*L'arche*),《摩登时代》(*Les temps modernes*)与《批判》(*Critique*)杂志发表文学评论。

1947　隐居于法国南部的埃兹村(Èze),开始夜间书写的习惯。

1948　出版《至高者》(*Le Très-Haut*)(小说)。

1948　出版《死刑》(*L'arrêts de mort*)(小说)。

1949　出版《无名火》(*La Part du feu*)（论文）。

1949　出版《洛特-加龙省雷阿蒙与萨德》(*Lautréamont et Sade*)（论文）；此书与《无名火》两书中，绝大部分的文章完成于 1945 夏到 1947 年底之间，于其中诞生了他针对"威权（autorité）"的特异见解。

1950　初春，发行新版《黑暗托马》（缩减为原先版本的三分之二），奠定其叙事风格。

1951　《适当时刻》(*Au moment voulu*)（小说）：一种无人称的书写力量闪现。

1951　《永恒的翻搅》(*Le Ressassement éternel*)（论文）；1983 年，更名为《后遗症》(Après coup)与《睦》，《定论》（小说）共同收录于《后遗症》一书之中重新出版(1983)。

1953　结识刘易斯——荷内·德·弗黑（Louis-René des Forêts）。

1953　《未与我同行者》(*Celui qui ne m'accompagne pas*)（小说）：这是布朗肖首篇"中性(neutre)"概念发想的小说。

1953　12 月，书写《狄奥尼·马斯戈洛：共产主义者》(Dionys Mascolo：Le Communisme)：继 1938 年以来，第一篇与政治议题相关的文本于《新法兰西杂志》(*La Nouvelle Revue française*)，第 12 期刊登(后收录于《友谊》(1971)，pp.109—114)。

1955　出版《文学空间》(*L'espace littéraire*)（论文）。

1957   09/25,布朗肖之母于奎恩村逝世。

1957   出版《最后之人》(*Le dernier homme*)(小说)。

1958   返回巴黎,定居于沃日拉尔路(Vaugirard)上的小公寓。

1958   出版《拉斯科之兽》(*La Bête de Lascaux*)》(论文)。

1958   结识罗贝尔·安泰尔姆(Robert Antelme)。

1958—59   参与编撰《七月十四》(*Le 14 Juillet*)杂志。(该年
        10/25,于第二期杂志发表《回绝》(Le refus),1959/06/
        18,于第三期杂志中发表《本质的堕落》(La perversion
        essentielle))。

1959   出版《未来之书》(*Le livre à venir*)(论文)。

1960   反对阿尔及利亚战争,发表《不屈服权利声明书》
        (Déclaration sur le droità l'insoumission)。

1960   签署反阿尔及利亚战争之《121 宣言》(Le Manifeste
        des 121)。

1960   11 月底,与让-保罗·沙特 (Jean-Paul Sartre)会晤。

1960   12/02,致信沙特:"声明书只有在作为某物的开端才具
        备其真正的意义。……必须要有一个新的刊物。"稍
        后,促发《国际杂志》(La revue Internationale)的计划。

1960—   1960/04 - 1963/07,发表近十篇以对话形式来书写
        的文学论述,可窥见布朗肖透过《说书之声》(1964)尝
        试与作品共构域外空间的可能性,可参见以下两篇皆
        收录于此书的文本:《言说并非眼见》(Parler, ce n'est

pas voir）（1960/07）与《遗忘，非理性》（L'oubli, la déraison）（1961/10）。

1961—63　逐步频繁地评论与他较亲密的友人们的著作。

1962　巴塔耶逝世后［事实上，不只是巴塔耶的撒手人寰，许多布朗肖的好友纷纷在六〇年代相继过世，包括：维托里尼（1966），策兰（1970），德·弗黑之女（1965），他自己的外甥女，马斯戈洛的一个孩子，其余还有他视为同志的卡谬（1960），布勒东（1966）……］后，布朗肖也跟着四处漂泊，直到将《无尽的对谈》寄给马斯戈洛之时（1969），才又开始与周遭友人有所联系。

1962　"小说作品时期的尾声"：出版《等待遗忘》（L'attente l'oubli）（小说）。

1964—　由于其刊登于杂志上的文章不为人所理解，其消声匿迹造成友人之间关系的窒碍，其身体健康的危机，使其作品发表随之几乎停顿。（1965年，在《新法兰西杂志》上仅发表四篇文章；1966年，两篇；1967年，四篇；1968年一篇。而其主题多半围绕着"死亡"。）

1967　12月，结识雅克·德里达（Jacques Derrida）。稍后一年里，由于舆论对布朗肖过去反犹太主义的攻讦，为此布朗肖与德里达多次会晤。并且往后两人始终保持通信的关系。

1968　为"学生——作家行动委员会（le Comité Étudiants-

Écrivains)"书写一系列支持六八学潮的匿名文章。

1968 10/09,让·波朗逝世,布朗肖身心俱疲地再次隐退。

1969 "'中性'概念的熟成(1959—1969)":出版《无尽的对谈》(*L'entretien infini*)(论文)。

1971 出版《友谊》(*L'amitié*)(论文)。

1973 出版《白昼的疯狂》(*La folie du jour*)(小说);早期以"叙事?(Un récit ?)"之名发表于《恩培多克勒》(Empédocle)杂志(1949/05)。

1973 出版《后续》(*Le pas au-delà*)(论文)。

1978 01月,马斯戈洛丧母,而布朗肖的兄长荷内也于几天以前(01/09)因癌症过世,在他两年以后出版的《灾难书写》一书里,布朗肖以书代信地慰问友人失恃之恸(参见该书,p.57与p.79)。01 /23霍兰逝世。

1980 出版《灾难书写》(*L'écriture du désastre*)(论文)。

1981 出版《从卡夫卡到卡夫卡》(*De Kafka à Kafka*)(论文)。

1983 出版《后遗症》(小说);最初以《永恒的翻搅》(1951)之名发表。

1983 出版《柏林之名》(*Le Nom de Berlin*)(论文)。

1983 出版《不可言明的共同体》(*La communauté inavouable*)(论文):作为对让——吕克·南希(Jean-Luc Nancy)之《解构的共同体》(*La communauté* désœuvrée)一书的回应。

1984　出版《最后发言》(*Le dernierà parler*)(论文)，稍后收
　　　录于《来自别处之声》(2002)。

1986　出版《我如此想象的米歇尔·福柯》(*Michel Foucault
　　　tel que je l'imagine*)(论文)，稍后收录于《来自别处之
　　　声》(2002)。

1986　出版《萨德与布列塔尼的赫提夫》(*Sade et Restif de la
　　　Bretonne*)(论文)。

1987　出版《论洛特-加龙省雷阿蒙》(*Sur Lautréamont*)(论
　　　文)。

1987　出版《乔·布苏克》(*Joë Bousquet*)(论文)。

1992　出版《来自别处之声——论路易-勒内·德福雷之诗
　　　集，末世纪尤利西斯》(*Une voix venue d'ailleurs—sur
　　　les poèmes de Louis-René des Forêts, Ulysse Fin de
　　　Siècle*)(论文)。

1994　9/22，于布朗肖87岁生日出版《我的死亡瞬间》
　　　(*L'instant de ma mort*)(小说)。

1996　出版《质询知识分子》(*Les Intellectuels en question*)(论
　　　文)。

1996　出版《关于友谊》(*Pour l'amitié*)(论文)。

1999　出版《亨利·米修或者封闭的严拒》(*Henri Michaux
　　　ou le refus de l'enfermement*)(论文)。

2002　出版《来自别处之声》(*Une voix venue d'ailleurs*)（论文）。

2003　2/20，逝世于法国伊夫林省的梅斯尼尔－圣－德尼（Mesnil-Saint-Denis，Yvlines）。

图书在版编目（CIP）数据

从卡夫卡到卡夫卡 /（法）布朗肖著；潘怡帆译.—南京：
南京大学出版社，2014.6（2021.3 重印）
（布朗肖作品集 / 张一兵主编）
ISBN 978－7－305－13509－5

Ⅰ.①从… Ⅱ.①布… ②潘… Ⅲ.①卡夫卡，F.(1883～
1924)－人物研究②卡夫卡，F.(1883～1924)－文学研究
Ⅳ.①K835.215.6②I521.065

中国版本图书馆 CIP 数据核字(2014)第 138572 号

DE KAFKA À KAFKA
de Maurice Blanchot
Copyright © Editions GALLIMARD，Paris，1981.
Simplified Chinese translation rights © 2014 NJUP
Through Garance Sun Agent Littéraire
All rights reserved

江苏省版权局著作权合同登记　图字:10－2011－135 号

出版发行　南京大学出版社
社　　址　南京市汉口路22号　　邮　编　210093
网　　址　http://www.NjupCo.com
出版人　左　健
丛 书 名　布朗肖作品集
书　　名　从卡夫卡到卡夫卡
作　者　[法]莫里斯·布朗肖
译　者　潘怡帆
责任编辑　芮逸敏
照　排　南京紫藤制版印务中心
印　刷　南京爱德印刷有限公司
开　本　850×1168　1/32　印张 10.25　字数 188 千
版　次　2014 年 6 月第 1 版　2021 年 3 月第 3 次印刷
ISBN 978－7－305－13509－5
定　价　58.00 元

发行热线　025－83594756　83686452
电子邮箱　Press@NjupCo.com
　　　　　Sales@NjupCo.com(市场部)